부모용 지침서

Active Parenting Now: Parent's Guide

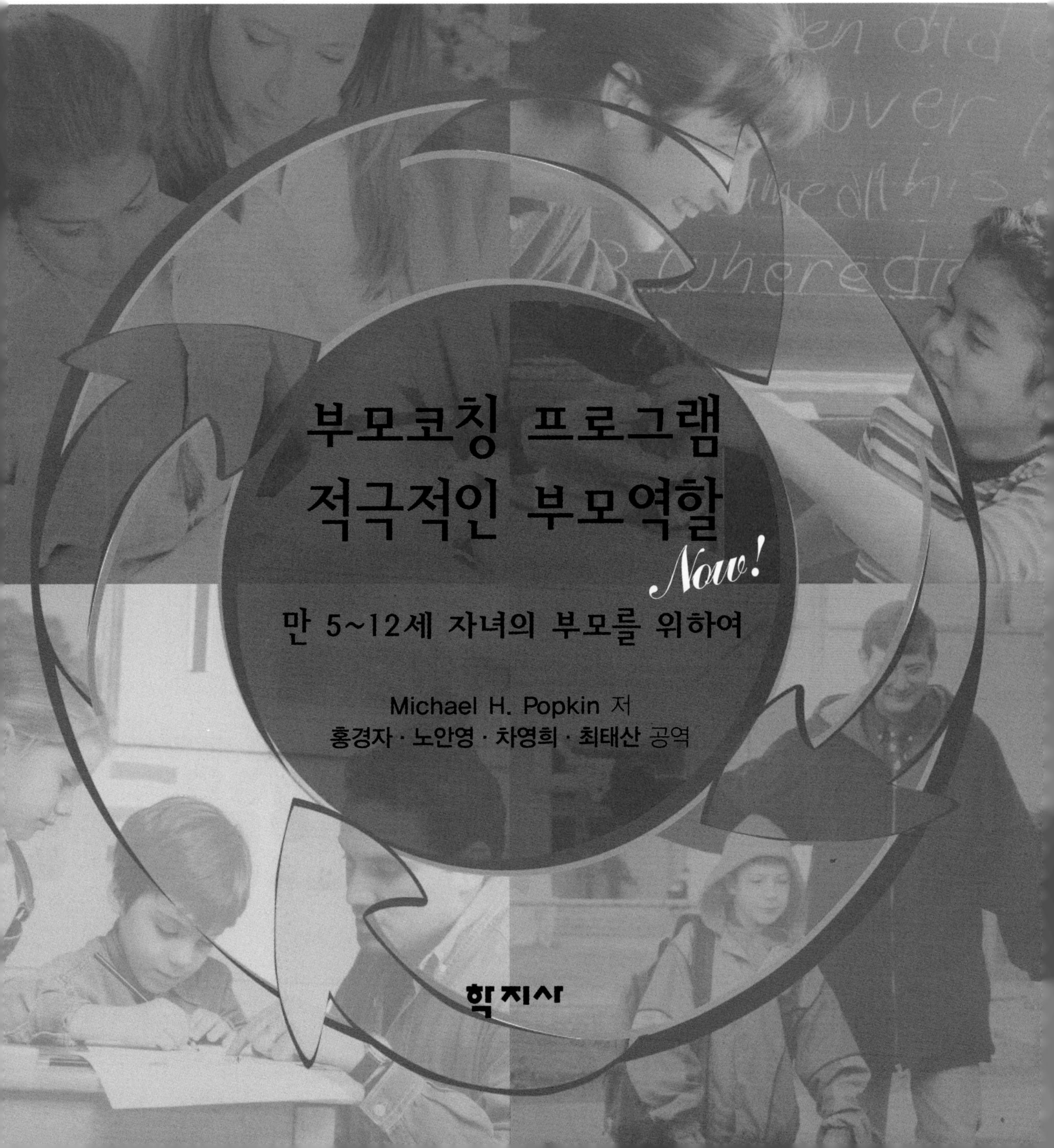

부모코칭 프로그램 적극적인 부모역할 Now!

만 5~12세 자녀의 부모를 위하여

Michael H. Popkin 저

홍경자 · 노안영 · 차영희 · 최태산 공역

학지사

Active Parenting Now: Parent's Guide
by Michael H. Popkin, Ph.D.

역자 서문

"한 송이 국화꽃을 피우기 위해 봄부터 소쩍새는 그렇게 울었나 보다."라는 시구(詩句)처럼, 우리의 자녀를 잘 키워 내기 위해 부모들은 밤잠을 설치고, 두 손 모아 기도를 합니다.

우리의 청소년을 스스로 행복하며, 자기가 가진 행복을 나누어 줄 수 있는 사람으로 키워 내기 위해서 현시대의 부모와 교사는 자녀 양육에 대한 최신 지식과 노하우가 필요합니다. 그리고 본인 자신의 알찬 삶을 통하여 좋은 생활모델이 되어야 할 것입니다.

역자는 지난 10여 년간 세계적으로 수백만 명의 부모에게 많은 감동과 변화를 가져다준 적극적 부모역할(Active Parenting: AP) 프로그램을 한국 사회에 보급해 왔습니다. 유 · 아동의 부모를 위한 '현대의 적극적 부모역할 훈련'(Active Parenting Today)과 청소년의 부모를 위한 '십대의 적극적 부모역할 훈련'(Active Parenting of Teens)이 그것입니다. 적극적 부모역할 훈련의 사상은 부모가 자녀를 인격적으로 존중해 주되, 가정의 리더로서 부모가 주도권과 권위를 가지고 양육한다는 면에서 한국인의 정서와 잘 부합되었습니다.

그리고 세계에서 최초로 DVD를 통하여 자녀지도에 관한 기술을 익히게 되어 있다는 점이 또 다른 강점입니다. 그동안 많은 자모들, 교사들, 지도자들은 AP를 통하여 자신들의 삶과 가정이 변화되었다는 기쁜 소식을 전해 주었고, 역자는 가슴 뿌듯한 보람을 느낄 수 있었습니다.

『현대의 적극적 부모역할 훈련(Active Parenting Today)』이 『부모코칭 프로그램: 적극적인 부모역할, Now!(Active Parenting Now!)』로 개정되면서 프로그램

속에 많은 내용과 연구결과가 첨가된 것을 볼 수 있을 것입니다. 이 책이 여러분의 리더십과 생활방식을 멋있게 개발하는 데 큰 도움을 주리라고 믿습니다.

『부모코칭 프로그램: 적극적인 부모역할, Now!』는 혼자서도 익힐 수 있지만, 원칙적으로는 AP 지도자와 함께 DVD를 시청하면서 토론하고 게임하듯이 역할놀이를 연습하면서 재미있게 배우는 프로그램입니다. 가장 효율적인 학습은 여러 사람들과의 상호작용 속에서 이루어진다고 봅니다. 이미 많은 AP 지도자들이 우리 사회에서 적극적으로 활동하고 있습니다. 부모코칭 프로그램을 보급하고 있는 기관과 지도자들을 통하여 더 많은 혜택을 누리시기 바랍니다.

이 책과 지도자용 지침서와 DVD의 원고 정리에 양승남 선생과 민경미 선생이 많은 수고를 해 주었습니다. 이 자리를 빌려 고마움을 표시합니다. 마지막으로 이 책을 아름다운 책으로 만들어 주신 학지사의 김진환 사장님과 직원들에게 깊이 감사드립니다.

2007년 2월

역자

감사의 글

부모코칭 프로그램인 '적극적인 부모역할, Now!' 는 20세기의 위대한 두 심리학자의 이론에 기초하여 만들어졌다. 이 두 심리학자는 오스트리아의 정신과의사로, 우리가 효과적으로 부모역할을 할 수 있는 방법에 대해 중대한 영향을 미쳐 왔다. 바로 고(故) 알프레드 아들러(Alfred Adler)와 루돌프 드라이쿨스(Rudolf Dreikurs)다. 나는 그들의 이론이 이 프로그램의 핵심을 이루고 있다는 점을 기쁘게 생각한다.

나는 아들러와 드라이쿨스의 이론과 더불어 칼 로저스(Carl Rogers), 로버트 카커프(Robert Carkhuff), 토마스 고든(Thomas Gordon)의 의사소통 기술을 포함시켰다. 그리고 하임 지노트(Haim Ginott), 앨버트 엘리스(Albert Ellis), 밀턴 에릭슨(Milton Erickson)의 이론도 인용하였다.

나는 또 두 명의 정신적 스승인 조지아 주립대학교 교수 케네스 매스니(Kenneth Matheney)와 애리조나 주립대학교 교수 오스카 크리스텐센(Oscar Christensen)에게 감사를 표한다. 이 프로그램의 많은 부분은 이 두 분의 업적으로 이루어진 것이다. 역시 약 30년 전에 나에게 처음으로 부모역할의 교육을 소개했던 조지아 주립대학교 교수 로이 컨(Roy Kern)과 계속해서 나를 격려해 준 프랭크 월턴(Frank Walton)에게도 감사드린다.

마지막으로 나는 '적극적인 부모역할' 의 꿈을 현실로 실현하는 데 적극적으로 노력해 준 '적극적인 부모역할 출판사' 의 직원들에게도 감사의 마음을 표한다. 책임자인 라첼 멧저(Rachel Metzger)와 이 프로그램을 완성시킨 캐럴 켈러

(Carol Keller), 제시카 셸리(Jessica Schelly), 마르셀라 오스틴(Marcella O' Steen)에게 특별히 감사한다. 나의 아버지인 해리 팝킨(Harry G. Popkin)은 사회사업가, 캠프 감독자, 역할모델로서 나에게 많은 영감을 주었다는 점도 밝힌다.

애틀랜타, 조지아에서
마이클 팝킨

저자 서문

1980년에 창설된 '적극적인 부모역할 출판사'는 세계에서 최초로 비디오를 이용한 부모역할 교육 프로그램을 개발하였다. 부모교육 분야에서 그러한 혁신을 이룬 것은 현대 민주사회에서 부모역할에 대한 다음과 같은 두 가지 신념에 근거한다.

1. 자녀를 위해 부모역할을 잘한다는 것은 매우 중요하다.
2. 자녀를 위해 부모역할을 잘한다는 것은 매우 어렵다.

대부분의 부모들은 자녀를 잘 양육하기를 원하지만 부모역할을 잘하는 데 필요한 기술을 배운 적이 없다.

이와 같은 부모역할 훈련의 부족 현상은 자녀가 전통적인 부모역할의 방법을 노골적으로 반대하는 현대 사회에서 심각한 문제를 야기한다. 우리는 도처에서 부모와 자녀가 힘겨루기에 휘말려 고통을 겪는 것을 목격할 수 있다. 가족은 서로를 지지하고 만족의 원천이 되기보다는 서로의 에너지를 고갈시키고 좌절의 원천이 되는 경우가 많다. 설상가상으로 많은 아동들이 현대 사회에서 성공하기 위해 필요한 기본적 자질인 용기, 책임감, 협동심, 존경심, 자기존중감을 개발시키지 못하고 있다.

그 결과 어린 자녀를 둔 많은 부모들은 자기 자녀가 십대가 되었을 때 과연 어떤 인생의 길을 선택할까에 대하여 두려움을 갖고 있다. 십대의 약물중독, 임신, 낙태, 범죄, AIDS와 자살 등의 비율이 놀랄 만큼 높기 때문에 두려움을 느끼는 것은 매우 당연하다.

부모역할이 자녀의 발달에 절대적 영향을 끼친다는 것은 두말할 필요도 없다. 이 '부모용 지침서' 는 당신에게 부모역할 및 문제해결의 방법을 가르치기 위한 것이다. 당신은 이러한 방법을 배움으로써 자녀가 인생에서 맞이할 도전에 용감하게 대처할 수 있도록 도움을 받을 것이다. 그리고 또 일생 동안 기쁘고 만족스러운 인간관계를 맺도록 해 줄 것이다.

우리의 삶이 끝날 때, 얼마나 많은 돈을 벌었는지, 얼마나 많은 운동경기를 관람하였는지, 가진 것이 얼마나 많은지는 기억하지 못할 것이다. 찬란한 광채 속에 우리의 영상에 남아 있는 것은 사랑했던 친구들, 배우자, 자녀와 얼마나 질적으로 충만한 관계를 맺었는가에 대한 회상만 있을 뿐이다.

차 례

Chapter 1

적극적인 부모

부모역할이 엄청난 에너지를 필요로 한다는 점에는 누구나 다 동감할 것이다. 부모역할이란 훈육과 대화와 지지에 해당하는 수많은 기술과 함께 엄청난 헌신을 요구하는 굉장히 '적극적인' 활동이다. 아이들은 말보다 행위에 훨씬 잘 반응한다. 그러므로 효과적인 부모가 되려면, 적극적으로 행동하는 부모가 되어야 하는 것이다. 그런 이유에서 이 부모코칭 프로그램에 '적극적인 부모역할, Now!'(Active Parenting Now)란 이름을 선택한 것이다.

대부분의 부모들이 '반응적인' 접근방식을 사용하는데, 그와 대조적으로 우리는 '적극적인' 이란 용어를 사용한다. 반응적인 부모들은 자녀가 그들을 막다른 한계점에 이르도록 몰아붙일 때까지 참고 있다가 그 다음에야 반응한다. 그래서 부모들은 끝내는 좌절, 분노, 막무가내식 훈육 혹은 '소리치고 때리는' 방식으로 반응하게 된다. 부모가 주도적이고 적극적인 행동을 하지 않고 감정적으로 반응하는 것은 궁극적으로는 자녀가 부모의 감정과 상황을 통제하도록 허용하게 만드는 셈이다. 그 결과 부모와 자녀가 똑같이 반복해서 좌절적인 상황에 반응적으로 부딪힘으로써 문제는 지속되고 또 악화된다.

문제는 대부분의 부모들이 일관된 자녀지도 방식을 가지고 있지 않다는 점이다. 부모는 자신의 부모가 과거에 사용했던 지도방법을 그대로 답습하거나, 정반대의 지도방법을 사용하거나, 친구나 책이나 잡지에서 배운 지도방법을 사용한다. '적극적인 부모역할, Now!' 에 내재된 기본 철학은 가정 안에서 지도자 역할을 할 사람은 자녀가 아니라 부모라는 관점이다. 이 프로그램의 목적은 당신에게 자녀지도에 대한 당신의 목표를 명료화시키고 자녀를 지도하는 데 효과적인 방법을 가르치도록 조력하는 것이다. 또한 이 프로그램은 일관된 부모역할의 모형을 제시해 줌으로써 당신이 부모역할을 하면서 곤경에 처할 때 확신감을 가지고 분명하게 행동할 수 있도록 도와줄 것이다.

'적극적인 부모역할, Now!' 에 내재된 기본 철학은 가정 안에서 지도자 역할을 할 사람은 자녀가 아니라 부모라는 관점이다.

우리가 '적극적인' 이란 말을 강조하고 선택한 데는 또 다른 이유가 있다. 현대 사회는 적극적인 인간을 요구하기 때문이다. 즉, 현대 사회는 진로와 직업, 지역사회 활동, 정치적 참여, 예술, 취미, 스포츠 등과 같은 많은 활동을 적극적으로 추구하고 몰두하는 사람을 필요로 한다. 당신이 이 프로그램에 참여했다는 사실 자체가 당신이 바로 적극적인 사람이라는 증거가 된다. 당신은 가족관계를 개선하기 위해서 첫발을 내딛었고, 보다 나은 부모가 되기 위하여 여러 가지 정보를 얻고 싶어 한다. 그러므로 '적극적인 부모역할, Now!' 의 프로그램은 당신과 같은 적극적인 사람들을 위한 것이다.

이 프로그램은 또 다른 의미에서도 적극적이다. 이 프로그램은 모든 참가자들이 적극적으로 참여하는 것을 요구하는 학습방법을 사용한다. 적극적인 학습이란 곧 효율적 학습을 의미한다. 그리고 우리가 개발한 '적극적인 부모역할, Now!' 는 그와 같은 효율적인 학습방법을 사용하는 프로그램이라고 확신한다. 첫째로, '적극적인 부모역할, Now!' 는 비디오를 활용하고 집단구성원 간의 상호작용의 힘을 활용한다. 당신은 그러한 역동적인 집단과정에 적극적으로 참여하여 필요한 정보를 얻고, 예리한 통찰력과 아이디어를 발견해 내고, 집단구성원들과 마음을 나누게 된다. 둘째로, 우리 프로그램은 모든 참가자들이 적극적인 역할을 연출하게 하는 재미있는 집단 학습활동으로 구성되어 있다. 셋째로, 우리는 부모용 지침서를 이용하게 하였다.

이 부모용 지침서는 유용한 정보와 실제적인 기술을 제공해 주는 원천이다. 부모들은 필요할 때마다 이 지침서에 나와 있는 핵심 개념을 복습하여 도움을 받을 수 있다. 또한 이 지침서에는 가정과 집단에서 사용할 수 있는 활동이 들어 있다. 그러한 활동은 '적극적인 부모역할, Now!' 에서 소개된 기술을 사용할 능력을 강화시켜 주고 당신에게는 중요한 학습경험이 될 것이다.

주의 사항 앞으로 6~8주간 동안, 당신은 자녀를 이해하고 지도하는 데 매우 실용적인 모형을 배우게 될 것이다. 이 모형은 지금까지 수백만 명의 부모, 카운슬러, 교사, 심리학자들이 효과적으로 사용해 왔다. 이 모형은 정말 효과가 있다. 그러나 한편으로는 이 프로그램에 참가하면서 여러분 자신이 인간으로서 불완전하다는 사실을 깨닫게 될 것이다. 우리 모두는 실수를 한다. 이 워크숍에 참여하는 동안 당신은 다음과 같은 두 종류의 실수를 깨닫게 될 것이다.

첫째, 당신은 부모로서 과거에 자녀지도를 하면서 범했던 실수를 깨닫거나 회상할 것이다 거의 모든 부모가 그럴 것이다. 그런데 실수를 인식하는 것도 중요하지만, 이보다 더 중요한 것은 과거에 범한 실수에 집착하지 않는 것이다. 과거에 범한 실수에 연연하는 것은 전혀 도움이 되지 않는다. 현재와 미래에 보다 효율적인 부모가 되고자 노력하는 것이 훨씬 더 건설적인 태도가 아니겠는가?

둘째, 당신은 이 프로그램의 새로운 기술을 배우는 과정에서 여전히 많은 실수를 할 것이다 실수는 학습과정의 일부이며, 모든 사람은 새로운 기술을 배울 때 실수하기 마련이다. 그러므로 자신의 불완전성에 대하여 자학하지 않고, 자신의 실수를 수용하는 것이 중요하다. 만약 당신이 자신에게 너무 완벽을 요구한다면, 좌절감을 느끼고 부모역할에 대한 학습도 제약을 받을 것이다. 왜냐하면 우리가 자신을 비판적으로 대하다 보면 방어적으로 되기 때문이다. 그리하여 우리는 자신의 실수를 인정하지 않게 되고, 그 결과로 우리의 행동을 개선할 귀중한 기회를 놓치게 된다. 우리는 실수를 통하여 배운다. 그러므로 당신이 저지른 실수에 대하여 자신을 자학하지 말고 관용하기를 바란다.

부모역할: 가장 중요한 직업

부모역할은 우리 사회에서 가장 과소평가되는 직업 중의 하나지만 오늘날에 와서는 상당한 관심을 받기 시작하고 있다. 결국 우리 사회의 미래가 우리 자녀들에게 달려 있다면, 미래를 여는 열쇠는 일차적으로 부모와 교사들에게 주어져 있는 것이다. 많은 학교와 종교기관과 전문적 상담기관 등은 이러한 현실에 부응하여 부모들에게 '적극적인 부모역할, Now!' 와 같은 프로그램을 실시하고 있다.

우리 사회의 미래가 우리 자녀들에게 달려 있다면, 미래를 여는 열쇠는 일차적으로 부모와 교사들에게 주어져 있는 것이다.

부모역할의 목적

어떤 직업에서 성공을 하려면 먼저 그 직업의 목적을 철저히 이해해야 한다. 부모역할의 기본 목적은 예나 지금이나 변하지 않았다. 우리는 부모역할의 목적을 다음과 같이 기술할 수 있다.

부모역할은 우리의 자녀들이 살고 있는 사회 안에서 그들이 생존하고 번영하도록 보호하고 준비시켜 주는 것을 목적으로 한다.

이러한 목적은 세월이 흘러도 변하지 않았지만 우리가 살고 있는 사회는 계속해서 다음과 같은 방식으로 변해 왔다.

현대 사회는 더 위험하다 오늘날 아동과 청소년은 마약이나 환각제와 같은 불법적인 약물을 예전보다 더 쉽게 구할 수 있고 이들의 독성은 더 강하다. 그리고 아동에 대한 범죄와 아동이 범하는 범죄는 과거보다 훨씬 더 증가하였다. 또한 학교폭력의 문제도 매우 심각하며 테러리즘의 위협은 우리 모두가 걱정하는 문제다. 요즈음에 와서는 심지어 성행위가 생명에 위협을 줄 정도로 심각해졌다.

이러한 문제는 부모에게 더욱 큰 어려움을 안겨 준다. 부모된 우리의 꿈과 관심은 자녀가 생존하도록 보호하는 것이다. 그러나 우리가 자녀를 과잉보호하게 되면 자녀가 스스로의 힘으로 미래에 생존하고 번영하지 못하게 하는 과오를 저지르는 셈이 된다. '부모역할' 이라는 직업은 자녀가 스스로 자기 앞길을 헤쳐 나가게 도와주는 것임을 명심하기 바란다. 즉, 부모역할은 자녀가 독립적인 인간이 되도록 준비시켜 주는 것이다. 다음과 같은 세 가지 활동은 당신이 이러한 역할을 수행하는 데 도움을 줄 것이다.

1. **다른 성인들과 대화를 나눔으로써 사회에서 자녀에게 위협적인 요소로 작용하는 것들을 파악하라** 예를 들면, 자녀가 몇 살이 되어야 혼자 집에 있어도 되는가? 자녀가 안전하게 놀 장소는 어디인가? 이런 문제에 대하여 대화를 나누어라.
2. **다른 모임이나 조직, 부모지지집단 등에 참여하라** 자녀를 키우는 데 보다 좋은 교육 환경이 되도록 지역사회에서 활동하라.
3. **자녀가 서서히 독립심을 개발하도록 배려하라** '적극적인 부모역할, Now!'의 프로그램은 자녀의 독립심을 길러 주는 기술을 당신에게 가르쳐 줄 것이다. 아이들은 여러 단계를 거치면서 발달하기 때문에 어떤 나이에 적절했던 행동이 다른 나이에는 적절하지 않을 수 있다. 각각의 발달 단계와 연령에 적합한 내용을 알려 주는 좋은 책들이 나와 있다. 자녀의 교사와 다른 부모와의 대화는 당신에게 도움이 될 것이다.

사회는 더 다양하고 정의로워졌다 현대 사회에 대한 좋지 못한 소식은 사회가 더 위험해졌다는 것이다. 그러나 더 정의로운 사회가 되었다는 점은 좋은 소식이다. 우리는 우리나라가 모든 사람이 평등하다는 원리를 바탕으로 설립되었다는 것을 자랑스럽게 생각한다. 실제로 이러한 평등의 개념이 세계에 널리 보급되어 있는 민주사회의 기본 정신이다.

1776년 미국에서는 모든 사람에게 투표할 권리가 주어졌다고 공표되었는데, 이것은 불행하게도 토지를 소유한 백인 남성들을 지칭한 것이었다. 다른 사람들에게는 투표권이 주어지지 않았다. 그러나 점차 사회가 진보하면서 그 뒤 150년 동안 노예제도가 종식되고 노동운동이 시작되었으며 여성에게 투표권이 주어짐으로써 민주주의에 대한 약속을 성취해 나갔다. 이어서 1950년 텔레비전의 출현과 더불어 사회적 평등운동에 커다란 도약이 이루어졌다. 마르틴 루터 킹 2세가 모든 인류는 평등해야 한다는 신념을 밝혔고, TV의 카메라는 그의 연설을 전 세계에 전파하였다. 그 이후로 흑인, 미국 원주민, 멕시칸, 동양인, 학생들, 여성들도 평등한 대우를 주장하고 나섰다. 오늘날은 어떠한 집단도 무조건적으로 명령

오늘날 어린이들은 묵묵히 부모의 지시에 따르려 하지 않는다. 다른 말로 표현하자면 홀대를 받으려고 하지 않는다.

에만 복종하려 하지 않는다. 다른 말로 표현하자면, 열등한 위치에서 홀대를 받으려고 하지 않는다. 오늘날 우리 자녀가 살고 있는 이와 같이 평등한 사회적 환경은 적극적인 부모에게 새로운 도전을 던져 주었다. 이제는 우리의 자녀들은 전통적으로 해 왔던 것과 같이 사회적으로 열등한 역할을 담당하려 하지 않는 세대에 접어들었다.

오늘날 어린이들은 부모의 지시에 묵묵히 따르려 하지 않는다. 다른 말로 표현하자면 홀대를 받으려고 하지 않는 것이다.

이 책에서 가르쳐 주는 방법들은 평등한 사회에서 요구되는 새로운 리더십의 방식을 신중하게 따르고 있다. 그러나 '모든 인간은 평등하게 창조되었다.' 라는 말은 모든 사람이 똑같이 창조되었다는 의미는 아니다. 외모처럼 눈에 띄는 특성이나, 꿈과 가치관처럼 눈에 띄지 않는 특성에 이르기까지 모든 사람들은 각자 다르다. 또 사람들은 각각의 역할이 다르며 그 역할에 따른 책임도 다르다.

부모는 지도자의 역할을 수행해야 하며, 이에 반하여 자녀는 학습자의 역할을 더 많이 수행한다.

이러한 차이점이 있지만, 모든 사람들은 헌법이 보장하는 평등한 가치와 존엄성을 지니고 있다. 이것은 우리가 법적으로 동등하게 보호받을 권리가 있다는 것을 의미한다. 다시 말해서 고용의 기회, 의견 제시의 기회, 인격적으로 존중받을 기회가 균등하게 주어져야 한다는 것을 의미하는 것이다.

이와 마찬가지로 가족 안에서 부모와 자녀는 어떤 면에서는 평등하지만 또 어떤 면에서는 차이점을 보인다. 부모와 자녀가 크게 다른 것은 바로 그들의 역할이다. 부모는 지도자의 역할을 수행해야 하며, 이에 반하여 자녀는 학습자의 역할을 더 많이 수행한다.

부모는 가족의 지도자로서 자녀와는 구별되는 권리와 책임이 있다. 예를 들면, 부모에게는 자녀에게 의식주를 제공하고 자녀를 보호할 책임이 있다. 또 자동차를 운전하거나 투표를 할 수 있는 권리와 술을 마실 수 있는 권리 등과 같이 아동에게는 허용되지 않는 특권도 있다.

이 밖에도 부모는 자녀의 삶에 영향을 주는 많은 영역, 예를 들면 건강과 안전과 자기 가정의 가치관에 대하여 결정을 내릴 권한을 가지고 있다. 이 권한에는 우리가 어떤 부모역할을 해야 할지를 결정하는 것도 포함된다. 부모에게 주어진 이와 같은 우두머리의 역할에 대한 개념에 대해서는 다음에 좀 더 살펴보기로 한다.

부모는 자녀의 삶에 영향을 주는 많은 영역, 예를 들면 건강, 안전, 가족의 가치관에 대하여 결정을 내릴 권한을 가지고 있다.

사회는 빠른 속도로 변하고 있다 과거의 어떠한 시대보다도 현대의 첨단기술 사회는 더욱 빠르게 변하고 있다. 지난 10년 동안에는 번창했던 직업이나 산업이 그 이후에는 사라져버렸고, 우리가 학교에서 배우지 못했던 새로운 기술로 대체되고 있다. 이렇게 빠르게 변하는 사회에서 성공하려면 어린이들은 단순히 학습한 것 이상의 것을 배워야 한다. 어린이들은 변화에 적응하면서 계속 학습해 나가는 방법을 배워야 한다. 맹목적으로 복종하거나 비위를 맞추려고 하는 태도는 앞으로의 세상에서 일어나는 변화의 조류를 헤쳐 나가는 데 필요한 기술과 성품을 제공해 주지 못할 것이다. '적극적인 부모역할, Now!' 는 자녀가 장차 어떠한 진로를 선택하든 간에 현명한 의사결정자요, 문제해결자이며, 팀워크(teamwork)의 인사요, 평생교육자가 되도록 부모인 당신이 힘을 북돋아 주는 방법을 가르쳐 줄 것이다.

가족형태의 변화 사회가 변화함에 따라 가족형태도 변화하였다. 어머니와 아버지와 자녀로 구성된 전통적인 가족은 이제 더 이상 정상적인 가족형태가 아니다. 모든 어린이의 절반 이상이 한 부모(Single parent)가정 또는 재혼으로 이루어진 혼합가정에서 살게 될 것이다. 또는 조부모나 동성애자 부모나 양부모(養父母)의 가정에서도 살게 될 것이다. 어떤 유형의 가정에 속한 부모든 간에 이 책에 사용된 기술은 당신과 당신의 자녀가 현재와 미래에 성공적으로 살아가는 데 필요한 인간관계의 기술을 개발시켜 줄 것이다. 물론 당신이 처한 구체적인 상황에 해당되는 여러 가지 문제점은 여기에서 다루지 않기로 한다. 그러한 사항은 이 책의 뒤에 수록된 부록을 참고하기 바란다.

위험요소: 마약, 성, 폭력

마약과 성문제와 폭력과 관련된 위험성은 십대 청소년들에게서 가장 크게 나타난다. 당신이 현재 부모역할을 어떤 식으로 담당하느냐 하는 것은 자녀가 후일에 부모 곁을 떠나는 시점이 될 때까지 엄청난 영향력을 행사한다. 따라서 당신의 자녀가 마약과 섹스와 폭력의 문제에 연루되지 않도록 예방해 주는 네 가지 방법을 다음과 같이 강조하고자 한다.

1. 자녀에게 품성을 길러 주고 필요한 기술을 개발시켜라

이 프로그램에서 가르치고 있는 적극적인 부모역할의 기술은 아동의 품성적 특성 중에서 가장 중요한 특성인 용기, 자기존중감, 책임감, 협동심, 존경심을 길러 줄 것이다.

이 책은 자녀가 이러한 특성을 체득하도록 도와준다. 또한 이 프로그램은 자녀가 문제해결, 의사소통, 분노의 관리, 성적 향상의 면에서도 성공하는 데 필요한 기술을 개발시켜 준다. 부모가 이러한 품성적 특성과 개인적인 능력을 개발시켜 줌으로써 자녀가 흡연, 음주, 마약, 무절제한 성관계, 폭력과 같은 인생의 문제에 대처할 수 있는 강력한 기초를 제공해 주는 것이다.

당신의 자녀에게 품성을 길러 주고 필요한 기술을 개발시켜라. 이 프로그램에서 가르치고 있는 적극적인 부모역할의 기술은 아동의 품성 내지 특성 중에서 가장 중요한 특성인 용기, 자기존중감, 책임감, 협동심과 존경의 마음을 길러 줄 것이다.

실제 연구결과도 이러한 점을 지지해 주고 있다. 서치 연구소(The Search Institute)는 아동과 청소년의 발달에서 좋지 않은 영향력을 걸러 내고 막는 데 필요한 40개의 핵심적인 자질을 규명하였다. 이러한 내적 자질에는 헌신, 가치관, 유능감, 자기지각 등이 있다. 이런 자질이 아동기에 길러지면 이런 자질은 장차 우리 청소년의 행동과 선택의 방향을 안내하는 '내적인 나침반' 이 될 것이다(제5장에서 이러한 자질에 대하여 살펴볼 것임).

우리는 자녀가 이러한 자질을 개발할 때 부모가 매우 중요한 역할을 한다고 믿는다. 또한 이 프로그램에서 배우게 될 기술은 부모에게 도움이 되리라고 확신한다.

2. 자녀와 강한 유대관계를 형성하라

자녀가 획득하게 될 가치관과 의사결정에 영향을 미치는 부모의 능력은 크게 부모-자녀관계의 질에 의존한다. 부모-자녀관계가 대체로 부정적이면, 자녀는 부모가 가지고 있는 좋은 생각까지도 받아들이지 않는다. 아이는 부모가 자신에게 함부로 강요할 수 없다는 것을 보여 주려고 예민하게 반항한다. 가끔 이러한 반항은 약물 복용과 무분별한 성관계와 폭력의 형태로 나타나며, 고의적으로 이러한 행동을 시도함으로써 부모의 가치관에 반대하는 것이다. 우리가 배우게 될 적극적인 부모역할의 모델은 이러한 위험을 최소화시키면서 동시에 부모가 가정 안에서 지도자로서의 힘을 행사하도록 북돋아 준다. '적극적인 부모역할, Now!'에서 배우는 방법은 구체적으로 굳건한 부모-자녀관계를 형성하는 것에 목적을 두고 있다. 그러한 유대관계가 형성될 때 비로소 부모가 자녀에게 효과적인 영향을 끼칠 수 있기 때문이다.

3. 여러 가지 위험에 대하여 설득적으로 이야기하라

일단 자녀와 긍정적인 관계를 형성한 다음에는 약물과 섹스와 폭력에 관련된 구체적인 위험성에 대하여 자녀에게 이야기해 주는 것이 중요하다. 가능한 한 설득력 있게 이야기함으로써 자녀가 부모의 사상을 받아들이게 하는 것이 좋을 것이다. 왜냐하면 그들이 어른이 되었을 때 약물, 성, 폭력의 문제에 대해서 필연적으로 나름대로의 입장을 세워 두어야 하기 때문이다. 훈육하는 것도 도움이 될 수 있지만, 훈육만으로는 자녀의 마음을 사로잡을 수 없다. 우리는 제2장에서 효과적인 의사소통의 기술을 논의하고, 제6장에서 약물, 성관계, 폭력에 관련된 특별한 주제를 다룰 것이다. 자녀와의 관계를 돈독하게 할수록 부모는 자녀의 인생에 긍정적인 영향력을 행사할 수 있게 될 것이다.

4. 자녀의 생활 속에 침투되어 있는 부정적인 영향력을 제거하라

부모가 모든 순간을 한결같이 자녀와 함께 있을 수는 없다. 그러나 자녀와 시종일관 함께 있을 수 없다고 해서 현대 사회의 일상생활에 주요한 영향력을 행사할 수 없는 것은 아니다. 물질남용예방센터는 현대 사회에서 아동이 직면하는 위험 요인들과 그러한 위험 요인에 대처하는 데 필요한 요인들을 규명하였다(212쪽에 있는 표를 참조할 것).

제6장에서 우리는 여섯 가지 영역에 걸쳐 위험 요인들을 추려 낼 수 있는 실제적 방법들을 살펴볼 것이다. 또한 자녀를 위하여 보호적인 요인을 개발함으로써 자녀에게 긍정적으로 영향력을 행사할 수 있는 방법도 살펴볼 것이다.

자녀의 품성

부모가 항상 자녀 곁에 남아서 자녀가 현명한 결정을 하는지를 지켜볼 수는 없기 때문에, 자녀가 자기 힘으로 성공적인 과정을 개척해 나가는 데 필요한 신념, 태도, 가치관의 기본적인 틀을 개발시켜 주는 것이 중요하다. 이것은 흔히 '품성'을 의미한다. 품성은 부모역할 훈련에서 강조하는 가장 중요한 개념 중의 하나다. 당신이 자녀에게 심어 주고 싶은 품성 내지 자질에는 많은 것들이 있겠지만, 첨단공학과 다양성과 민주주의가 지배하는 현대 사회에서 자녀가 성공하기 위해서는 특히 다섯 가지의 자질이 중요하다고 생각한다.

첫 번째 자질은 용기다. 알프레드 아들러(Adler)는 "만약 어린이에게 한 가지 선물을 준다면, 그것은 아마 '용기' 일 것이다."라고 하였다. 아들러는 만약 어떤 아이에게 용기가 있다면 그 아이는 자기에게 필요한 모든 것을 학습할 수 있다고 결론지었다. 부모에게 지도를 받고 용기 있게 자란 아이는 삶에서 부딪히는 여러 가지 도전에 봉착하면 끝내 극복해 낼 때까지 노력하고 때로는 실패도 하겠지만 기어코 또 노력할 것이다.

용기 있게 자란 아이는 인생이 제시하는 여러 가지 도전에 봉착하면 끝내 극복해 낼 때까지 노력하고 때로는 실패도 하겠지만 기어코 또 노력할 것이다.

용기가 없는 아이는 쉽게 포기하거나 아예 노력을 시도하지 않을 것이다. 두려움은 실패로 이끌며, 실패는 두려움을 강화시킨다. 그러한 낙심의 회로는 후회와 분노의 태도를 평생 지속시킨다. 용기는 아동이 자신의 성격을 구성하는 토대다. 용기는 인간 잠재력의 핵심이다. 우리는 아동 발달에서 용기가 필수적이라고 생각한다. 그래서 우리는 자녀를 격려하는 방법에 대하여 제5장에서 심도 있게 다루었다. 그러므로 우리는 용기에 대해서 여러 번 언급할 것이다.

두 번째 자질인 자기존중감은 민주사회에서 성공하는 데 필요한 것이다. 간단히 말해서, 자기존중감은 우리가 우리 자신에 대하여 가지는 관점이다. 아동이 높은 자기존중감을 가지면, 자신은 도전에 맞서서 성공할 수 있는 절호의 기회를 가진 능력 있는 인간이라고 지각한다. 이런 아동은 실패도 학습을 위한 기회로 여긴다. 그래서 자기존중감이 높은 아동은 한 번 실패한다고 해서 포기하는 법이 없다. 자신을 승자로 지각하는 것은 어린이에게 용기를 심어 준다. 이런 자존감을 가진 아이는 긍정적 행동을 통하여 삶의 문제와 씨름하고 민주사회에서 주어진 귀중한 기회를 이용할 줄 안다. 우리는 제5장에서 자기존중감과 용기와 행동 간의 관계를 알아볼 것이다.

세 번째 자질은 책임감이다. 민주주의는 구성원들이 결정을 내리고, 일단 결정한 결과에 대하여 책임을 수용하는 것을 요구한다. 개인적인 책임감이 행사되지 않는다면 우리의 소중한 자유는 정부에게 이양되고, 정부가 우리를 위한 모든 결정을 대신할 것이다.

자유와 선택은 선택한 결과에 대한 책임을 수반한다. 실제로 사회적 현실은 어린이에게 수천 가지의 선택을 하도록 요구하고 있다. 그리고 우리의 자녀는 선택에 따른 결과를 경험함으로써 자신의 선택에 대하여 책임을 지게 된다. 이러한 선

민주주의는 구성원들이 결정을 내리고 일단 결정한 결과에 대하여 책임을 수용하는 것을 요구한다.

택 중에는 생사에 관련된 심각한 선택도 들어 있다. 누군가가 그들에게 약물을 제공하면 약물을 받아들이기로 선택할 것인가? 아동들은 음주, 성, 범죄, 학교 중퇴, 심지어 자살까지도 선택해야 할 것이다. 그렇다고 부모가 항상 자녀 곁에서 어떤 선택을 해야 하는가를 일러줄 수는 없는 것이다. 그러나 아동이 책임 있는 결정을 내릴 수 있는 준비가 되어 있고, 자기가 내린 결정에 수반되는 결과를 감내할 용기가 있다면, 그들은 이러한 도전을 맞아들일 준비가 된 것이다. 우리는 이 프로그램을 통하여, 특히 제3장에서 자녀에게 책임감을 가르치는 방법들을 살펴볼 것이다.

무턱대고 아동에게 협동하라고 요구할 수는 없다. 아동 쪽에서 자발적으로 협력하는 마음이 일어나야 하는 것이다.

네 번째 자질은 협동심이다. 어떤 기관에서는 경쟁이 곧 성공에 이르는 길이라고 강조한다. 그러나 사회의 발전을 이끌어 온 지도자들은 협동심이 지닌 신비한 능력을 잘 알고 있다. 인생은 단순히 독립적이지도 의존적이지도 않으며, 오히려 상호의존적이라는 것을 자녀가 이해하도록 돕는 것이 '적극적인 부모역할, Now!'의 기본 이념이다. 협동은 평등한 사회에서 높은 가치를 지닌다. 협력하는 기술을 배운 아동이 그 기술을 배우지 못한 아동보다 훨씬 더 잘 생존하고 더 성공할 수 있다. 이상적으로 보면, 부모와 자녀의 관계는 갈등의 관계라기보다는 협동의 관계다. 그러나 무턱대고 아동에게 협동하라고 요구할 수는 없다. 아동 스스로 자발적으로 협력하는 마음을 가져야 하는 것이다.

이 프로그램의 각 장에서는 가족화목 활동을 통하여 부모와 자녀 사이에 협동관계가 이루어지도록 독특한 기법을 소개할 것이다. 제2장에서는 효과적인 의사소통을 통하여 자녀에게서 협력을 얻어 내는 기술을 다루고 있다.

다섯 번째 자질은 존경심인데, 특별히 도입단계인 제1장에서 자세하게 다룰 것이다. 왜냐하면 존경심은 민주사회에서의 생활에 초석이 되기 때문이다. 자녀들에게 자신과 타인을 존경하도록 가르치는 일은 먼저 가정에서 시작되어야 한다. 그러나 존경심은 자녀들이 참여하게 될 모든 영역에서 중요한 역할을 한다. 존경심은 자신과 타인의 가치를 인식하는 것이며, 자신의 행동과 태도를 통하여 표현하는 것이다.

부모역할의 유형

부모로서 우리의 목표는 급속히 변화하고 있는 다양한 민주사회에서 자녀가 생존하고 번영할 수 있게 해 주는 능력과 품성을 길러 주는 것이다. 이것이 부모의 책임이며 부모는 이러한 역할을 수행할 권위를 지니고 있다. 우리는 평등사회에서도 여전히 권위가 존재한다는 것을 알고 있다. 주어진 분야에서 최종적인 결정을 내리고 잘 집행하는 우두머리의 예를 들면, 회사의 사장, 교통경찰, 학교의 교장을 들 수 있다. 이러한 사람들은 지도자들이다. 그러나 누구도 지도자인 당신을 따르지 않는다면 지도자의 권위는 아무런 소용이 없다. 따라서 리더십의 중요한 원리는 다음과 같이 말할 수 있다.

지도자의 권위는 궁극적으로 그의 추종자들에게서 얻어지는 것이다.

이러한 원리는 부모에게도 똑같이 적용된다. 부모는 가족 내에서 권위를 가진 우두머리다. 그러나 부모의 권위가 효과적으로 발휘되려면 부모는 자녀와 협력관계를 가져야 한다. 이제 리더십의 세 가지 유형을 살펴보고, 이러한 각각의 유형이 현대 사회에서 얼마나 효과적인지에 대하여 살펴보기로 한다.

1. 전제형: 독재자

'전제형' 부모는 막강한 힘을 가진 독재자로서 전제적으로 자녀를 지도하려고 한다. 그런 부모는 상과 벌을 사용하여 자신이 내린 명령을 집행하는 지배적인 인간이다. 이러한 부모는 자녀가 무엇을 어떻게, 어디서, 언제 해야 할지를 일러준다. 자녀는 질문하고 도전하거나 반대 의견을 개진할 여지가 없다. 이러한 독재적 양육 방법은 인간의 불평등이 일반화되었던 시기에는 설득력이 있었으나, 오늘날과 같은 평등의 시대에는 효력이 없다.

전제적인 가족 내에서 자란 아이들은 성공하기가 힘들다. 그들은 기가 죽어 있거나 스스로 포기하거나 곧잘 반항한다. 이러한 반항은 보통 십대에 일어난다. 왜냐하면 자녀가 십대가 되면 부모와 맞서 싸우기에 충분한 힘이 생기기 때문이다. 오랜 세월 동안 부모들이 독재자의 역할을 해 왔기 때문에 십대 자녀들의 반항은 마치 '정상적인' 것처럼 받아들여져 왔다. 이것은 잘못된 것이다. 독립된 인간이 되기 위해서 십대가 반드시 반항해야 할 필요는 없다.

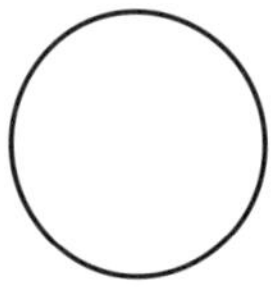

전제형은 자유는 주지 않고 제약만 주는 지도법으로 표현될 수 있고, 닫혀진 원으로 묘사된다.

전제형의 부모는 아이들을 제약해야 한다고 믿는다. 전제형 부모는 정서적으로 강인하며 자녀의 일에 관여하여 확고한 입장을 고수하려는 의지를 가지고 있다. 그러나 문제는 너무 지나치다는 점이다.

자녀에게 다음과 같은 말을 하고 있다면 전제형 부모라고 할 수 있다.

"내가 부모니까 너는 내가 말한 대로 하면 돼!"
"네가 나와 같이 사는 한, 너는 내가 정한 규칙에 따라야 돼."
"장차 네가 부모가 되면, 그때 가서는 네 맘대로 결정할 수 있어."

그리고 다음과 같이 행동하면 전제형 부모라고 할 수 있다.

- 자녀가 입을 옷을 일일이 일러 준다.
- 자주 화를 내고 고함을 친다.
- 당신 입장만 내세우며, 간접적인 방법으로 자녀를 처벌한다.

2. 자유방임형: 심부름꾼

'자유방임형' 부모는 거칠고 완고한 독재적 방식에 강력하게 반대하는 사람들이다. 이런 허용형 부모는 자녀들이 제멋대로 하고 싶은 일을 하도록 너무 많이 허용한다. 그러한 가정에서는 질서와 규율을 찾아보기가 힘들다. 그리고 자녀에게는 무제한의 자유가 허용된다. 이러한 부모들은 자녀의 심부름꾼처럼 행동하면서 자녀가 부모를 유린하도록 방임한다. 이들 중 어떤 부모는 엄격하게 자녀를 지도하고 싶지만, 어떤 말이나 어떤 기술을 사용해야 할지를 몰라서 못하는 경우도 있다. 이렇게 자유방임적으로 지도를 받고 자란 아이들의 주요한 약점은 안정감을 느끼지 못하는 것이다. 그들은 자기 가정에 대한 소속감을 거의 느끼지 못한다. 그리고 이런 아이들은 협력하는 법을 배우지 못했기 때문에 다른 사람들과 함께 생활하는 데 어려움을 느낀다.

허용적 부모 밑에서 자란 아이들은 제멋대로이며 자기 마음대로 행동하는 것에 익숙해져 있다. 가족 이외의 사람이 이런 아동에게 지켜야 할 규칙을 말해 주면 반항한다. 구속이나 제약이 없는 생활방식에 익숙해진 아동이 자발적으로 규칙에 복종하도록 하는 것은 쉬운 일이 아니다.

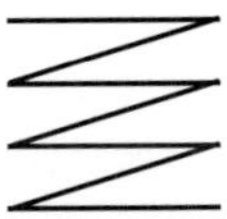

자유방임형은 제약은 주지 않고 자유만 준 지도방법으로 묘사될 수 있고, 지그재그 선으로 표현되며 이것은 자유분방한 만용의 모습을 의미한다.

자유방임형의 부모는 자녀와 힘을 공유하고 자녀에게 선택의 자유를 허용하려고 한다. 그러나 문제는 너무 지나치다는 점이다.

다음과 같이 자녀에게 말하고 있다면 자유방임형 부모라고 할 수 있다.

"나는 그것이 좋은 생각이라고 여기지는 않지만, 음… 네가 정말 원한다면 그렇게 하렴."

"네가 정말 그 돈이 필요하단 말이지? 음, 그렇다면 그 돈을 줄게."
"나는 네가 제발 그런 곳에 가지 않았으면 좋겠다."

그리고 다음과 같이 행동하면 자유방임형 부모라고 할 수 있다.

- 자녀가 잠자고 싶다고 하면 언제든지 잠을 자라고 한다.
- 일상적으로 자녀의 숙제를 대신해 주고, 학교에서 일어난 일을 중재해 주려고 자주 학교를 방문한다.
- 자녀가 화를 내거나 슬퍼할 것이 두려워서 자녀가 부당한 요구를 하더라도 거의 다 들어준다.

3. 우두머리형: 적극적인 부모

'우두머리(authority)' 형 부모는 어떤 점에서 전제형과 자유방임형 부모의 중간이라고 할 수 있지만, 훨씬 더 많은 의미를 함축하고 있다. 적극적인 부모의 가정에서 자유는 이상으로 추구되지만, 타인의 권리가 존중되고 모든 사람의 책임도 강조된다. 부모는 협동심을 부추기고 학습을 자극하는 지도자다. 이러한 가정에는 질서와 규칙이 있으며 가족구성원 모두가 중요한 사람이다.

적극적인 부모는 우리 사회의 민주주의 유산과 모든 사람들 사이에 존재하는 사회적인 평등의 이념을 인정한다. 그것은 다음과 같이 두 가지의 중요한 방식으로 나타난다.

1. 자녀를 훈육할 때 자녀의 인간적 존엄성을 인정해 준다.

2. 자녀의 생각과 감정을 부모에게 공손하게 표현할 수 있는 권리를 허용한다. 따라서 자녀의 생활과 관련하여 중요한 결정을 내릴 때 자녀도 영향력을 행사할 수 있는 권리를 허용한다. 이것은 민주사회의 생활과 부합되는 정신이다.

민주주의는 당신이 원하는 것을 언제나 얻을 수 있다는 뜻이 아니다.
민주주의란 다만 언제나 말할 수 있는 권리가 있다는 뜻이다.

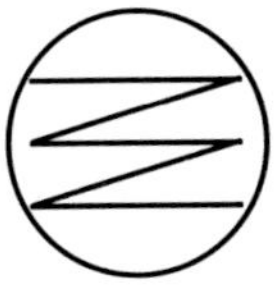

우두머리형은 일정한 한계 안에서 자유를 주는 지도방법이라고 볼 수 있고, 원이라는 한계 안에 있는 지그재그 선으로 표현된다.

사실 이것은 '팽창하는 한계 안에서의 자유' 로 보일 수 있다. 자녀가 성장하여 점점 더 많은 책임을 수행해 감에 따라 부모는 자녀에게 부과한 한계를 늦추어 준다. 그리하여 십대의 자녀가 성장하여 마침내 부모 곁을 떠나갈 시점이 되면 자녀는 부모처럼 성인이 향유하는 독립의 특전을 똑같이 누리게 된다.

자녀에게 다음과 같이 말하고 있다면 적극적인 부모에 가깝다고 할 수 있다.

"네가 실망하겠지만, 너는 지금 외출할 수 없다. 왜냐하면…"
"그래, 우리 함께 그것에 대해서 이야기해 보자. 너의 생각은 무엇인지 말해 보렴."
"네가 그 문제를 처리할 수 있다는 것을 난 알고 있단다. 그러나 혹시 도움이 필요하면 곧바로 나에게 알려 주려무나."

그리고 다음과 같이 행동하면 권위를 가진 적극적인 부모라고 할 수 있다.

- 집 안의 여러 가지 허드렛일을 나누어 하도록 결정할 때 자녀를 참여시킨다.
- 자녀가 숙제를 자기 힘으로 하도록 전적인 책임을 부과하며, 정말 도움이 필요한 경우에만 약간씩 지도해 준다.
- 자녀와 학과목에 대하여 정규적으로 논의하고 학교활동에 참여함으로써 자녀의 교육에 적극적인 관심을 보인다.
- 자녀가 지켜야 할 규칙을 말해 주고, 합의된 규칙을 위반했을 때 수반되는 결과에 대하여 함께 이야기함으로써 훈육의 과정에 자녀를 참여시킨다.

- 당신이 좋아하는 면을 알려 주고 자녀를 자주 격려한다.
- 차분하면서 판단하지 않는 방식으로 약물, 성, 폭력과 같은 문제에 대하여 자녀와 대화를 나눈다.

선택의 방법

자녀들은 자신의 인생에 영향을 끼칠 중요한 결정을 내릴 수 있는 선택의 기회가 주어지지 않게 되면 부모에게 저항할 것이다.

실존적 존재인 인간에게 단순하면서도 가장 강력한 힘은 선택하는 힘이다. 국가 간의 전쟁이 불가피한 것도 그들의 삶을 선택할 권리를 보장받기 위해서다. 우리가 강조하는 적극적인 부모는 '한계 안에서의 자유' 를 허용한다. 여기에서의 '자유' 란 아동이 선택을 하는 자유를 의미한다.

사람들이 독재자를 타파하기 위하여 분연히 궐기하듯이, 자녀들 역시 자신의 인생에 영향을 끼칠 중요한 문제를 결정할 수 있는 선택의 기회가 주어지지 않는다면 부모에게 저항할 것이다.

독재자형도 아니고 심부름꾼도 아닌, 적극적인 지도자로서의 부모는 이러한 지식에 입각하여 여러 가지 생활상의 문제를 다루고 책임감을 가르칠 것이다.

선택은 힘이다. 당신은 가정의 지도자로서 자녀의 나이에 적절한 선택과 책임감의 기준을 정해 주어라. 다시 언급하겠지만 이것이 바로 '확장' 되어 가는 한계 안에서의 자유다. 자녀에게 선택의 자유를 주는 것은 그들의 힘을 크게 북돋아 주는 것이다. 그와 동시에 자녀가 선택할 수 있는 범위를 구체적으로 제한해 준다면 가정에서 중요시하는 규칙이나 가치관이 결코 희생되지 않을 것이다.

자녀에게 명령하지 말고, 선택의 기회를 주라

아주 어린 아이들에게도 간단한 선택권을 줄 수 있다. 자녀에게 의사결정을 연습할 기회를 허용하여 일상생활에서 정규적인 일과가 되도록 만들어라. 다음에 있는 오승이 엄마와 오승이의 예는 갈등상황을 해결하는 데 도움이 된다. 엄마가 아들에게 강제로 하얀 셔츠를 입히려다가 실패한 후에, 엄마는 드디어 아들에게 선택의 기회를 준다.

자녀에게 선택의 자유를 주는 것은 그들의 힘을 크게 북돋아 주는 것이다.

엄마: 이 하얀 셔츠를 입겠니? 아니면 파란 셔츠를 입겠니?
오승: 파란 셔츠요.

엄마가 아들에게 이렇게 선택권을 주는 것은 아들의 삶에 영향력을 미치는 결정에 대하여 아들에게 다소간 힘을 실어 주는 것이다. 그래서 아이는 부모에게 반항할 필요성을 거의 느끼지 못한다. 아들은 파란 셔츠를 입겠다고 선택하였고, 엄마도 그것을 수용하였다. 만약 아들이 상황에 맞지 않는 셔츠를 입으려고 했다면, 엄마는 아들의 선택권을 제한했을 것이다.

엄마: 안 되겠다, 오승아. 스파게티 국물이 얼룩진 셔츠를 입고 외출하는 것은 좋지 않아. 이 하얀 셔츠와 파란 셔츠 중에서 하나를 선택하려무나.

자녀가 성장해 가면서 좀 더 자유로운 선택권이 주어질 수 있다. 그래서 "하얀 셔츠와 파란 셔츠 중 어느 것을 입겠니?" 라고 묻는 대신에, 너는 "어떤 옷을 입고 싶니?" 라고 간단하게 물어볼 수 있다. 다음 예문을 통하여 당신이 자녀에게 사용할 수 있는 선택권의 예를 살펴보자.

자녀에게 선택권을 주기

4~7세	8~12세
"오늘 아침에는 오렌지 주스를 마실래? 아니면 포도 주스를 마실래?"	"나하고 식료품 가게에 함께 가서 물건 고르는 것 좀 도와주겠니?"
"네가 혼자서 치울 수 있겠니? 아니면 내가 도와줄까?"	"숙제를 저녁식사 전에 하고 싶니? 아니면 식사 후에 하고 싶니?"
"잠자기 전에 우리가 함께 읽을 책을 엄마가 정해 줄까? 아니면 네가 정하겠니?"	"할머니 댁에 가는 것이 일요일이 좋겠니? 아니면 토요일이 좋겠니?"
"지금 목욕을 할까? 아니면 노래를 한 곡 더 부르고 목욕을 할까?"	"집안일 중에서 너는 어떤 일을 도와주고 싶니?"

주의사항 자녀가 무조건 모든 것을 선택하게 하지는 말아라. 어떤 어머니는 저녁에 딸이 양치질을 할 때 열두 개도 넘는 칫솔 중에서 하나를 선택하라는 식으로 너무 많은 선택을 제시한 경우가 있다. 그 결과 자녀가 늦게야 잠자리에 들 수 있었다. 자녀는 가끔씩 부모가 확고하면서도 세심한 결정을 내려 주기를 원한다. 또 때에 따라서는 선택권을 제한해 주는 것을 고맙게 여기기도 한다.

상호존경

우리 자녀들은 무례한 행동에 대하여 매우 민감하게 반응하는 사회에서 성장하고 있다. 사실상 타인을 무례하게 대하는 행동은 곧잘 개인적인 모독으로 간주되며, 심한 경우는 폭력을 불러일으킨다.

그런 의미에서 개인의 장점, 약점, 가문, 문화, 출신에 상관하지 않고 존경하는 것을 배우는 일은 자기존중감과 성공을 위한 기반이 된다. 자녀에게 화를 내거나 훈육을 제공할 때도 자녀를 존경해 주게 되면, 자녀가 자기 자신을 존경하면서 동시에 다른 사람에게도 존경심을 가지고 대하는 것을 배우게 된다.

자녀를 존중해 주는 것은 자녀가 우리를 존경하도록 가르치는 좋은 방법이다. 작가인 버나드 말라무드(Bernard Malamud)는 "존경받고 싶으면 존경으로 대해야 한다."고 강조하였다. 달리 말하자면, 만약에 우리가 자녀나 어떤 사람에게서 존경을 받고 싶다면 우리 역시 그들을 존경해 주어야 한다는 것이다. 이것을 드라이쿨스(Rudolf Dreikurs)는 '상호존경'이라고 말하였다. '상호존경'은 말하기는 쉽지만 행동으로 실천하기는 쉽지 않다. 존경심을 가지고 자녀를 대한다는 것은 부모가 큰소리치거나 위협하지 않고, 욕설하거나 비꼬지 않으며, 자녀에게 함부로 대하지 않는다는 것을 의미한다. 눈에는 잘 띄지 않지만 존경과 반대되는 무수한 형태의 무례한 행동이 있다. 우리는 이런 행동을 경계해야 한다. 예를 들면, 자녀가 스스로 노력하여 어떤 문제를 해결하도록 기회를 부여하지 않고 부모가 문제를 대신 해결해 주려고 곧바로 끼어드는 경우가 있다. 그러한 과잉보호적인 태도는 자녀를 존중해 주지 않는 것이다. 또 부모가 바라는 것만 강요하면서, 자녀가 원하는 것에 대해서는 조금도 타협하려 하지 않는 부모 역시 존경심이 결여되어 있다.

자녀를 존중해 주는 것은 자녀가 우리를 존경하도록 가르치는 좋은 방법이다.

자녀에게 무례하게 행동하고 있다는 사실을 깨달을 때는 자녀에게 얼른 미소를 짓고 사과하라. 그리고 필요한 경우에는 당신의 태도나 말을 수정하도록 하라.

예

"내가 너에게 큰소리쳐서 미안하다. 그건 너를 무시하는 행동이었다. 내가 화난 이유를 너에게 다시 차분하게 설명해 줄게."

"내가 집에 늦게 올 것이라고 너에게 전화해 주지 않아서 미안하다. 그건 무례한 행동이었지. 내가 그것에 대해 너에게 어떻게 보상하면 되겠니?"

자녀가 타인을 존경하도록 가르치려면 자녀가 먼저 부모된 우리에게 존경심을 보여야 한다고 주장하는 일부터 시작하라. 이를 위해서는 가르치는 기술과 더불어 제3장에서 배울 훈육의 기술이 필요하다. 자녀를 존중해 주려는 의도에서 부모가 신중하고 조심하는 태도로 임하면, 자녀의 무례한 행동을 수정해 주는 데 필요한 확고한 기반을 이미 다져 놓은 셈이다.

예

"나는 너에게 그런 식으로 말하지 않았다. 제발 너도 나에게 그런 방식으로 말하지 않도록 해라."
"내가 너에게 그런 식으로 말하지 않았잖니? 그러니까 네가 그런 식으로 나에게 말하는 것을 용납하지 않겠다."
"너희 둘, 당장 싸움을 그만두어라. 우리 가정에서는 그런 무례한 방식으로 서로에게 말하지 않는다."

자녀가 타인을 존경하도록 가르치려면 자녀가 먼저 부모된 우리에게 존경심을 보여야 한다고 주장하는 일부터 시작하라.

제3장에서 살펴보겠지만 부모가 단순히 지시하여 자녀의 잘못된 행동을 교정해 줄 수 없는 경우가 있다. 이런 경우에는 부모의 말에 설득력을 실어 주기 위해서 논리적 결과와 관련된 '선택권' 을 자녀에게 부과하도록 하라.

예

"나에게 큰소리치지 말고 말해라. 그게 안 되면 네 방에 들어가 있거라."
"둘이서 싸우지 말고 리모컨을 나누어 사용하여라. 그게 안 되면 너희들은 TV를 볼 수 없다."
"내가 영화 채널을 보지 못하게 한 점에 대해서 할 말이 있거든 나에게 공손하게 너의 의견을 이야기하여라. 그렇게 하지 않으면 넌 금주 중에는 어떤 영화도 볼 수 없다."

결국 우리 스스로가 배우자나 어른들이나 낯선 사람들에게 보여 주는 존경심이 우리 자녀에게 좋은 본보기가 된다. 사람들과 상호작용할 때 항상 상호존경으로 임하고, 상호존경이 가정의 중요한 가치관이 될 때 자녀는 사람들을 존경하는 습관을 저절로 체득할 것이다.

가족화목활동: 재미있는 시간 가지기

유능한 세일즈맨은 물건을 팔기 전에 고객과 긍정적인 관계를 형성하기 위하여 충분한 시간을 투자한다는 사실을 주시한 적이 있는가? 고객과 먼저 긍정적인 관계를 형성하면 사람을 설득하는 일의 절반은 달성한 셈이라는 사실을 세일즈맨은 잘 알고 있다.

일단 상대방에게서 신임을 얻으면 판매는 훨씬 쉬워진다("나는 판매원인데요. 내가 사 달라고 말했으니까 당신은 이 제품을 사 주어야 됩니다."라고 독선적으로 판매를 강요하는 세일즈맨을 상상할 수 있는가?). 부모역할에도 똑같은 원리가 적용된다. 당신과 자녀의 관계가 풍요로울수록 당신은 자녀의 삶에 더 많은 영향력을 행사할 것이다. 그렇게 되면 많은 문제들을 미리 예방할 수 있고, 훈육이 필요한 경우도 자녀를 훈육하기가 훨씬 더 수월해질 것이다.

이 책의 각 장에는 가족화목활동이 들어 있다. 가족화목활동과 함께 다른 보조적인 기술을 사용하면 자녀와의 관계가 더욱 돈독해질 것이다. 만약 자녀를 통제할 수 없을 경우는 가족화목활동을 통하여 긍정적인 접촉을 시작하도록 하라. 창의적으로 임하라. 자녀와 접촉을 시도하라.

첫 번째 가족화목활동은 자녀와 재미있는 시간을 가지는 것이다. 활동은 단 몇 분 정도로 짧을 수도 있고, 하루 정도로 길게 잡을 수도 있다. 중요한 것은 그 시간을 재미있게, 그리고 정규적으로 하라는 것이다. 다시 말하면 '날마다 조금씩' 재미있는 시간을 가지도록 하라. 예를 들면, 다음과 같다.

- 공 던지기 혹은 공 넣기
- 특별한 간식 만들어 주기
- 함께 게임하기
- 어지르기

- 단둘이서 외출하기(또는 산책하기)
- 서로 간지럼 태우기
- 농담하기 혹은 유머 나누기

이러한 활동을 신바람 나게 하려면 다음과 같이 하라.

- 최소의 비용을 들여서, 둘 다 함께 즐길 수 있는 활동을 하라.
- 자녀에게 아이디어를 물어보면서 하되 당신 나름의 아이디어를 가지고 임하라.
- 재미있게 하라! 놀이 시간을 이용해서 평소에 자녀가 잘못했던 행동을 지적하지 않도록 하라.
- 자녀와 함께 놀고 난 소감을 '부모용 지침서'에 기록하라.

가족회의: 과제활동을 선택하기

당신의 자녀가 민주사회에서 성공하도록 준비시켜 주는 가장 좋은 방법은 협력적인 문제해결과 의사결정에 따르는 '주고받기'의 원리를 가르치는 것이다. 이 원리를 가르치는 가장 좋은 방법은 '가족회의'다. 나는 이 책의 각 장 속에 가족회의를 하기 위한 주제를 제시하였다. 금주에는 일주일 동안 어떤 재미있는 활동을 가족화목활동으로서 선택할 것인가를 결정하는 가족회의를 짧은 시간 안에 하기 바란다. 회의는 격식 없이 짧게 해서 식구 중에 회의를 싫어하는 사람이 한 사람도 없도록 하라. 가족회의가 부드럽게 진행되도록 가족회의를 위한 하나의 기본 규칙을 제안하면서, 모두가 다음과 같은 내용에 동의하는가를 질문함으로써 시작하라.

우리는 서로 서로를 존중하는 마음으로 대할 것이다.

이어서 모든 가족원에게 이것이 무슨 뜻인지 말해 보도록 하라. 그리고 그들이 발표한 의견을 정리하여 목록을 만들어 두고, 장차 그 자료를 참고하도록 하라. 예를 들면, 다음과 같다.

> 어떤 사람이 이야기할 때는 모두 잘 경청해 준다.
> 말하는 사람이 이야기를 마칠 때까지 기다린 다음에 자기 이야기를 한다.
> 다른 사람의 생각을 모욕하거나 무시하지 않는다.

이러한 기본 규칙에 대하여 그 자리에서 동의를 받아 두어라. 그러면 차후에 누군가가 회의 중에 무례하게 행동할 때마다 당신이 이 점을 주지시킬 수 있다. 즉, "우리가 회의할 때는 서로를 존중하는 마음으로 행동하기로 동의했었지?" 라고 말하는 것이다. 만약 이렇게 언급한 것으로 충분하지 않으면 구체적인 위반 내용을 덧붙일 수 있다. 예를 들면, "우리는 어떤 사람이 말을 할 때는 모두 잘 경청해 주고, 잡담은 하지 않기로 동의했었지?" 라고 말한다. 또 기본 규칙을 모든 가족구성원이 수시로 바라볼 수 있는 장소에 게시해 놓을 수도 있다.

그러나 가족회의가 자녀의 잘못된 평소 행동을 지적하고 맞닥뜨리는 기회가 되지 않도록 주의하라. 가족회의에서는 자녀가 자기 의견을 말하고 희망사항이 참작되는 즐거운 시간이 되도록 목표를 세워라. 시종일관 유쾌한 기분을 유지하면서, 가능한 한 많이 격려하라. 그러면 가족회의가 부모와 자녀 모두에게 매우 유익하다는 것을 알게 될 것이다.

보살핌을 제공하는 자로서의 자신을 보살피기

우리는 부모역할이 매우 적극적인 활동이며, 부모역할을 잘 수행하기 위해서는 많은 에너지가 필요하다는 것을 지적하면서 이 장을 시작하였다. 당신이 가족의 욕구를 충족해 주고, 또한 직장의 업무와 자원봉사 활동과 친구들과의 우정관계를 유지하는 데 소요되는 에너지는 마치 하루 종일 물을 흘려 보내는 물통에 비유될 수 있을 것이다. 하루의 일과가 끝날 무렵이면, 당신의 에너지는 완전히 바닥나서 물통은 텅 비게 된다.

보살피는 자로서의 자신을 보살핀다는 뜻은 자신의 에너지를 재충전하기 위해서 매일 일정 시간을 할애해야 한다는 말이다. 어떤 부모들은 자신을 위하여 시간을 사용하는 것이 이기적이라고 생각한다. 그러나 만약 계속해서 지나치게 많은 일을 감당하느라고 지치고 소진되어 짜증이 난다면, 정작 해야 할 일에는 최선을 다할 수 없게 된다. 극단적인 예가 되겠지만, 자녀와 소중한 사람들에게 피해를 주면서까지 자기 자신만을 보살피는 부모들도 있다. 그러나 대부분의 부모들은 자신을 돌볼 만한 여유가 거의 없으며, 오히려 시간이 부족하여 심한 스트레스를 받는다. 당신은 자신을 보살피고 소중한 인간관계를 지속하기 위해서 가끔씩 자녀에게서 떠나 있는 시간을 가지도록 체계적으로 계획할 필요가 있다.

당신은 자신을 보살피고 당신에게 소중한 인간관계를 지속하기 위해서 가끔씩 자녀에게서 떠나 있는 시간을 가지도록 체계적으로 계획하는 것이 필요하다.

신체적인 건강을 유지하라 신체적인 건강을 돌보기 위해서 매일 얼마 동안은 자녀와 떨어져 있는 시간을 가지도록 하라. 즉, 규칙적으로 운동하는 것이 매우 좋다. 때때로 뜨거운 물로 목욕해서 몸을 풀도록 하라. 건강에 좋은 음식을 먹어라. 식사를 거르지 말고 술과 커피를 적절하게 마셔라. 그리고 충분한 수면을 취하는 것이 매우 중요하다.

다른 사람들을 방문하고 그들과 대화를 나누어라 저녁식사 파티에 처음으로 초대를 받아 간 어떤 여인에 대한 이야기가 있다. 이 여인은 옆에 앉아 있는 남자가 자신을 이상한 눈초리로 주시하는 것을 느꼈다. 그때 그녀는 그 남자와 대화를 하면서 자기도 모르는 사이에 그를 위해서 열심히 그의 접시에 놓여 있는 고기를 나이프로 잘라 주고 있었다는 사실을 발견하고 소스라치게 놀랐다. 그녀는 좀 더 많은 사교생활을 할 필요가 있었던 것이다. 당신은 친구들과 배우자와 기타 성인들과 대화를 나누면서 밀접한 관계를 맺으며 재충전하기를 바란다.

정신을 맑게 하라 장군들은 '전쟁터에서 일어나는 돌발적인 상황에 대해서 곧잘 이야기한다. 이것은 어마어마한 소동 속에서는 실제로 진행되는 상황을 제대로 파악하기가 아주 어렵다는 것을 의미하는 듯하다. 부모들도 거의 매일 그와 유사한 소용돌이 속에서 살고 있다. 필요할 때는 자신만의 시간을 가지도록 하라. 때로는 방문을 잠그고 침대에 누워서 단 10분간만 휴식을 취해도 놀랄 만한 효과를 느낄 것이다. 맑은 정신을 갖는 방법에는 산책하거나, 음악을 듣거나, 책을 읽거나, 야외에서 시간을 보내는 것이 있다. 평생학습자가 되는 것도 새로운 흥미와 기술을 개발하면서 맑은 정신을 유지하게 해 준다.

조직적이 되어라 생활 속에서 어떤 틀과 조직이 없다는 것은 자녀나 부모 모두에게 좋지 않다. 실수하거나 끝마치지 못한 일 때문에 계속 걱정하게 되면 에너지를 낭비하게 된다. 가장 단순한 시간관리의 요령은, 매일 해야 할 일의 목록을 적어 두고 관리하는 것이다. 그리고 모든 가족구성원의 활동을 달력에 적어 놓는다. 또 틈틈이 짬을 내서 집 안 구석구석을 잘 정리해 두는 것도 좋다.

사랑과 관련된 일을 결정하고 실행하라 모든 사람이 연애와 낭만에 대해서 똑같은 목표를 두는 것은 아니다. 한부모(single parent)로 지내는 사람 중에 어떤 이는 자녀가 자랄 때까지는 절대로 연애도 하지 않고, 다만 친구들이나 자녀들과만 시간을 보내기로 작정한 사람도 있다. 또 어떤 이는 다시 결혼은 하지 않기로 하고, 다만 데이트에만 열중하기도 한다. 당신이 한부모라면 자신과 가족을 위하여 최선의 길이 무엇인지를 숙고한 다음에, 그 길을 적극적으로 추구하라. 모든 사람의 욕구를 적절하게 고려해서 균형을 이루도록 명심하면 된다. 만일 당신이 기혼자거나 어떤 사람과 한참 애정관계가 진행 중이라면, 배우자와의 관계를 잘 보살피는 일이 중요하다. 이것은 자녀를 동반하지 않고 가끔씩 둘이서만 외출하거나 휴가를 보내야 한다는 것을 의미한다. 가정을 떠나서 단둘만의 오붓한 시간을 조금이라도 가지게 되면 낭만이 되살아나는 것이고, 그 사실에 당신은 놀라게 될 것이다. 만약 결혼생활에 문제가 있어 상담자의 도움이 필요하다면, 지역의 상담기관이나 정신과의사와 카운슬러에게 전문적인 도움을 받기 바란다.

과제활동

자전거 타기와 컴퓨터 배우기부터 새로운 부모역할의 기법을 배우기에 이르기까지, 어떤 새로운 기술을 배우는 최선의 방법은 연습하고, 연습하고 또 연습하는 것이다. 연습을 많이 할수록 그만큼 긍정적인 결과를 많이 얻을 수 있다.

당신이 학습한 지식과 기술을 실제로 실천해 보도록 하라. '과제활동' 은 도움이 될 것이다.

각 장의 끝에는 당신이 집에서 실천해 볼 과제활동의 목록이 소개되어 있다. 이러한 활동들은 각 장에서 제시한 지식과 기술을 연습해 보도록 짜여 있다. 그 다음 주중에는 당신이 배운 지식을 반드시 실천해 보도록 노력하라. 그리고 이 교재의 끝에 실린 활동기록지에 당신의 경험을 적어 넣도록 하라.

이번 주간에는 당신의 자녀가 변화하기를 기대하지 말라고 부탁하는 것이 이 장의 마지막 활동목록이다. 생활하면서 가끔씩 당신의 자녀는 어떤 문제를 나타낼 것이다. 그러나 자녀가 그렇게 되기까지에는 여러 해가 소요되었다는 점을 우리는 망각하기가 쉽다. 이는 마치 거대한 배의 방향키가 조정된 후에도 항로를 바꾸는 데는 상당한 시간이 걸리는 것과 같다. 당신이 자녀와의 관계에서 긍정적인 변화를 보기까지는 상당한 시간이 걸릴 것이다. 새로 배운 자녀지도의 기술을 점차 숙달하게 되면 그 기술은 더욱더 자연스럽게 사용될 것이다. 그 결과 어느 정도의 시간이 경과하면 드디어 긍정적인 변화를 맛볼 수 있을 것이다.

1

과제활동

- 자녀에게 선택권 주기를 연습하라.
- 그리고 227쪽의 활동기록지를 완성하라.
- 자신 스스로를 보살피는 방법을 찾아라.
- 그리고 226쪽의 표에 적어 넣어라.
- '재미있게 시간 보내기'란 주제로 가족회의를 하라.
- 그리고 228쪽에 회의 결과를 기록하라.
- 이번 주 중에는 자녀가 변화하기를 기대하지 말아라.

Chapter 2

협동심을 구하기

로마 해군의 한 병정이 북소리에 맞춰 노를 젓고 있었다. 그는 자기 옆에 있는 군인의 행동을 보고 질겁하였다. 옆 좌석의 군인은 자기 좌석 밑의 배 밑바닥에 구멍을 뚫고 있었다. 물이 배 안으로 밀려들자 노를 젓던 군인이 "당신 도대체 무엇하고 있는 거요?"라고 소리쳤다. 그는 "당신이 무슨 상관이요? 나는 내 자리 밑에만 구멍을 뚫고 있을 뿐이오."라고 대답하였다.

물론 이 우스개 이야기의 핵심은, 우리가 한 배를 타고 있으면 누구의 좌석 밑에 구멍이 뚫려 있느냐에 상관없이 모두가 물에 빠지게 될 것이라는 것이다. 이 이야기만큼 가족문제에 잘 적용되는 예는 찾아보기 힘들 것이다.

'적극적인 부모역할, Now!' 는 민주사회에서 성공하는 데 기초가 되는 다섯 가지의 개인적 자질인 용기, 자기존중감, 책임감, 협동심, 존경심을 강조하고 있다. 그중에서 협동심, 즉 인류의 공동선(共同善)을 위하여 함께 일하는 기술이 이 장의 주제다.

문제점이 안고 있는 매력

사회에서 성공한 사람들은 문제를 효과적으로 처리할 수 있었다.

삶의 현실 중에서 분명한 한 가지는 가정에서건, 직장에서건, 지역사회에서건 어디에서나 문제는 발생하기 마련이라는 점이다. 이것은 성공한 사람이나 성공하지 못한 사람에게나 똑같은 진실이다. 분명한 차이점이 있다면 사회에서 성공한 사람들은 문제를 효과적으로 처리할 수 있었다는 것이다. 자기연민에 사로잡혀 있거나, 남 탓하기를 일삼거나, 게임을 하거나, 변명하거나, 반복해서 똑같은 잘못을 저지르는 사람들은 대개 두려움과 불안을 가지고 살아간다. 그러나 성공한 사람들의 특성을 살펴보면, 그들은 자기에게 봉착한 문제를 처리할 수 있는 용기를 가지고 앞으로 나아가며, 자기존중감을 느끼며, 자신이 해결책을 찾을 수 있다고 믿는다. 또 책임감을 느끼고 그 문제를 자기의 문제로 수용한다. 그리고 그 문제를 다룰 때 다른 사람들과 같이 협동하고 상호존중하며, 효과적인 해결책을 찾는 데 필요한 기술을 가지고 임한다.

성공한 사람들은 이러한 것을 어디서 학습했을까? 그들은 대체로 가정의 안과 밖에서 어려서부터 어른이 될 때까지 여러 가지 문제들을 처리하는 과정을 통해 배웠을 것이다. 문제라는 것은 자녀가 알아 두어야 할 많은 것을 가르쳐 주는 큰 자원이다. 그러므로 어떤 문제가 발생하면 적극적인 부모는 먼저 심호흡을 하라. 그러고 나서, 그 문제 때문에 여러 가지 불편이 야기되는 것은 사실이지만, 바야흐로 최상의 교육적인 기회가 생겼다고 인식해야 한다.

이 책의 많은 부분은 이러한 최상의 교육적 기회를 잘 활용할 수 있도록 문제 다루기를 중심으로 하여 조직화되어 있다. 먼저 자녀와 협력적인 관계를 형성하는 방법을 알아보기로 한다. 그런 다음에 자녀가 책임의식을 가지고 문제를 해결하도록 부모와 함께 협동하는 방법을 배우도록 부모가 도와주는 요령을 살펴볼 것이다. 후속의 장들에서는 자녀의 그릇된 행동을 교정해 주는 훈육의 기술에 대하여 다룰 것이다. 우리가 성공적으로 문제를 다루려면, 언제나 참여와 상호존중을 중요하게 생각해야 한다. 그리고 효과적인 의사소통의 기술도 핵심적인 역할을 할 것이다.

먼저 문제 다루기의 모형을 개략적으로 살펴보기로 하자.

문제 다루기의 모형

다음에 나와 있는 문제 다루기의 모형에는 제2장~6장에 제시된 기술들이 포함되어 있다.

- 문제예방적인 대화(제3장)와 가족대화(제6장)를 통하여 문제들을 예방하는 것부터 시작하라.

- 어떤 문제가 발생하면, 누가 그 문제를 소유하는가를 결정하라(제4장).
- 부모가 문제를 소유하거나 그 문제를 자녀와 공유하면, 훈육의 기술을 사용하라(제3장).

문제 다루기의 모형

문제예방을 위한 대화와 가족 모임을 통하여 문제를 예견하고 방지한다.
(제3장과 제6장 참조)

만약 문제가 발생하면, 누가 문제를 소유하는가를 알아본다.
(부모, 자녀 또는 둘 다)

부모가 문제를 소유한다.

훈육을 하라.

자녀의 행동목적과 부정적인 접근방식을 알아보아라. 그에 대한 보상을 주지 않도록 하라.

덜 구조화된 훈육 방법:
- 정중한 요청
- '나'–전달법
- 단호하게 지시하기

좀 더 구조화된 훈육 방법:
- 논리적 결과
- 적극적인 문제해결

부모–자녀가 문제를 공유한다

훈육하고 지지해 주어라.

자녀가 문제를 소유한다

지지해 주어라.

적절한 경우에는 교훈적 목적으로 자연적 결과를 허용하라.

자녀가 문제를 다루도록 하되 적극적인 의사소통을 통해서 지지해 주어라.

가족회의 모임에 그 문제를 상정하라.

누가 문제를 소유하든지 간에 격려하고, 격려하고, 격려하라!

- 자녀가 문제를 소유하거나 그 문제를 부모와 공유하면, 지지의 기술을 사용하라(제2장).
- 위의 세 가지 경우를 다룰 때 어떤 경우든지 당신은 '가족회의'에 그 문제를 상정하기로 결정할 수 있다(제6장).
- 언제든지 격려는 필요하다(제5장).

누가 문제를 소유하는가

가족 안에서 발생하는 문제를 다루기 위한 첫 번째 단계는 그 문제를 다룰 책임을 누가 소유하는가를 결정하는 것이다.

가족 안에서 발생하는 문제를 다루기 위한 첫 번째 단계는 그 문제를 다룰 책임을 누가 소유하는가를 알아보는 것이다. 자녀의 그릇된 행동에 따른 문제와 관련하여 부모는 가족의 리더로서 해결책을 찾아내야 하는 책임이 있다. '문제 다루기 모형'의 왼쪽에 있는 훈육의 기술은 부모가 해결책을 찾는 데 사용될 수 있다. 실질적으로는 부모에게 책임이 없지만, 자녀는 생활하면서 많은 문제에 봉착하게 된다. 이러한 문제는 자녀가 '소유하는' 문제다. 자녀가 소유하는 문제가 발생하면, 부모는 이 모형의 오른쪽에 제시된 기술을 사용하여 자녀에게 지지적으로 임하는 것이 좋다. 가끔씩 부모와 자녀가 문제를 공유할 수 있는데, 이러한 경우는 부모가 지지와 훈육을 동시에 해 주도록 한다.

누가 문제를 소유하는가를 알아보는 것은 문제해결에서 당신이 생각하는 것보다 훨씬 더 중요한 일이다. 오늘날의 어린이들은 자기 생활의 모든 측면을 간섭하려는 부모에게 매우 민감하게 반응한다. 자녀와 협동적인 관계를 형성하려면, 자녀가 문제를 소유할 경우에 부모는 자녀가 어떤 행동을 선택할 수 있도록 자유를 허용해야 한다. 심지어 자녀가 잘못된 선택을 할 수 있는 자유까지도 허용해 주어야 한다. 전제형 부모는 자녀가 안고 있는 많은 문제를 부모 자신의 문제로 떠안는다. 이에 반하여 자유방임형 부모는 자녀의 문제에 대한 책임을 거의 지지 않는다. 우두머리형의 적극적인 부모는 누가 그 문제를 소유하는가를 먼저 알아보고 나서, 어떤 행동을 취할 것인가를 결정한다. 그리고 적극적인 부모는 경우에 따라서 문제를 자녀와 공유해야 한다고 생각한다. 부모와 자녀가 문제를 공유한 경우는 훈육과 지지가 동시에 필요하다.

누가 문제를 소유하는가를 알아보기 위하여 다음과 같은 질문들을 자문해 보라.

? 문제행동은 직접적으로 누구에게 영향을 미치는가? 누구의 욕구와 행동목적이 방해받고 있는가? 누가 문제를 제기하고 불평을 하는가? 대개는 불평하는 그 사람이 그 문제를 소유한다.

? 그 문제는 건강, 안전, 가족의 규칙, 가치관 등과 관련되어 있는가? 그렇다면 부모가 그 문제를 소유한다.

? 그 문제는 자녀가 합리적으로 처리할 만한 나이와 성숙 수준 한계 안에 들어 있는 문제인가? 만약 그렇지 않다면 그 문제 또한 부모가 다루어야 할 책임을 소유한다.

이러한 내용을 보다 명료하게 이해하기 위하여 몇 가지 예를 살펴보기로 한다.

상 황	누가 문제를 소유하는가?	이 유
자녀가 식당에서 킬킬거리며 소란을 피운다.	부 모	자녀들이 소란을 피우기 때문에 부모가 공공장소에서 즐겁게 담소하고 식사하는 것을 방해받고 있다.
자녀가 번잡한 거리에서 자전거를 타고 있다.	부 모	자녀에게 안전 수칙을 가르치는 것은 부모의 책임이다. 그런데 이 상황은 자녀에게 안전하지 않다.
동생이 언니의 허락 없이 불쑥 언니의 방으로 들어간다.	자 녀	형제간의 관계는 부모의 간섭을 받지 않고서도 자기들끼리 서로 발전시켜 나가야 한다. 그러므로 자기네끼리 서로 사이좋게 지낼 수 있는 방법을 배울 필요가 있다.
자녀가 담임선생님께 미움을 샀다고 불평한다.	자 녀	어린이들은 어른들과도 관계를 맺고 살아간다. 어린이들은 성인들과 좋은 관계를 맺는 방법을 스스로 배울 필요가 있다.
자녀가 슈퍼마켓에서 떼를 쓰며 투정을 부린다.	부 모	자녀의 행동이 부모의 쇼핑을 방해하고 있다.
여섯 살짜리의 자녀가 열 살짜리 아이들에게서 괴롭힘을 당한다고 불평한다.	부 모	이것은 자녀의 문제에 속하지만 자녀가 문제를 다룰 만큼 성숙하지 못하므로 부모의 문제가 된다.
자녀가 학교수업을 제대로 따라가지 못한다.	공 유	자녀가 학교에서 성공하기를 바라는 부모의 목표가 달성되지 않았다. 그러나 학업성적을 올리는 일은 자녀의 책임이기도 하다.

위의 표에서 마지막 사례는 부모와 자녀가 공유하는 문제다. 학교에서 공부하는 것은 자녀의 책임이지만, 자녀가 공부를 잘 해내지 못할 때는 부모가 개입할 권리와 책임이 있다. 이와 같은 경우는 자녀가 문제를 소유한다는 생각을 바꾸어서, 부모가 훈육과 지지의 방법을 통하여 자녀의 학업 지도를 도와주는 데 목표를 두어야 한다.

후속되는 장에서, 자녀가 문제를 소유할 경우에 자녀를 지지해 주면서 도와주는 방법에 대하여 배울 것이다. 또 부모가 문제를 소유할 경우에 사용되는 효과적인 훈육의 기술에 대하여 배울 것이다. 이 장에서는 '문제 다루기 모형'의 양쪽 측면의 토대를 구축해 주는 의사소통의 기술에 대하여 먼저 살펴보기로 한다.

의사소통: 협동심으로의 지름길

앞에서 소개한 로마 해군의 병사들처럼, 가족구성원들은 모두 한 배를 타고 있다. 그러므로 우리 모두는 협력해서 문제를 해결하는 방법을 자녀에게 가르쳐 주어야 한다. 자녀에게 이러한 협동의 방법을 가르치는 데 가장 필요한 것은 의사소통의 기술이다. 이 장에서 소개하는 기술들은 특히 자녀가 소유하는 문제를 해결하도록 도와주는 데 유용하다. 지난 수년 동안 부모들은 이와 같은 의사소통의 기술이 직장 동료, 친구, 배우자 등과의 관계에서도 매우 효과적이었다고 말했다. 그 이유는 의사소통의 기술이 협동심을 길러 주는 데 도움이 되기 때문이다.

부모들은 이와 같은 의사소통의 기술이 직장 동료, 친구, 배우자 등과의 관계에서도 매우 효과적이었다고 말했다.

협동심을 정의하자면, 두 명 이상의 사람들이 공통의 목표를 달성하기 위하여 상호 지지적인 방식으로 함께 일하는 것이다.

첨단산업이 지배하고 다양성을 강조하는 민주사회에서, 유능한 팀 플레이어(team player)가 되기 위하여 타인과 협력하여 일하는 것을 배운 아동은 경쟁심을 지나치게 강조하는 아동보다 성공할 가능성이 훨씬 더 크다. 아이러니컬하게도 경쟁심은 우리 사회에서 매우 중요한 가치로 인식되고 있지만, 개인과 사회를 위대하게 만드는 것은 바로 협동심이다.

협동심은 태도와 기술의 산물이다. 부모인 우리가 먼저 협동적인 태도를 개발함으로써 자녀가 협동적인 태도를 형성하도록 도와줄 수 있다. 우리가 존경심을 가지고 자녀와 타인을 대하고, 합리적인 가족회의와 화목활동을 통해 참여를 격려하며, 함께 문제를 해결함으로써 우리는 말과 행동을 통하여 협동적인 태도를 자녀에게 전달하는 것이다. 이러한 토대를 형성한 다음에 협동적으로 함께 일하는 데 필요한 의사소통의 기술을 개발하는 것이다. 우리는 자녀에게서 협동심을 끌어내고 싶은데, 만약 효과적인 의사소통의 기술이 없다면 그것은 마치 잘못된 표시판이 가득한 도로나 봉쇄된 도로에 직면하는 것과 같다. 이 장의 후반부에 제시된 정보와 기술은 당신의 선의(善意)가 그대로 긍정적인 행동으로 이어지도록 도와줄 것이다. 그리고 당신이 명확하고 지지적인 의사소통의 방법을 익혀 나가도록 도와줄 것이다.

혼합 메시지

당신의 의사소통 양식이나 대화 양식은 실제로 자녀에게 전달하고자 하는 것보다 훨씬 더 많은 내용을 전달한다. 부모의 메시지는 다음과 같은 세 가지의 통로로 전달된다.

1 말
2 음조
3 신체언어(제스처, 마주 선 거리, 얼굴 표정 등)

당신이 어떤 이에게 쇼핑 목록에 대한 정보를 전달할 때는 전달하고자 하는 대부분의 메시지가 '말'을 통해서 전달된다. 그러나 어떤 문제가 발생해서 당신이 감정적인 뉘앙스가 담긴 말을 할 경우는 메시지의 가장 많은 부분이 신체언어를 통해서 전달되고, 다음으로 음조를 통해서, 그리고 마지막으로 당신이 한 말을 통하여 메시지가 전달된다는 것을 많은 연구들이 입증하였다. 다른 말로 표현하자면, 당신이 말하는 방식에서 실제로 말로 전달한 내용보다 훨씬 더 큰 비중으로 상대방에게 당신의 마음을 전달해 준다.

의사소통의 세 가지 통로가 모두 동일한 메시지를 전달한다면, 당신의 말은 매우 명확하게 전달되고 큰 영향력을 나타낸다. 그러나 우리가 하는 말이나 음조나 신체언어가 일치하지 않고 따로따로 표현될 때, 우리는 이중메시지 또는 혼합된 메시지를 전달하게 된다. 혼합 메시지는 메시지의 강도를 떨어뜨릴 뿐만 아니라, 듣는 사람에게 곧잘 혼란을 준다.

예를 들어, 자녀가 문제를 소유하고 있고, 당신은 자녀 스스로 그 문제를 다루도록 하였다고 상상해 보자. 그래서 당신은 "나는 화나지 않았어. 네가 가장 좋다고 생각하는 것은 무엇이든지 하려무나."라고 말했다고 하자. 그러나 당신의 날카로운 음조와 팔짱 낀 자세와 찡그린 얼굴 표정은 "만약 내가 원하는 대로 네가 실행하지 않으면 난 크게 화를 낼 것이다."라는 메시지를 보내고 있다. 이런 종류의 혼합 메시지를 받은 자녀는 어떻게 행동해야 할지 몰라 당황할 것이다. 자기주장적인 자녀는 아마도 자기가 듣고 싶은 말만 가려서 듣고 행동할 것이다. 그러나 소심한 아이는 불안을 느끼고 무엇을 해야 할지 몰라 혼란스러워할 것이다. 이제부터는 당신의 태도를 바꾸도록 하라. 비록 자녀가 당신이 원하는 행동을 하지 않더라도, 자녀에게 스스로 의사결정을 할 권리를 인정해 주도록 하라. 그렇게 되면 당신은 실망감을 느낄 수는 있겠지만, 크게 화가 나지는 않게 될 것이다. 이때 당신은 자신의 감정을 좀 더 정직하게 표현해야 한다. 그래서 말의 내용을 바꾸어야 한다.

예를 들면, 다음과 같다.

> "네가 동생을 놀이터에 함께 데리고 가지 않으면 난 아마 실망할 거야. 하지만 내가 말했듯이 그건 네가 선택할 문제다. 네가 선택한 대로 엄마가 따를게!"(이때 당신의 얼굴 표정과 음조는 당신의 말과 일치하게 전달되어야 한다.)

부모가 문제를 소유할 때 역시 혼합 메시지를 사용하면 자녀의 협동심은 점차 줄어들 것이다. 예를 들면, 당신이 책을 읽고 있는데 자녀가 한 시간 더 TV를 시청하고 나서 잠자고 싶다고 말하였다고 하자. 당신은 말로는 "그 생각은 좋은 것 같지 않구나."라고 표현한다. 그러나 (계속해서 책을 읽으면서) 음조와 신체언어는 "나는 상관하지 않아. 네가 늦게까지 TV를 보아도 별로 지장이 없을 거야."라는 메시지를 전달하고 있는 것이다.

이런 경우에 당신의 자녀는 어떻게 행동하리라고 기대하는가? 대부분의 아이들처럼 자녀는 애매모호한 메시지를 받으면 그것을 자기가 원하는 방식으로 해석하고 행동할 것이다. 혼합 메시지를 전달하면 의사소통을 약화시킨다는 것을 기억하라. 확실한 메시지를 전달하면 할수록 의사소통은 더 효과적이 된다. 자녀가 소유한 문제를 해결하는 과정에서, 자녀를 지지하거나 훈육하고, 의사소통의 세 가지 통로를 일관성 있게 유지하면서 대화하도록 하라.

의사소통의 걸림돌을 피하기

대부분의 부모들은 자녀가 부모를 찾아와 그들이 안고 있는 문제에 대해서 거리낌 없이 상의해 주기를 희망한다. 우리는 자녀가 자신의 문제를 해결하고 그 문제로 비롯된 고통에서 해방되도록 도와주고 싶어 한다. 그런데 한 가지 애로점은 자녀가 문제점이나 고민을 말하는 것은 자녀의 손상된 자기존중감을 연약한 신경처럼 들추어내게 한다는 점이다. 자녀는 부모의 비평과 부정적인 판단과 자신을 보잘것없는 인간으로 취급하는 듯한 말이나 행동에 대해서 매우 민감하게 반응한다. 자녀가 자기의 애로사항을 부모에게 토로하게 하려면, 먼저 두 사람 사이의 대화를 가로막는 말을 자제하고, 자녀를 위축시키는 행동을 하지 않도록 유념해야 한다.

의사소통의 걸림돌이란, 자기의 문제를 피력하는 사람의 대화를 중단시키는 불쾌한 뉘앙스의 말이나 음조 또는 신체언어를 의미한다.

대체로 음조와 신체언어를 통하여 당신의 태도가 전달되기 때문에, 단지 '말'만 조심하는 것으로는 충분하지 않다. 자녀에게 진실로 도움을 주려고 한다면, 당신은 지지적이며 비판단적인 태도를 취해야 한다. 지지적인 태도로 자녀의 고민을 경청해 주면, 자녀는 당신을 신뢰하는 마음으로 자기 생활에서 일어난 일에 대하여 더 많이 털어놓을 것이다. 그렇게 되면 당신은 자녀가 현명한 결정을 하도록 영향력을 행사하는 단계로 나아가는 것이다.

당신이 성급하게 뛰어들어 자녀의 대화를 가로막으면, 자녀에게 필요한 생활지도를 해 주고 자녀의 협동심을 얻어내는 귀중한 기회를 잃게 될 것이다.

다음에 제시된 의사소통의 걸림돌에 관한 목록을 살펴보기 바란다. 각각의 걸림돌은 부모가 자녀의 생각과 감정을 무시하고, 오직 그 상황만 통제하려고 하는 시도에 초점이 맞추어져 있다. 이러한 부모의 시도는 역효과를 초래하기 쉽다. 사람들은 고통을 느낄 때는 누군가가 자신의 고통을 함께 느껴 주기를 원한다. 부모들이 범하는 실수는, 자녀에게 동정이나 격려를 제공하기보다는, 자녀의 문제를 해결하려고 무턱대고 뛰어드는 것이다. 아이러니컬하게도 당신이 자녀의 문제를 해결하려고 시도하면, 실제로는 자녀의 자기존중감을 감소시키는 셈이 된다. 부모가 해야 할 일은, 자녀의 문제를 떠맡아 해결해 주거나 자녀의 고통을 없애 주는 것이 아니다. 부모가 해야 할 일은, 온정적으로 경청해 주고, 지지하고, 격려하여 자녀가 자신의 힘으로 효율적인 해결책을 찾도록 조력하는 것이다.

부모가 해야 할 일은 자녀의 문제를 떠맡아 해결해 주거나 자녀의 고통을 없애 주는 것이 아니다.

자녀를 도와주는 첫 단계는, 부모 자신이 평소에 반복해서 범하는 대화기법상의 실수를 찾아내는 것이다. 일단 당신이 잘못된 의사소통의 방식을 사용하고 있다는 것을 깨달았다면, 이 다음에 자녀가 애로사항을 이야기하게 될 상황이 생길 것이라고 예측하고서 의사소통의 걸림돌을 미리 조심하며 절제하기 바란다. 자신이 계속해서 동일한 실수를 범하는 것을 발견했을 때는 일단 멈추어 서서 미소를 지어라. 그리고 변화를 시도하라.

의사소통의 걸림돌

의사소통의 걸림돌	예	부모의 의도	실제로 자녀에게 전달되는 메시지
명령하기	"네가 해야 할 일은…… 이다." "불평은 그만해라."	상황을 통제하고 자녀에게 재빠른 해결책을 주고 싶다.	"너는 네 자신의 문제를 어떻게 다룰 것인가를 결정할 권리가 없다."
충고하기	"나한테 좋은 생각이 있다." "이렇게 해 보려무나."	자녀를 위하여 문제를 해결해 주고 싶다.	"너는 스스로 해결책을 생각해 낼 만큼 좋은 판단력을 가지고 있지 않다."
회유하기	"실제로는 그렇게 나쁜 것이 아니야." "모든 게 다 잘될 거야."	자녀의 고통을 없애 주고 싶다; 자녀의 기분을 더 좋게 해 주고 싶다.	"너는 그런 감정을 느낄 권리가 없다. 너는 고통을 다룰 능력이 없다."
심문하기	"네가 그에게 어떻게 했길래 그렇게 되었니?"	문제의 발단을 알아보고 자녀가 무엇을 잘못했는가를 찾아내고 싶다.	"틀림없이 네가 뭔가를 잘못했을 거야."
관심 돌리기	"그 일은 걱정하지 말자."	화제를 바꿈으로써 자녀를 그 문제로부터 보호하고 싶다.	"네가 정확한 해결책을 찾을 때까지 겪어야 할 고통을 견뎌낼 수 있을 것 같지 않구나."
심리 분석하기	"네가 왜 그렇게 말했는지 아니?" "너는 지금 지나치게 신경과민해."	자녀의 행동을 분석하고 동기를 설명해 줌으로써 다시는 그런 문제가 생기지 않도록 도와주고 싶다.	"나는 너에 대해서 너보다 더 많이 알고 있다. 따라서 나는 너보다 더 우월하다."
비판하기	"애당초에 왜 그 일을 했니?" "그 일을 한 것은 미련한 짓이었어."	자녀가 잘못한 것을 깨닫게 해 주고 돕고 싶다.	"너는 판단력이 형편없어. 그래서 좋은 결정을 하지 못해."
빈정대기	"글쎄, 이제는 끝장인 것 같다."	자녀가 자신을 바보같이 느끼게 함으로써 자녀의 태도와 행동이 몹시 잘못되었다는 것을 가르쳐 주고 싶다.	"너는 정말 어리석구나."
도덕적 판단하기	"……하는 것이 옳았다." "너는 정말 ……를 해야 한다."	자녀에게 문제를 올바르게 다루는 방법을 가르쳐 주고 싶다.	"네가 지녀야 할 올바른 가치관을 내가 선택해 줄게."
해결사 노릇하기	"그런 일이 일어나면 이렇게 조처한다는 것쯤이야 누구나 다 알고 있지."	무슨 문제가 발생하든 간에 그 문제를 척척 다룰 수 있는 부모가 자녀 곁에 있다는 사실을 자녀에게 보여 주고 싶다.	"내가 다 알고 있으니까 너는 아무것도 알 필요가 없다."

적극적인 의사소통

자녀의 말문을 막아버리지 말고 적극적인 의사소통을 하도록 하라. 적극적인 의사소통은 자녀의 협력을 얻어 내고, 문제를 해결하려고 노력하는 자녀를 지지해 주는 일련의 기술이다. 자녀가 문제를 소유하고 있어서 당신이 자녀를 도와주고 싶을 때와 당신과 자녀가 공동으로 문제를 소유할 경우는, 적극적인 의사소통이 권장된다. 그에 따른 다섯 단계는 다음과 같다.

- 1단계 – 적극적으로 경청한다.
- 2단계 – 감정에 귀를 기울인다.
- 3단계 – 감정과 이야기 내용을 연결시킨다.
- 4단계 – 대안을 찾아보고 그 결과를 평가한다.
- 5단계 – 추후지도를 한다.

1단계 – 적극적으로 경청한다

여기서 말하는 '적극적인 경청' 이란 무슨 뜻인가? 참으로 잘 경청해 준다는 말은 단지 필요한 정보만 입수하고 있다는 말이 아니다. 그것은 의사소통의 과정에 적극적으로 참여한다는 뜻이다. 귀와 눈으로 경청하고, 직관과 사고로 경청한다. 당신이 자녀의 말을 적극적으로 경청해 줌으로써 자녀가 생각하고 느끼는 것을 잘 표현하도록 격려하라. 그 방법은 다음과 같다.

전적으로 주의를 집중하라 자녀는 당신의 관심을 받고 있다는 사실만 가지고도 기운을 차릴 수 있다. 주의 집중은 "나는 너에게 관심을 가지고 있다. 너는 소중하다. 나는 네 곁에서 너를 도와주고 싶단다." 라는 메시지를 전달한다.

자신의 말을 최소한으로 줄여라 당신이 입을 열어 말을 하면 경청을 잘할 수 없게 된다. 그러므로 먼저 경청해 주고, 말은 많이 하지 말도록 하라.

잘 경청하고 있다는 사실을 확인시켜라 당신이 잘 이해하고 있고 자녀의 말을 진정으로 수용하고 있다는 것을 자녀가 느끼도록 하라. 가끔씩 '아, 그래.' 또는 '음-음' 과 같은 단순한 말이라도 해 주면 좋다. 자녀가 한 내용을 분명히 이해하기 위하여 명료화의 질문으로 확인하고, 아이가 길게 이야기할 때는 요약해 주도록 하라.

2단계 – 감정에 귀를 기울인다

자녀가 사실의 지각과 관련하여 느끼는 감정을 경청해 주도록 하라.

대부분의 부모가 범하는 오류는, 자녀가 하는 말의 내용만 경청한다는 것이다. 자녀가 말한 내용을 정확하게 파악하는 것도 중요하지만, 자녀가 사실의 지각과 관련하여 느끼는 감정과 마음을 읽어 주는 것이 더욱 중요하다. 이렇게 경청해 주면 자녀가 자기의 감정을 억누르기보다 자기 감정을 인식하고 수용하도록 도와줄 것이다. 어떤 아이들은 너무 오랫동안 자신의 고통스런 감정을 억누른 다음에 드디어 자기 감정을 격렬하게 표출하게 된다. 그렇지 않은 경우는 위통이나 두통과 같은 스트레스와 관련된 질병으로 고통받게 된다. 감성지능(感性知能)이 개발되려면 자녀가 느끼는 감정을 말하도록 가르치고, 행동을 결정하기 전에 자기가 느끼는 감정에 대해서 생각해 보도록 가르쳐야 한다.

자녀가 느끼는 감정을 알아내려면, 자녀의 음조를 자세하게 경청해야 하며 얼굴도 살펴야 한다. 그 다음에 자녀가 느끼는 감정에 대한 단어를 마음속으로 찾아내어라. 예를 들면 다음과 같다.

"이건 미선이에게는 정말 겁이 나는 상황이다."
"동식이는 정말 화가 난 것 같다."
"내 딸은 다른 아이들이 자기 체중에 대해서 흉을 볼까 봐 몹시 걱정하고 있다."

이런 유형의 경청을 '공감적 경청' 이라고 한다. '공감' 이란 상대방의 감정을 함께 나누는 것을 의미한다. 자녀가 느끼고 있는 감정을 당신 자신이 느껴 보도록 하라. 이것은 부모가 얼마나 자녀에게 마음으로 배려하고 있는가를 보여 주는 것으로서, 감정에 휩싸여 고민하는 사람을 도와주는 데 꼭 필요한 자질이다. 공감해 주는 것은, 정서적인 문제를 가진 사람을 도와주는 핵심적인 기술이 된다. 부모가 공감적인 경청을 해 주면, 자녀는 자기의 이야기를 부모에게 더 많이 털어 놓기 마련이다.

자녀가 느끼고 있는 감정을 당신 자신이 느껴 보도록 하라.

3단계 – 감정과 이야기 내용을 연결시킨다

자녀가 말하고자 하는 내용과 느끼는 감정을 적극적으로 경청해서 파악했다면, 다음 단계는 그러한 감정을 자녀에게 반영해 주는 것이다. 부모는 심리학자인 지노트(Haim Ginott)가 말하는 '정서적인 거울' 의 역할을 할 수 있다. 정서적인 거울은 나타나 있는 감정을 그대로 반영한다. 먼저 자녀가 느낀 감정을 반영하라. 그런 다음에 그 감정을 사건의 '내용' 과 연결시켜라. 이런 방식으로 반응하면 당신이 자녀를 마음으로 '배려하고 있다.' 는 메시지를 아주 강하게 전달할 수 있다. 자녀가 사건의 자초지종은 이미 이야기했기 때문에, 부모는 자녀가 느끼는 감정에만 반응해도 된다. 그래서 자녀가 이야기했던 내용을 굳이 반복해서 언급하지 않고, 자녀가 느낀 감정에 대해서만 부모가 반응해 주어도 공감의 효력은 똑같이 나타난다.

예

"이번 폭풍이 매우 무섭지 않니, 미선아?" 혹은
"미선아, 너는 좀 겁이 나는 것 같구나."
"동식아, 네가 초대되지 않아서 몹시 화난 것 같구나." 혹은
"네가 얼마나 화가 났는지 네 목소리만 들어도 알 수 있구나."

"세리야, 다른 아이들이 너의 체중에 대해서 흉을 볼까 봐 걱정하는 것 같구나." 혹은
"네가 걱정하는 것 같구나, 세리야."

"……처럼 들리는데" 혹은 "내가 추측하건대 ……"와 같은 잠정적인 용어로 감정에 반영해 주는 것도 때로는 효과적이다. 이런 방식으로 반영해 주면 독심술사나 해결사처럼 보이지 않는다. 만약 자녀가 느끼는 감정에 대해서 부모가 틀리게 추측하면, 자녀는 부모의 잘못된 추측을 수정해 줄 것이다. 위와 같은 방식을 사용하면 자녀가 말하는 내용과 감정을 확실하게 이해할 수 있다.

세리: 그게 아니에요. 아이들이 나에게 욕하면 안 된다고 생각해요. 그건 비열해요.
엄마: 그렇구나. 네가 걱정하는 것이 아니라, 네가 화가 나 있다는 거지.

자녀가 부모의 말을 수정해 주면, 부모는 자녀가 수정한 말에 맞추어 줌으로써 대화는 자연스럽게 계속될 수 있다.

자녀가 느끼는 감정을 정확하게 반영해 주면 정말 신기한 일이 일어난다. 자녀는 고개를 끄덕거리거나 '예'라고 대답하면서 계속해서 이야기를 나눌 것이다. 자녀는 자기가 제대로 이해받고 있고 보살핌을 받고 있다고 느낀다. 그리고 자기 자신에 대해서 좀 더 잘 이해하게 될 것이다.

감정과 내용을 관련짓기

자녀의 말	감정	부모가 해 줄 수 있는 말
"엄마, 나는 다시는 형의 밥그릇을 씻지 않을 거예요."	화가 남	"엄마가 너더러 모든 식구의 그릇을 씻으라고 하니까 네가 화가 난 것 같구나."
"내가 파울된 공을 놓쳐서 우리 팀이 진 거예요."	실망함	"네가 그 공을 놓쳐서 실망한 것 같구나."
"이 셔츠는 정말 이상해요."	당황함	"다른 아이들이 네 셔츠를 보고 놀릴까 봐 당황스러운 것 같구나."
"친구가 자기 집에서 같이 자자고 하면서 미리만 초대하고 나는 빼놓았어요."	상처받음 (속상함)	"저런, 일로 정말 속이 상했겠구나."

4단계 – 대안을 찾아보고 그 결과를 평가한다

자녀가 각각의 대안을 떠올려 본 다음에는 그 대안에 뒤따르는 결과를 예견해 보도록 도와주어라.

우리의 자녀가 효율적인 문제해결을 하도록 돕는 것이 급변하는 21세기에 그들이 생존하고 번영을 구가하게 해 주는 기술이다. 대부분의 아이들은 머릿속에 먼저 떠오르는 해결책부터 무작정 시도해 보려고 한다. 그러므로 우리의 역할은 자녀를 일단 진정시키고, 다양한 해결 방안들을 좀 더 찾아보고, 각각의 해결방안이 가져다줄 결과를 예견해 보도록 조력하는 것이다. 다음과 같이 단순한 질문을 던짐으로써 자녀를 도와줄 수 있다.

"그 일에 대해서 네가 할 수 있는 일은 무엇이니?"
"너는 그 밖에 어떤 시도를 해 볼 수 있겠니?"

자녀가 각각의 대안을 떠올려 본 다음에는 그 대안에 뒤따르는 결과를 예견해 보도록 다음과 같이 질문하라.

"만약 네가 그 일을 하면 무슨 일이 일어나리라고 생각하니?"

부모가 서둘러서 어떤 대안을 제시해 주지 말고, 자녀가 스스로 대안을 생각해 보도록 하는 것이 좋다. 그러면 자녀가 문제해결의 기술을 개발하게 되고, 설령 속시원한 해결책이 쉽게 찾아지지 않더라도 계속해서 연구하며 인내심이 생긴다. 그렇게 되면 부모가 제시한 해결방안이 효과가 없을 경우에도 자녀의 비난을 피할 수 있게 되고, 오히려 자녀의 책임감을 강화시켜 줄 수 있다. 그러나 자녀가 스스로 해결책을 생각해 낼 수 없을 때는, 부모가 어떤 대안을 가볍게 제시해 주는 것이 좋다. 이러한 경우에도 부모가 책임을 떠맡지 않도록 조심하고, 부모의 방식을 따라야 한다고 자녀에게 고집하지 않도록 하라. 자녀가 문제를 소유하고 있을 때, 부모의 역할은 도움을 주는 자문가의 역할이라는 것을 명심하라. 따라서 자녀에게 어떤 아이디어를 제시해 줄 수는 있지만, 아이디어를 일일이 지시하지는 않도록 하라. "너는 그러한 상황을 다른 사람들이 어떻게 다루었는지를 알고 싶니?" 라고 가볍게 물을 수 있다.

자녀가 문제를 소유하고 있을 때 부모의 역할은 도움을 주는 자문가의 역할이라는 것을 명심하라.

이때가 바로 '손바닥 펼쳐 보이기' 의 기법을 사용할 수 있는 적절한 시점이다. 실제로 손바닥을 위로 펼쳐 보이면서 "네가 어떤 결정을 내릴지 나는 알 수 없지만, 만약에 …한다면 어떨까?" 라고 말하면서 최종 결정을 자녀의 손에 맡기도록 하라. 이런 방법은 자녀의 저항을 줄여 준다. 그리고 자녀에게 손가락으로 가리키면서 "네가 해야 할 것은 이거야." 라고 말하는 것보다 훨씬 더 많은 영향력을 행사할 수 있다.

비강요적으로 대안을 알려 주는 또 한 가지 방식은, 부모가 자기노출을 하는 것이다. 당신이 만약 어린 시절에 그와 유사한 상황에 직면한 경험이 있었다면, 자신의 어린 시절의 이야기를 털어놓으면서 당신이 성공했던 해결책을 말해 줄 수 있다.

예

"네 이야기를 듣고 보니, 내가 어렸을 때 파티에 몹시 초대받고 싶어 했는데, 그때 초대받지 못했던 경험이 떠오르는구나. 나는 몹시 속이 상해서 한참 동안 멍하니

앉아 있었지. 이내, 나를 초대하지 않은 그 소녀 때문에 그날 하루를 망치지 말자고 나는 다짐했지. 그래서 나는 다른 학교에 다니는 친구에게 전화를 해서 그날 그 친구와 함께 즐겁게 하루를 보냈단다."

이와 같은 자기노출이 "어렸을 때 나는 함박눈을 맞아 가며 12km나 되는 길을 걸었었다."라는 식의 자랑 섞인 설교가 되지 않도록 하라. 자녀가 부모의 아이디어를 채택할 수도 있고 채택하지 않을 수도 있다는 것을 명심하라. 자녀가 선택한 해결 방안이 위험한 경우나 가족의 가치관에 위배되는 경우가 아니라면, 설령 자녀가 실패할 확률이 높은 대안을 선택할지라도 잠잠히 수용할 수 있어야 한다. 결국 자녀가 문제를 소유하는 것이고, 자녀는 실패한 아이디어를 통해서도 배울 것이 많은 것이다.

최종적으로 자녀가 무엇을, 언제 하려고 하는지에 대하여 물어보도록 한다. 부드럽게 질문하라. 그리고 자녀가 일련의 행동을 취할 준비가 아직 되어 있지 않다면, 천재인 아인슈타인도 차후에 취해야 할 아이디어를 부화시키기까지는 상당한 시간이 필요했었다는 사실을 명심하기 바란다.

5단계 – 추후지도를 한다

어떤 문제에 대한 한 가지 해결책이 시도된 다음에는 엄청난 양의 정보가 쏟아져 나오기 마련이다. 자녀가 그 문제를 어떻게 처리했고, 또 어떤 결과가 뒤따랐는가에 대하여 자녀에게 물어보아야 한다. 이러한 추후지도는 자녀가 경험을 통해서 학습하도록 도와줄 뿐만 아니라, 또한 부모 쪽에서 자녀에게 순수한 관심을 쏟고 있다는 것을 보여 준다. 자녀가 조처한 행동의 결과가 만족스럽게 보일 때는 단지 약간의 격려만 더 해 주면 된다. 그러나 그 문제가 아직도 그대로 남아 있거나 새로운 문제가 발생했을 때는, 또 다른 해결책을 발견하기 위해서 적극적인 의사소통의 과정을 다시 반복하면 된다.

예

"그 일은 어떻게 진행되고 있니?"
"이전에 우리가 …… 에 대해 이야기했던 것을 기억하니? 그 일이 어떻게 되었는지 궁금했단다."

적극적인 의사소통을 실천하기

지금까지 적극적인 의사소통의 다섯 단계를 살펴보았다. 자녀가 자기 문제를 스스로 해결하도록 도와주기 위하여 의사소통의 다섯 단계를 사용할 기회를 찾아보기 바란다. 당신이 지지적으로 대해 주면 자녀가 더욱 협조적으로 나온다는 것을 발견할 것이다.

그러나 당신이 자녀와 많은 마찰을 겪고 있다면, 자녀는 당신과 마주 앉아 긴 대화를 하지 않으려고 할 것이다. 그래도 당신은 자녀가 느끼는 감정에 대하여 잘 경청해 주고 공감을 표현해 주도록 하라.

예

"저런, 너 몹시 힘이 빠져 있구나."
"너 완전히 녹초가 된 것 같구나."
"그 일로 정말 마음이 아팠겠구나."

자녀를 훈육하거나 자녀의 행동을 규제할 때도 공감의 기술을 사용할 수 있다. 그것은 자녀의 분노를 감소시켜 준다. 단지 자녀의 감정을 알아 주고 수용해 주는 것, 자체만으로도 때로는 도움을 줄 수 있다.

예

"너를 밤늦게까지 놀지 못하게 하니까, 넌 화가 났구나."

"엄마가 내린 결정이 너의 기분을 나쁘게 했구나. 미안해."
"외모만이 사람을 사로잡는 것이라면 난 정말 문젯거리였을 거야."
"지금 네가 나를 미워해도 그건 차라리 괜찮단다. 그 일이 위험한 일인 줄을 빤히 알면서도 허락한 후에 너에게 끔찍한 일이 발생한다면, 그때는 내가 정말 견뎌낼 수가 없을 것 같구나."

감정을 나타내는 단어

우리말에는 감정을 구체적으로 나타내는 단어가 수백 개나 있지만, 대부분의 사람들은 일상용어에서 감정을 나타내는 단어들을 많이 사용하지 않는다. 당신은 '감정을 나타내는 단어들' 을 정확하게 찾는 것을 연습함에 따라, 감정 어휘가 증가하고, 감정 단어를 보다 쉽게 사용할 수 있다는 것을 알게 될 것이다. 이러한 과정을 돕기 위해서 감정을 나타내는 단어의 목록을 다음과 같은 표로 제시하였다.

기쁜 감정을 나타내는 말		불쾌한 감정을 나타내는 말	
인정받는	희망적인	두려운	질투심이 나는
유능한	영예로운	화난	환멸의
모험적인	중요한	불안한	고독한
대담한	기쁜	수치스러운	비참한
찬란한	사랑스러운	얼굴 붉히는	초조한
침착한	사랑하는	지루한	기가 질린
아껴 주는	신명 나는	소심한	고생하는
명랑한	평화스러운	기만당한	욕심 많은
편안한	원기 왕성한	걱정스러운	약 올리는
자신 있는	장난스러운	패배한	떠밀리는
만족한	기분 좋은	반항적인	배척당한
용감한	자랑스러운	실망한	후회스러운
열심인	기분이 전환된	풀이 꺾인	원망스러운
의기양양한	해방된 듯한	의기소침한	부끄러운
기가 살아나는	만족한	당황스러운	바보같은
힘이 넘치는	안정된	샘나는	의심이 많은
신나는	성공적인	좌절한	궁지에 몰린
자유로운	깜짝 놀란	죄책감 드는	불편한
충만한	동정적인	미운	불안정한
반가운	마음이 고요한	주저하는	불행한
굉장한	이해받는 듯한	희망 없는	사랑받지 못한
기세등등한	포근한	상처 입은	불확실한
행복한	멋있는	참을 수 없는	싫증 난
들뜬	익살스러운	짜증이 나는	걱정스러운

가족화목활동: 취침 전 일과와 '사랑해' 라는 말

아이들이 특히 어릴수록 일상생활 속에서 어느 정도의 틀이나 리듬이 필요하며, 우리 자녀들도 그것을 원하고 있다. 특정한 시간에 일정한 방식으로 일과가 행해지리라는 것을 자녀가 알게 되면, 자녀의 생활에 일종의 안정감과 질서를 제공해 준다. 자녀는 나이가 들어감에 따라 차차 자기 나름대로 생활의 리듬과 틀을 개발하고, 부모에게 덜 의존하게 된다.

늘 그러하듯이 중용(中庸)이 핵심이다. 지나치게 엄격한 틀도 좋지 않으며, 일상생활에 정해진 틀이나 짜임새가 전혀 없어서 자녀가 어떤 기준에 맞추어 생활해야 할지 알지 못하는 것도 좋지 않다.

많은 부모들이 저녁에 자녀를 재우면서 자녀와 갈등을 겪는다. 그런데 아이를 재우면서 반드시 갈등을 경험할 필요는 없다. 이 프로그램에 논의되었던 많은 문제들처럼, 우리는 적극적인 부모역할의 방식을 사용하여 하루 중에서 취침 시간을 즐거운 시간으로 바꿀 수 있다. 다음과 같은 내용을 기억하라.

1. 당신과 자녀가 서로 승자가 되도록 하라

자녀를 잠자리로 보내는 과정에 자녀를 참여시켜라. 그리하여 취침 준비를 재미있는 일과로 만드는 방법을 찾는다면, 자녀들은 잠자리에 드는 습관에 쉽게 적응할 수 있을 것이다.

2. 격려하고, 격려하고, 격려하라

만약 취침시간을 자녀와 함께 즐기는 시간으로 만들기만 한다면, 취침시간은 하루 중에 가장 행복한 시간이 될 것이다. 많은 가정에서 어린 자녀에게 취침시간을 성공적으로 정착시켰던 일정표를 제시하면 다음과 같다.

당신이 자녀에게 개발시켜 줄 수 있는 최선의 틀 중의 하나는 취침 전 습관이다.

목욕시간부터 시작한다 아이를 재우기 전에 목욕을 시키면서 가벼운 음악을 틀어 주어라. 그리고 욕조 안에서 간단히 가지고 놀 수 있는 장난감을 주고, 부모도 장난을 치면 목욕시간은 자녀에게 놀이의 연장으로 받아들여질 것이다. 예를 들면, 다음과 같다.

> "지금부터 세계적인 선수가 다이빙 세 바퀴 공중회전을 하면서 목욕탕 속으로 뛰어들려고 하고 있습니다."

양치질하기 양치질은 목욕 후에 한다. 어린아이들이 양치질하는 것을 좋아하지 않을지 모르지만, 자녀들을 양치질하는 일에 참여시키고 격려해 주면 어렵지 않게 양치질하는 습관을 들일 수 있다. 예를 들면, 다음과 같다.

> "이를 아주 잘 닦는구나. 네가 입을 크게 벌리고 있으니까 정말 고맙다. 자, 사자처럼 입을 크게 벌려 보겠니?"

동화책 읽어 주기 취침 전의 일과 중에서 아이들이 좋아하는 것 중의 하나가 바로 책을 읽어 주는 것이다. 책을 읽어 주거나 이야기를 창작해서 들려주거나 간에, 그 시간은 하루 종일 활동적인 놀이를 한 아이들에게 차분한 취침시간으로 즐겁게 바꿀 수 있다. 책 읽기를 싫어하는 아이에게는 긴 동화책을 선택해서 하루저녁에 한 장씩만 읽어 주도록 하라. 이렇게 해서 아이가 매일 밤 새로운 이야기를 기다리게 만들어라. 나이가 든 자녀에게는 동화책 대신에 그날 일어난 일에 대하여 조용하게 이야기를 나누는 시간이 되도록 하라. 이러한 '대화와 포옹의 시간'은 자녀의 마음을 가라앉혀 주고 느긋하게 만들어 주는 기회가 된다.

특별한 의식 그러고 나서는 아이 방의 불을 끄고 부모 나름대로의 특별한 의식을 행하라. 자녀에게 기도를 해 주어도 좋고, 일상적으로 들려주는 말이나 어떤 행동을 해도 좋다. 등을 천천히 쓸어 주거나 특별한 시(詩)나 어떤 말을 들려주어도 좋다. 예를 들면, 다음과 같다.

> "이 넓고 넓은 세상에 있는 소녀들을 모두 한 줄로 세워 놓고 그중에서 내 딸이 될 아이를 선택하라고 한다면, 난 너를 선택할 거야."

사랑을 표현하기 자녀와 좋은 관계를 수립하는 것은 끊임없는 과정이다. 그리고 꾸준한 노력이 필요하다. 지금까지 살펴본 것처럼, 자녀와 함께 즐거운 시간을 가질 수 있도록 의도적으로 신경쓰고, 적극적인 의사소통의 기술을 사용하고, 서로 존경하는 마음도 보여 주어야 한다. 부모와 자녀 간에 좋은 관계를 유지하기 위해서는 서로에 대한 사랑을 표현하는 것이 가장 중요하다. 모든 자녀들은 사랑을 갈망한다. 사랑받지 못할 행동을 줄곧 해 온 아이에게도 사랑이 필요하다. 어떤 일이 일어나든 간에 자녀는 부모가 그들을 사랑한다는 것을 알 필요가 있다. 자녀에게 사랑을 표현하는 길은 일상생활이라는 실로 한 올 한 올씩 짜 가는 것이다. 그것은 입 맞추기, 등을 토닥거려 주기, 머리를 쓰다듬어 주기, 어깨 위로 껴안아 주기 등으로 표현될 수 있다. 그러나 자녀를 "사랑한다."고 말로 표현하는 것도 매우 중요하다. 어떤 부모에게는 그 말이 어색할 수도 있다. 그러나 중요한 것은 그 말이 자녀에게 매우 아름답게 들린다는 것이다.

자녀가 기대하지 않고 있을 때 부모가 "사랑한다."고 말해 주면, 자녀는 처음에는 놀라겠지만 이내 기뻐할 것이다. 잠자기 전과 같이 조용하고 포근한 시간에 "사랑해."라고 말해 주는 것도 좋다. 그러면 자녀는 그 말의 따뜻함에 푹 젖어들 것이다. 예를 들면, 다음과 같다.

> "사랑해. 얘야, 난 널 사랑한단다."

2

과제활동

- 230쪽에 있는 의사소통의 걸림돌 활동 표에 적어 넣어라.
- 자녀가 문제를 소유할 때 보내 줄 수 있는 적극적인 의사소통을 연습하라. 그리고 234쪽에 있는 활동기록지를 기록하라.
- 자신을 보살피는 활동을 계속하라. 그리고 226쪽에 있는 표에 적어 넣어라.
- '취침 전 일과'라는 주제를 가지고 가족회의를 하고 실천하라. 그리고 236쪽에 있는 활동기록지를 기록하라.
- 매일 "사랑해."라고 말하도록 명심하라.

Chapter 3

책임감과 훈육

어떤 청년이 직장을 구하려고 애를 쓰고 있었다. 그는 스물일곱 살이 되도록 취직한 적이 없었으며 부모에게서 경제적인 도움을 받고 있었다. 그의 부모는 마침내 아들의 의존성과 자신들의 과잉보호에 두 손을 들었다. 그들은 아들에게 취직을 하도록 3개월간의 말미를 주었다. 두 달 반이 지나도록 빈둥거리던 아들은 부모들이 공연한 엄포를 놓은 것이 아님을 눈치 채자, 일자리를 찾아 힘없이 거리를 헤맸다. 그러나 그는 끝내 일자리를 얻지 못하였다.

구직은 성공하지 못했다. 그는 자신의 일을 스스로 처리하거나 직업을 구하는 기술을 배운 적이 없었다. 항상 아버지가 구원자 역할을 해 주었다. 아버지가 건축회사에 다니는 친구에게 전화를 걸어 아들에게 덤프트럭을 운전하는 일자리를 구해 주었다. 그 일은 보수가 상당히 좋았다. 근무 첫날 이 청년은 트럭을 후진하다가 방파제에 부딪쳤다. 감독관이 그에게 어쩌면 그렇게 무모한 일을 저질렀느냐고 다그치자, 그는 "글쎄요. 아무도 그렇게 하지 말라고 말해 준 사람이 없었어요."라고 대꾸하였다.

이 장과 제4장에서는 가족 안에서 발생하는 문제와 자녀의 그릇된 행동을 다루는 방법을 소개할 것이다. 또한 아동들이 현대 사회에서 성공적으로 살아갈 수 있는 능력을 개발하는 데 기본이 되는 점을 다루고자 한다. 그것은 바로 책임감의 문제다.

책임감이란 무엇인가

앞의 이야기 속에 등장하는 젊은이는 무책임하게 행동한 결과로 덤프트럭을 후진하다가 방파제에 부딪친 것이다. 그렇다면 '책임감' 이란 용어는 무엇을 의미하는가? 그에 관한 세 가지 정의를 생각해 보자.

1. 자신의 의무를 받아들이는 것
2. 상황이 요구하는 대로 올바른 행동을 하는 것
3. 자신의 행동에 대한 책임을 받아들이는 것

자신의 의무를 받아들이는 것

장기적인 이득을 얻기 위해서 단기적인 욕구를 희생해야 할 때가 있다는 것을 자녀에게 가르치는 것이 곧 책임감을 가르치는 것이다.

우리는 살아가면서 어떤 것을 해야 한다고 의무적으로 느끼기는 하지만, 마음이 내키지 않을 때가 있다. 때때로 이러한 '의무감' 은 특히 두 사람 사이에서 발생한다. 예를 들어, 자녀에게 수업이 끝날 시간에 학교로 데리러 가겠다고 말했다면, 자녀를 학교에서 집으로 데리고 와야 할 의무가 있다. 일상생활에서 기타 여러 가지 의무들이 우리에게 주어진 역할을 통해서 은연중에 부과된다. 예를 들어, 부모역할은 자녀에게 의식주를 제공하고, 훈육과 지지를 포함한 많은 의무를 동반하는 일이다. 장기적인 이득을 얻기 위해서 단기적인 욕구를 희생해야 할 때가 있다는 것을 자녀에게 가르치는 것이 곧 책임감을 가르쳐 주는 것이다. 아동기는 이런 교훈을 가르칠 기회로 가득 차 있다.

예

- 애완동물을 기르는 것은 애완동물을 돌볼 책임을 받아들이는 것을 의미한다.
- 팀의 일원이 된다는 것은 연습과 게임에 참여한다는 것을 의미한다.
- 악기를 배운다는 것은 연습을 당연히 많이 한다는 것을 의미한다.
- 가족의 일원이라는 것은 집안일을 거들어 준다는 것을 의미한다.
- 학생이라는 것은 숙제와 공부를 한다는 것을 의미한다.

상황이 요구하는 대로 올바른 행동을 하는 것

우리 자녀에게 옳고 그른 것의 차이를 가르쳐 주고, 어렵고 고통스러울지라도 옳은 일을 하려는 의지를 주입시키는 것은 부모에게 매우 도전적인 일 중의 하나다. 우리는 자녀가 올바르게 행할 줄 아는 좋은 사람이 되기를 원한다. 그러나 과연 무엇이 옳은 것인지 잘 분별해 내기가 어려울 때가 많다. 미국의 민권운동의 시기에 그랬던 것처럼, 때로는 옳은 행동을 하는 것이 심지어 현행법에 대립될 때도 있다. 또 낙태문제와 같이 옳은 것과 그른 것에 대한 전 세계의 의견이 나누어질 때도 있다. 그와 같이 수많은 상황에서 가정의 가치관과 신념은 행동의 안내자가 되어 주어야 할 것이다.

옳은 행동을 하는 것은 철자법과 아주 흡사하다. 모든 규칙에는 예외가 있다는 면에서 그렇다.

예

- 자기방어의 경우를 제외하고는 남에게 결코 상처를 주지 말라.
- 상대방의 감정을 상하게 하지 않으려는 의도에서 선의의 거짓말을 하는 것을 제외하고는 결코 거짓말을 하지 말라.
- 열심히 일하라. 그러나 일중독자가 되지는 말라.
- 친구들이 잘못된 행동을 할 때를 제외하고는 친구의 편이 되어 주고 친구를 방어해 주어라.

옳고 그른 것 사이의 미묘한 차이를 아이들이 이해하게 하는 최고의 방법은 시간을 내서 자녀에게 일상생활의 예를 들어 설명해 주는 것이다. 아이들에게 "너는 어떤 게 옳은 행동이라고 생각하니?"라고 질문하는 것 자체는 당신이 곧 옳은 것을 분별해 내고 옳은 것을 실천하려고 노력한다는 의미다. 자녀가 옳은 행동을 했을 때, 그 아이의 옳은 행동과 용기를 모두 인정해 주는 방식으로 자녀를 격려하도록 하라.

자신의 행동에 대한 책임을 받아들이는 것

우리가 결정한 것의 결과로 우리에게 일어나는 것을 받아들이는 것이 곧 책임감이다.

우리가 결정한 것의 결과로 우리에게 일어나는 것을 받아들이는 것이 곧 책임감이다. 어른이나 아이들이거나 간에 자신의 문제를 다른 사람이나 환경의 탓으로 돌리고 변명을 늘어놓기가 쉽다. 그러나 그렇게 변명과 책임전가를 하다 보면 차후에 보다 나은 결정을 하는 법을 배울 수 없게 된다. 만약 자기가 잘못한 것이 없다면, 다음에는 지금과는 다른 행동을 해야 할 것인가에 대하여 고민해야 할 이유가 없다.

자녀가 책임감을 받아들이는 것을 배우면 문제를 매우 창의적으로 해결할 것이다. 그러한 어린이는 생활하면서 끊임없이 자기의 행위를 검토하고, 보다 더 현명한 방법으로 살아갈 줄 아는 어른으로 성장한다. 실수를 했을 때는 그 결과를 받아들이고, 그 실수를 통하여 배우고, 거기서 한 걸음 더 나아간다. 그리하여 성공적인 어른이 되는 것이다. 이러한 책임감을 배우지 못한 사람들은 종종 동일한 실수를 반복하면서 살아간다.

책임감 ➡ 성장 ➡ 성공 회로

그렇다면 우리는 왜 책임감을 회피하는가? 그것은 우리가 실수한 것에 대해 책망이나 벌을 받을까 봐 두려워하기 때문이다. 우리를 책망하거나 벌주는 사람은 누구인가? 그들은 가족이거나 직장의 상사일 경우가 많다. 그러나 자신이 스스로를 몹시 질책하지 않는다면, 이런 사람들의 책망도 큰 해악을 끼치지는 않을 것이다.

우리는 자기 질책을 어디서 배웠는가? 우리들 대부분은 어린 시절에 부모에게서 자책하는 습관을 배운 것이다. 우리 부모들은 전제적이거나 과잉보호적인 양육태도로 임했고, 그에 따라 자녀를 책망하고 비판하는 방법을 사용해 왔다.

우리는 책임감을 어떤 방식으로 회피하는가? 자신이 저지른 실수나 실패에 대해 다른 사람이나 환경을 탓함으로써 책임감을 회피하는 경향이 많다. 왜냐하면 책임감을 수용하고 자기질책을 감당한다는 것이 너무 고통스럽기 때문이다.

우리는 "너 때문에 늦었잖아!" 혹은 "네가 나를 화나게 만들잖아!"라고 말한다. 또 자기의 실수를 정당화하기도 한다. "지각하는 것은 별것 아니잖아." "난 성질이 급해." "난 호랑이 띠야." "난 주벽이 있어." "난 고약한 사람이야." "아무도 그렇게 하지 말라고 일러준 사람이 없었잖아."

자녀가 책임감 있는 어른이 되도록 준비시키는 방법은 무엇일까? 첫 번째 단계는, 자녀가 실수를 하거나 그릇된 행동을 했을 때, 책망하거나 벌주고 싶은 충동을 자제하는 것이다. 자녀를 책망하거나 벌을 주면, 현실적으로 자녀들은 남을 탓하고 자기를 정당화시킴으로써 책임감을 회피하려 한다. 이 장에서는 자녀의 훈육 방법을 소개하고 있다. 다시 말해서 부모가 매일 매일 봉착하는 문제를 다루면서, 그 속에서 자녀에게 책임감을 가르치는 것이다. 먼저, 자녀에게 행동의 선택권을 주는 상황을 살펴보도록 하자.

자유와 그 한계

선택은 어떤 것을 선택할 수 있는 자유가 주어졌을 경우에만 할 수 있다. 나에게 어떤 행동의 선택권이 없다는 것은 나 이외의 다른 사람이 내가 취할 행동의 선택권을 쥐고 있다는 뜻이 된다. 그러므로 선택의 자유만이 책임감의 기본 조건이 된다.

군주적인 부모는 자녀에게 선택의 자유를 거의 주지 않는다. 이런 부모는 어린이는 경험이 부족하므로 부모가 자녀를 위하여 모든 것을 선택해 주어야 한다고

자녀에게 구조와 제약을 주지 않은 채 책임감을 가르칠 수는 없다.

믿고 있다. 그들은 자녀가 서투른 선택을 해서 맛볼 수밖에 없는 고통과 함정을 미리 피하도록 돕고 싶어 한다. 그러나 군주적인 부모의 지도법은 자녀가 책임감을 다루는 능력을 고갈시킨다. 자녀는 이러한 부모의 지도법에 반항하게 되고, 또한 자기 스스로 결정을 내리는 면에서 경험이 미숙한 채로 남아 있게 된다. 결국 부모가 막아내 주려고 했던 고통과 함정에 자녀가 빠져들게 되는 결과를 초래한다.

심부름꾼 역할을 하는 부모는 무법의 지도법을 추종한다. 그런 부모는 자녀에게 너무 많은 선택의 자유를 허락한다. 그리고 구조화와 한계성이 설정되어 있지 않기 때문에 어린이는 전제적인 가정에서와 마찬가지로 책임감을 배우지 못한다.

> 어느 여인과 그녀의 세 아이를 살해한 죄로 극형을 선고받아 전기의자에 앉아 사형이 집행된 청년이 있었다. 그는 과거와 같은 상황에 처하게 되면 예전처럼 똑같은 살인을 범할지도 모른다고 말했다. 왜냐하면 그 청년은 자라면서 어떤 행동을 해서는 안 된다는 식의 교육을 받은 적이 없었기 때문이다. 다시 말해서 그는 자기가 원하는 것은 무엇이든지 자유로이 할 수 있는, 즉 한계성이 주어지지 않은 가정에서 자라왔다. 그렇다고 해서 과연 그가 행복하였던가? 천만의 말씀이다. 그는 자기의 인생이 생지옥 같았기 때문에 감옥에 장기 투옥되기보다는 오히려 전기의자의 극형을 선택했다는 것이다.

어린이는 스스로 선택할 자유를 달라고 아우성을 친다. 반면에 부모는 그 자유를 제한한다. 그리하여 동서고금을 통하여 부모-자녀 간에 끊임없이 메아리치는 대화는 다음과 같다.

우리에게 자유를 달라! 안 돼, 네 분수를 알아라. 자유를 달라! 안 돼, 네 분수를 알아라.

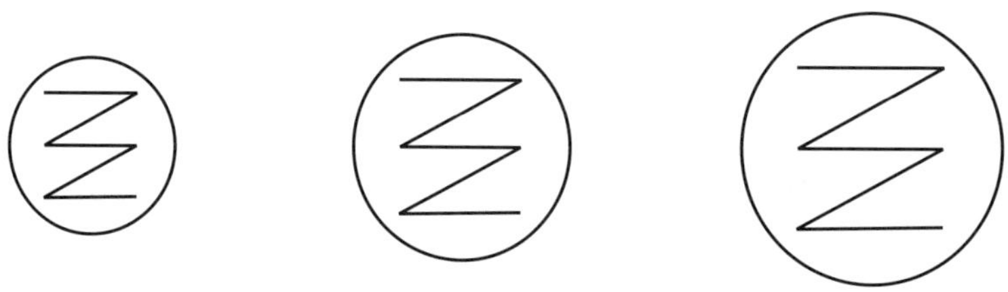

다행하게도 자녀 지도법에는 세 번째의 대안이 있는데, 바로 '적극적인' 부모역할이다. 적극적인 부모는 자녀의 자유에 대한 욕구를 예민하게 인식하고는 있지만, 적당한 한계를 두고 허용한다. 그들은 자녀의 나이에 적합한 한계성과 책임감의 수준을 설정한다. 또 부모가 지나치게 제약하면 자녀가 여러 형태로 반항하고, 너무 느슨하게 제약하면, 이기적이고 파행적인 행동을 한다는 것도 잘 알고 있다.

한계 안에서의 자유

'확장되어 가는 한계 안에서의 자유' 라는 개념은 5살짜리 아동은 10살짜리 아동보다 스스로 결정할 일이 더 적으며, 10살짜리 아동은 17살짜리 청소년보다 결정권이 더 적다는 것을 의미한다. 사실상 부모님과 한 집에서 보내는 마지막 시기에 있는 청소년들에게 가장 이상적인 상황은 거의 모든 것을 스스로 결정하게 하는 것이다. 이 시점에서 부모는 다 성장한 청소년 자녀에게 마치 룸메이트나 조언자와 같은 역할을 하게 된다. 우리가 항상 자녀의 곁에 있으면서 행동의 한계를 설정해 줄 수는 없기 때문이다. 우리의 목적은 자녀가 독립적인 생활을 할 수 있도록 준비시키는 것이다. 책임감을 가르치는 것도 점진적인 과정이다. 그것은 자녀에게 선택권을 주고, 자녀가 선택한 결과를 경험하도록 허용하는 것을 의미한다. 사실상 책임감이란 우리가 선택한 결과를 받아들이는 것이기 때문에 자녀에게 책임감을 가르치는 것에 대한 공식은 다음과 같다.

적극적인 부모는 자녀의 자유에 대한 욕구를 예민하게 인식하고는 있지만 적당한 한계를 두고 허용한다.

책임감 = 선택 + 결과

이 공식을 사용하는 가장 좋은 기회는 언제일까? 첫째, 아이들이 일상생활의 결정을 스스로 하도록 좀 더 허용하는 것이다. 자녀의 나이와 발달 정도를 고려하면서 아이가 무엇을 먹을까, 무엇을 입을까와 같은 선택을 스스로 하도록 부모는 좀 더 많은 자유를 허용해 줄 수 있다(제1장의 32쪽에 나온 선택의 방법을 참고할 것). 둘째, 자녀의 행동에 문제가 있을 경우도 아이에게 선택권을 주고 그 행동의 결과를 경험하도록 허용할 수 있다. 이 장의 후반부에서 배우겠지만, 선택권을 주고 그에 따른 결과를 체험시키는 일을 조합하는 것은 매우 효과적인 훈육방법이다.

보상과 처벌은 종종 불리한 결과를 초래한다

자녀들에게 주어진 상황의 한계 안에서 살아가고, 자기 가정의 가치관을 따라 살아가는 법을 가르치기 위해서는 훈육이 필요하다. 그러나 훈육은 보상과 처벌만을 의미하는 것은 아니다. 사실상 훈육(discipline)이라는 말은 라틴어 disciplina에서 유래했는데, '가르치다' 라는 뜻이다. 아이에게 옳고 그른 것을 구별하는 법과, 의무를 충실히 이행하는 것의 중요성과, 자신의 행동에 대한 책임감을 수용하는 것을 어떤 방식으로 가르치느냐가 훈육의 성공과 실패를 좌우한다.

앞에서 언급했듯이, 보상과 처벌은 군주적인 부모가 자신의 명령을 집행하는 방편이다. 그런 부모의 자녀는 자기가 잘못했을 때는 벌받을 공포감에 사로잡히고, 부모가 원하는 대로 했을 때는 보상받을 기대감 속에 살게 된다. 이러한 보상과 처벌의 체제는 왕과 황제가 세상을 지배하고, 상하의 서열이 정해졌던 옛날에는 효과적이었을지 모르지만, 평등을 강조하는 현시대에는 별로 효과가 없다.

보상: 자녀의 행동을 변화시키기 위해서 아이를 매수하려고 과외로 제공하는 어떤 것

부모가 자녀의 옳은 행동에 대해 보상하면 나중에 자녀는 보상을 자기에게 주어진 당연한 권리로 기대하게 된다. 어떤 상황이 요구하기 때문에, 또는 모든 식구가 규칙을 잘 따르니까 가정이 더 원활하게 기능하는 것을 보고 나서, 자녀들이 협동하는 법을 배우는 것이 아니다. 그 대신에 아이는 '그걸 하면 나에게 무슨 이익이 돌아오는가?' 라는 식의 태도를 발달시킨다. 그리고 긍정적인 행동에 수반되

는 보상을 점점 더 많이 기대한다. 그러면 부모는 계속해서 보상의 강도를 높여 가야 하고, 끝내는 좌절의 지경에 이른다. 부모가 드디어 좌절의 지경에 이르면 자녀에게 처벌을 사용하게 된다.

인센티브: 일련의 사건들을 정규적으로 배열하고 논리적으로 연결시키는 것

반면에 논리적인 결과로서, 인센티브를 적절하게 사용하면 매우 효과적이다. 왜냐하면 인센티브는 보상과는 달리, 어떤 상황에 논리적으로 연결되어 있기 때문이다. 이제 우리는 조건부의 선택을 허용하는 방식으로 인센티브를 사용하는 요령에 대하여 좀 더 배울 것이다.

평등한 사회에서 당신이 누군가를 해친다면, 당신은 은연중에 그 사람도 당신에게 상처를 입힐 수 있는 권리가 있다고 허용하는 것과 같다.

많은 부모들에게 처벌은 한결같이 인기 있는 방법이 되고 있다. 자녀에게 처벌을 가하면 단기간에 바로 효과가 나타나는 것처럼 보이기 때문이다. 아동들은 처벌의 위협을 받으면 곧잘 부정적인 행동을 보이게 된다. 처벌은 아이의 마음속에 원한을 심어 주기 때문에 장기적인 면에서는 효과가 없다. 평등한 사회에서 당신이 누군가를 해친다면, 당신은 은연중에 그 사람도 당신에게 상처를 입힐 수 있는 권리가 있다고 허용하는 것과 같다. 부모가 자녀를 처벌하면, 대개 자녀는 그 다음에 그릇된 행동을 하거나 더 나빠진다. 그렇게 해서 부모에게 앙갚음을 하는 것이다.

사실 보상과 처벌은 평등한 관계에서는 설 자리가 없다. 우월한 위치에 있는 사람이 보상과 처벌을 줄 수 있고, 열등한 사람이 그것을 받을 수 있다. 보상과 처벌에 의지한 육아법은 구시대에서 사용된 육아법으로서 지금까지 잔재해 온 것이다. 이제는 보다 더 효과적인 훈육의 방법이 있다. 그리고 우리는 이 프로그램에서 그런 방법들을 익힐 것이다.

생각하기-느끼기-행동하기 회로

효과적인 훈육을 하려면, 아동이 행동하는 동기, 즉 아이들이 왜 그런 행동을 하는지에 대하여 이해할 필요가 있다. 이를 위해서 다음의 네 가지 측면이 어떻게 연관되어 있는지를 살펴보자. 그 네 가지 측면은 사건(자녀의 삶에서 발생한 어떤 것)과, 사고(신념, 태도, 가치관을 포함한)와, 감정과, 행동이다. 이를 '생각하기-느끼기-행동하기' 라고 부르기로 한다. 다음의 그림은 그에 대한 회로를 보여 준다.

생각을 바꾸어라. 그러면 감정도 바뀐다.

자녀에게 어떤 일이 일어날 때(사건), 아이는 의식적으로든 무의식적으로든 그 사건에 대하여 생각한다. 그러면 그 상황과 자신에 관한 태도와 가치관이 마치 강력한 컴퓨터의 자료처럼 작동한다. 이러한 생각은 어떤 감정을 산출한다. 많은 사람들은 감정이란 그저 생겨 나는 것이라고 잘못 알고 있다. 그러나 감정은 우리의 사고와 가치관의 산물인 것이다. 생각을 바꾸어라. 그러면 감정도 바뀐다. 그런 다음에 생각과 감정이 합쳐져서 어떤 행동이 나타나는 것이다. 그리고 자녀가 취하는 행동은 또 다시 그 사건에 영향을 준다. 그 사건이 바뀌거나 그대로 남아 있는 것과 병행하여 자녀는 새로운 생각과 새로운 감정과 새로운 행동을 하게 되고, 이 체제는 계속된다.

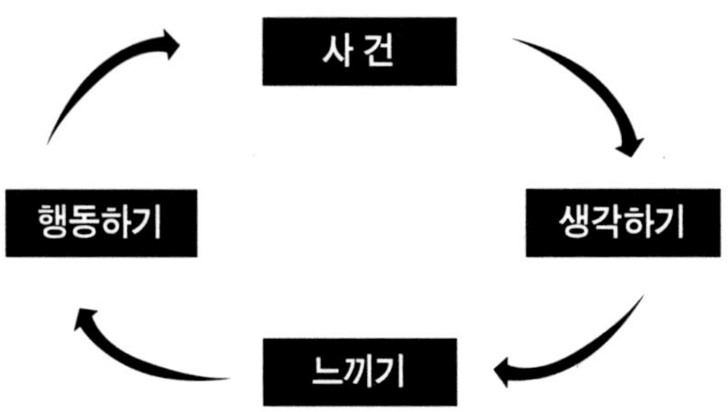

예

열 살짜리 순빈이 엄마는 아들이 우유를 식탁에 남겨 둔 것을 보고 화가 난 목소리로 말하였다. "순빈아, 남은 우유는 냉장고에 다시 넣으라고 몇 번이나 말을 해야 알아듣겠니?"

순빈이의 삶에서 이 사건은 여러 가지의 의식적인 생각과 무의식적인 생각을 떠오르게 한다. 그 생각들은 다음과 같다.

엄마가 또 시작했군.
엄마는 나에게 큰소리칠 권리가 없어.
엄마는 항상 성질만 내.
엄마가 항상 나를 윽박지르는 것에 질렸어.

이런 생각들은 분노와 원망의 감정을 일으키고 다음과 같은 행위를 유발시킨다.

찌푸린 얼굴
등이 뻣뻣해짐

그리고 다음과 같이 날카로운 대답을 하게 한다.

"엄마는 왜 항상 그렇게 야단이세요?!"

이 사건(여기서는 엄마)에 대한 자녀의 행동이 어머니의 생각하기-느끼기-행동하기에 다시 영향을 주게 되고, 드디어 어머니에게서 화가 난 대답이 튀어나오게 만든다.

"네가 조금만 더 책임감이 있었다면 내가 이렇게 성화를 부리지는 않을 것 아니니!"

엄마의 그러한 독재적인 방식과 꾸지람은 순빈이에게 반항적인 태도를 부추긴다. 그래서 순빈이는 '엄마는 나를 이런 식으로 다룰 수 없어.' 라는 생각을 하고, 화가 나서 문을 박차고 나가 버린다. 이렇게 악순환은 계속된다.

물론 자녀의 삶에서 부모가 유일한 사건이 되는 것은 아니다. 하루하루가 즐겁고 도전적인 사건들로 가득 차 있어서 그런 여러 가지 사건들에 대해서도 아이들은 생각하기-느끼기-행동하기로 반응한다. 또 가끔씩 아주 위험한 사건들도 있다. 그런 것들이 갈등을 야기하면 폭력과 심각한 사건이 일어난다. 청소년기가 되면 이러한 사건은 담배, 술, 마약, 위험한 성적(性的) 행동, 가정의 가치관에 위배되는 성행위의 형태로 나타날 수 있다. 부모가 해야 할 임무중의 하나는 그와 같이 안전하지 못한 사건들을 가능한 한 많이 막아 내고 걸러 주는 것이다. 이것은 다음과 같은 행동을 포함한다.

- 십대 자녀의 소재를 파악하고, 지도 감독해 주는 사람이 있는지를 아는 것
- 자녀의 친구들에 대해서 알고 있고, 아이들에게 긍정적인 우정을 장려하는 것
- 인터넷, TV, 음악, 영화를 포함한 대중매체의 사용을 검토해 주는 것
- 안전하지 못한 사람들과 장소에 접근하지 않도록 지도해 주는 것

(* 여과기의 역할을 하는 부모역할에 대해서는 제6장에서 자세하게 다룰 것이다.)

그러나 부모가 항상 차단막의 역할을 해 줄 수는 없다. 그러므로 우리의 궁극적인 목표는 차후에 자녀가 도전적인 사건에 봉착하게 되었을 때, 자녀가 긍정적인 행동을 스스로 선택할 수 있도록 미리 용기와 품성을 길러 주며 가치관과 자기존중감을 심어 주는 것이다. 긍정적인 행동은 긍정적인 결과를 낳는다. 그리고 긍정적인 결과는 자기존중감과 용기를 향상시켜 줌으로써 더욱 긍정적인 행동을 하도록 유도한다. 이것을 '성공 회로' 라고 부른다. 자기존중감과 용기를 심어 주는 방법에 대해서는 제5장에서 자세하게 다룰 것이다. 여기에서는 개략적인 회로에 대해서만 살펴보기로 하자.

물론 그 반대의 경우도 발생한다. 부정적인 태도와 가치관과 낮은 자존감은 낙담과 부정적인 행동을 유발한다. 그리고 낙담과 부정적인 행동은 바람직하지 못한 결과와 처벌을 가져온다. 이것은 자존감을 더욱 떨어트리게 하여 더 큰 낙담과 부정적인 행동을 유발하고, 끝내는 '실패 회로'를 창출한다. 우리 자녀에게(실패 회로를 박차고) 성공 회로로 이끄는 사상을 가르치는 데 중요한 개념은 다음과 같다.

- 자녀들을 존중하며 자녀가 분별력이 있는 인간으로서 참여하도록 장려하기(제1장).
- 자녀의 문제점과 앞으로 발생할 수 있는 문제들에 대하여 적극적인 의사소통의 방법으로 대화하면서 가정의 가치관을 심어 주기(제2장).
- 한계를 설정하고 책임감을 가르치는 데 효과적인 훈육을 하기(제3장과 제4장).
- 자기존중감과 용기와 품성을 길러 주기(제5장).
- 가능한 한 부정적인 영향력에서 빠져나오도록 도와주며, 마약, 성, 폭력과 같이 위험성이 높은 사건을 잘 다루는 방법에 대하여 알려 주기(제6장).

성공 회로

많은 부정적 사건들을 여과해 주는 부모

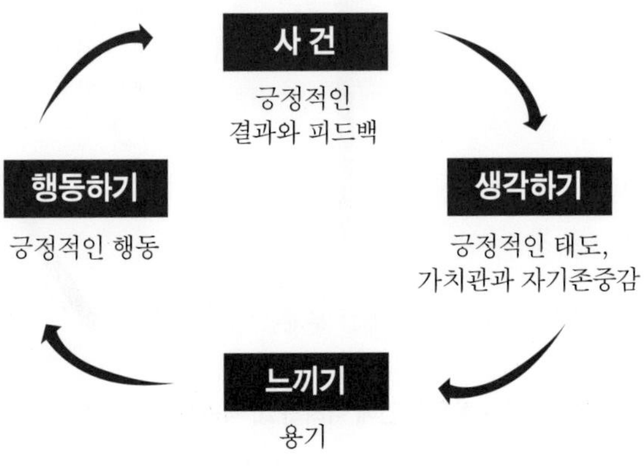

효과적인 훈육과 문제 다루기의 모형

우리는 제2장에서, 자녀의 문제를 다루는 것 자체가 협동심, 용기, 책임감과 같은 품성을 자녀에게 길러 주는 계기가 되도록 해야 한다고 논의하였다. 여기서는

문제 다루기의 모형

문제 예방을 위한 대화와 가족모임을 통하여 문제를 예견하고 방지한다.
(제3장과 제6장 참조)

↓

만약 문제가 발생하면, 누가 문제를 소유하는가를 알아본다.
(부모, 자녀 또는 둘 다)

↓

부모가 문제를 소유한다

↓

훈육을 하라.

↓

자녀의 행동목적과 부정적인 접근방식을 알아보아라. 그에 대한 보상을 주지 않도록 하라.

↓

덜 구조화된 훈육 방법:

- 정중한 요청
- '나' - 전달법
- 단호한 지시

↓

좀 더 구조화된 훈육 방법:

- 논리적 결과
- 적극적인 문제 해결

부모-자녀가 문제를 공유한다

↓

훈육하고 지지해 주어라.

자녀가 문제를 소유한다

↓

지지해 주어라.

↓

적절한 경우에는 교훈적 목적으로 자연적 결과를 허용하라.

↓

자녀가 문제를 다루도록 하되 적극적인 의사소통을 통해서 지지를 해 주어라.

↓

가족회의 모임에 그 문제를 상정하라.

↓

누가 문제를 소유하든지 간에 격려하고, 격려하고, 격려하라!

제2장에서 제시했던 '문제 다루기의 모형'을 다시 한 번 살펴보고, 그와 관련된 중요한 사항에 대해서 다시 숙지하기로 한다. 이것은 문제를 예방하는 방법과, 부모 자신이 효과적인 훈육방법을 사용하여 문제를 다루는 방법을 포함한다. 이 장의 후반부에서는 이처럼 강력한 훈육의 기술을 사용하여 자녀에게 책임감을 가르치고, 가정의 리더로서 당신이 설정한 한계 안에서 자녀가 살아가도록 가르치는 방법을 다룰 것이다.

효과적인 훈육

물론 우리가 자녀의 문제를 모두 예방해 줄 수 있는 것은 아니다. 때로는 자녀가 낙담한 나머지 부정적인 행동을 통하여 심리적인 욕구를 충족하기도 한다. 자녀가 그릇된 행동을 할 때, 행동 변화에 대한 동기를 심어 주기 위해서 가끔씩 훈육이 필요하다. 훈육의 방법을 사용할 때는 다음 사항을 유념하라.

1. 우리의 목표는 자녀를 가르치는 것이지, 자녀에게 상처를 주는 것이 아니다

사실상 우리는 아이들의 감정을 굳이 상하게 하지 않고서도 아주 잘 가르칠 수 있다.

2. 자녀의 부정적인 행동을 교정해 줄 경우에도, 자녀가 조금이나마 좋아진 점을 찾아내서 격려해 주도록 하라
3. 자녀를 훈육할 때, 가능한 한 강력한 주장적인 표현은 자제하도록 하라
4. 자녀를 훈육할 때, 사랑하는 마음으로 지도하라

부모가 자녀를 사랑하기 때문에 훈육한다는 것을 자녀가 알게 된다면 자녀는 훈육을 좀 더 쉽게 받아들일 것이다. 부모가 좌절되고 화가 난 상황에서 자녀를 훈육하거나, 부모 자신의 욕심 때문에 자녀를 훈육하면 아이는 그것을 잘 받아들

이지 않으며, 부모가 가르치고자 하는 교훈을 배우려 하지 않는다.

여기에 제시된 세 가지 훈육 방법은 부모가 부드러운 주장에서 시작하여 점점 단호하게 주장하는 방식으로 진행되는 기본적인 의사소통의 기술들이다. 첫 번째 방법부터 시작하라. 그것이 효과가 없을 때는 두 번째와 세 번째 방법을 사용하라. 그 방법들은 다음과 같다.

- 정중한 요청
- '나'-전달법
- 단호하게 환기시켜 주기

정중한 요청

자녀에게 문제나 갈등이 생길 때마다 부모가 자세한 설명과 엄격한 훈련을 제공해야 하는 것은 아니다. 전에도 말했듯이, 자녀가 가끔씩 그릇된 행동을 하는 이유는 부모가 기대하는 것이 무엇인지를 자녀가 알지 못하기 때문이다. 그래서 종종 정중한 요청만으로도 자녀의 행동을 충분히 변화시킬 수 있다(특히 두 사람의 관계가 긍정적인 경우).

첫 번째 단계는 부모가 원하는 것을 정중하게 요청하는 방식으로 자녀에게 말하는 것이다. 예를 들어, 자녀가 음식을 먹고 난 후에 빈 접시를 제멋대로 놓아두는 것을 더 이상 원치 않을 때, 부모는 이렇게 요청할 수 있다.

> "얘야, 지금부터 엄마를 도와주겠니? 네가 간식을 먹고 나면 접시를 싱크대에 갖다 놓으려무나."

자녀가 그러겠다고 하면, 이렇게 덧붙여라.

"고맙구나, 엄마를 많이 도와주는구나."

잘 알다시피 부모들은 자녀에게 너무 함부로 말하는 경향이 있다. 위의 예에서, 부모는 잠자코 자녀의 뒤치다꺼리를 하면서 참아 오다가 얼마간의시간이 흐른 다음에 속이 부글부글 끓어오르면 그때 가서 폭발하기 쉽다. "나는 네가 어질러 놓은 것을 따라 다니며 치우는 것에 진저리가 난다. "엄마가 네 하인이니? 네가 그렇게 게으르고 경솔하지 않았다면…"과 같은 말로 드디어 폭발한다. 부모가 이렇게 감정을 폭발하게 되면, 자녀의 마음속에 책임감이나 협동심을 불러일으켜 주지도 않으며, 싱크대에 접시를 갖다 놓지도 않을 것이다.

첫 번째 단계는 부모가 원하는 것을 정중하게 요청하는 방식으로 자녀에게 말하는 것이다.

부모가 정중하게 요청했고 자녀는 그러겠다고 대답했지만, 아이가 곧바로 실천하지 않을 때는 친절하게 다시 한 번 환기시켜 주도록 한다.

"얘야, 싱크대에 빈 접시를 갖다 놓는 것을 네가 잊어버렸구나. 어서 싱크대에 갖다 놓으렴."

자녀가 계속해서 약속을 잊고 있으면 보다 강력한 말이 필요하다.

'나' -전달법(나-메시지)

'나' -메시지 또는 '나' -전달법은 P.E.T.의 창시자인 토머스 고든(Thomas Gordon)이 고안한 용어다. 이것은 단호하지만 부드럽다. 그런데 놀랄 만한 효과가 있다. '나' -전달법은 자녀에게 '네가 잘못했다' 라는 관점(전통적인 너-전달법)을 바꾸어서 자녀의 행동에 대하여 부모인 '내' 가 어떻게 느끼는가를 말하는 것으로 초점을 맞추기 때문에 '나' -메시지 또는 '나' -전달법이라고 한다. '나' -전달법은 다음과 같다.

• 자녀를 비난하거나 평가하지 않고, 자녀의 행동에 대한 부모의 느낌을 말하게 한다.
• 부모가 위협적이지 않은 방식으로 말함으로써 자녀가 부모의 말을 잘 경청하는 분위기를 만들어 준다.
• 자녀의 그릇된 행동이 가져온 결과에 대하여 부모가 느끼는 감정을 분명하게 전달해 준다.
• 자녀의 성격에 초점을 두지 않고, 자녀의 행동에 대해서만 강조한다.
• 부모가 원하는 행동이 무엇인지에 대하여 자녀에게 분명한 정보를 제공해 준다.

'나'-전달법을 사용하는 시기

부모가 정중하게 요청해도 자녀의 행동이 변화하지 않을 때, 그 다음에 사용할 수 있는 더 주장적인 방법이 '나'-전달법이다.

'나'-전달법은 부모가 문제를 소유할 때만 효과적이다. 부모가 정중하게 요청해도 자녀의 행동이 변화하지 않을 때, 그 다음에 사용할 수 있는 조금 더 주장적인 방법이 '나'-전달법이다.

'나'-전달법은 단호하나 차분한 어조로 이루어질 때 가장 효과적이기 때문에, 당신이 몹시 화가 났을 때는 사용하지 않는 것이 좋다. 마음을 가라앉히는 시간을 가진 다음에 자제력이 회복되었을 때 자녀에게 다가가라. 화가 난 상태에서 '나'-전달법을 사용하는 것은 힘의 욕구를 추구하는 자녀에게는 반항심을 자극할 수 있다.

'나'-전달법을 보내는 요령

'나'-전달법에는 네 가지 요소가 있다.

1. 당신이 원하는 행동이나 상황을 구체적으로 말하라 자녀의 자존감을 상하지 않

게 하려면 '행위와 행위자를 구별' 하는 것이 중요하다. 자녀가 나쁜 것이 아니고 자녀의 행동에 문제가 있을 뿐이다. 자녀의 행동에 초점을 맞추어 이야기함으로써 자녀의 인성과 자존감을 상하게 하는 것을 피할 수 있다. "네가 ~이 내게 문제가 되는구나."라고 말을 시작하라. 예를 들면,

"네가 식탁 위에 빈 접시를 놓아두고 치우지 않으니까 내게 문제가 되는구나."

2. **그 상황에 대해서 당신이 느끼는 점을 말하라** 이것은 (언성을 높이지 않고도) 그 문제가 당신에게 심각하다는 것을 자녀가 알게 해 준다. 부모들이 종종 '화가 난다' 라고 말하는데, '화가 난다' 는 말은 '두렵다' 와 '속이 상한다' 는 두 가지의 감정이 합쳐진 것이다. 당신이 '속이 상하고 두렵다(또는 걱정된다)' 라고 표현해 주면 자녀들이 그 말을 부담 없이 경청한다. '나는 ~에 신경이 쓰인다' 또는 '나는 ~에 속이 상하구나' 라는 표현은 진실에 더 가깝고 더욱 효과적이다. 예를 들면,

"네가 ~할 때는 내가 이용당하는 느낌이 드는구나."

3. **이유를 말하라** '무조건 복종하라' 는 말을 좋아하는 사람은 아무도 없다. 어른들이 정당한 이유를 대면서 어떤 요구를 할 때, 우리도 어른들을 기쁘게 해드리기 위하여 우리의 이득을 양보할 수 있다. 자녀들도 예외는 아니다. 아이의 행동이 당신의 일이나 상황을 어떻게 방해하고 있는가에 대하여 간단한 설명이 필요하다. 예를 들면,

"왜냐하면 내가 일일이 네 뒤를 따라다니며 치우느라고 시간도 많이 들고 힘이 들기 때문이야."

잠잠하게 있지 말고 자녀에게 무언가를 요청할 때 더 많은 협조를 받을 수 있다는 사실을 기억하라.

4. 당신이 원하는 것을 말하라 당신은 자녀에게 한두 번 정도 이미 정중하게 요청하였다. 그러므로 이제는 좀 더 주장적으로 될 차례다. 이 말은 자녀에게 당신이 원하는 것을 정확하게 알리라는 뜻이다. 당신이 잠잠하게 있지 말고, 자녀에게 무언가를 요청할 때 더 많은 협조를 받을 수 있다는 사실을 기억하라. 이번 단계는 이런 말로 시작할 수 있다. '나는 네가 ~하기를 바란다' 또는 '나는 ~을 원한단다' 예를 들면,

> "나는 네가 방에서 간식을 다 먹고 나서는 빈 그릇을 부엌으로 가져와 싱크대에 담가 두기를 바란다."

위의 '나'-전달법을 모두 풀어서 적어 보면 다음과 같다.

> "네가 간식을 먹고 나서 빈 그릇을 탁자에 그대로 두니까 내게 문제가 되는구나. 그래서 나는 너에게 이용당하는 느낌이 드는구나. 왜냐하면 내가 네 뒤를 따라다니면서 일일이 치우자니 시간도 많이 걸리고 힘들기 때문이야. 나는 네가 간식을 다 먹고 나서는 빈 그릇을 부엌으로 가져와 싱크대에 담가 두기를 바란다."

더 강력한 '나'-전달법: 두 가지의 변형

1. 동의를 얻기 '~해 주겠니?' '나'-전달법을 좀 더 강력하게 하려면 변화하기를 바라는 자녀의 행동에 대하여 자녀의 동의를 얻도록 하라. 이것은 단순히 '~을 좀 해 주겠니?'와 같은 질문을 첨가한 다음에 드디어 '네'라는 동의를 얻는 것이다. '예'라는 대답은 자녀가 행동을 실행하겠다는 말이며, 나중에 자기가 한 말을 실천하도록 동기화시키는 데 도움이 된다. 이것은 '나'-전달법의 마지막 부분인 '나는 ~를 원한다'를 '~를 해 주겠니?'로 대치하여 사용하는 것이다. 예를 들면,

> "네가 간식을 먹고 나서 빈 그릇을 탁자에 그대로 두니까 내게 문제가 되는구나. 그래서 나는 너에게 이용당하는 느낌이 드는구나. 왜냐하면 내가 네 뒤를 따라다니면서 일일이 치우자니 시간도 많이 걸리고 힘들기 때문이야. 네가 간식을 다 먹고 나서는 빈 그릇을 부엌으로 가져와 싱크대에 담가 두겠니?"

2. 시간을 설정하기 '언제 하겠니?' 자녀가 부모의 지시에 따르겠다고 대답한 다음에 몇 시간이 지나도록 이행하지 않는 경우가 있다. 아이에게 다그치면 '할게요' 라는 대답만 할 때 모든 부모는 좌절감을 경험한다. '할게요' 라는 말은 '제가 시간이 나면 할게요' 라는 말을 함축하고 있다. 그러니까 어쩌면 10년의 세월이 흘러도 자녀가 부모의 지시를 따르는 일은 일어나지 않을 것이다. 그러므로 자녀에게 그 행동을 언제 할 것인가에 대한 명확한 동의를 얻는 것이 현명하다. 위의 예에서 "다 먹고 나서는 치워라."는 말에 '언제' 를 첨가해서 "언제 치우겠니?" 라는 말을 해 줄 수 있다. 아니면, 자녀가 부모의 지시에 따르겠다고 동의한 직후에, "언제 할 거니?" 라는 말만 단순히 덧붙일 수도 있다.

단호하게 지시하기

만일 자녀가 정중한 요청이나 '나' -전달법에 응하지 않는다면, 당신이 조처할 다음 단계는 짧지만 단호하게 주의를 주는 것이다. 문법이나 구문의 규칙을 생략함으로써 말에 힘을 더할 수 있다.

예를 들어,

> "접시. 싱크대. 지금 당장!"

이때는 말수가 적을수록 좋다. 이 말은 자녀가 당신 말을 흘려듣고 있을 때 아이에게 책임감에 관한 설교를 하고 싶은 유혹을 떨쳐 버리라는 뜻이다. 아이의 눈을 똑바로 응시하면서 단호하게 당신이 원하는 것을 자녀에게 상기시켜라.

자녀의 눈을 똑바로 응시하면서 단호하게 당신이 원하는 바를 상기시켜라.

아마도 자녀는 당신에게 경외감을 느끼면서 깜짝 놀라 곧바로 행동에 착수할 것이다. 그러면 자녀가 응해 준 것에 대하여 고맙다는 말로 자녀를 격려해 주어라. 그러나 어떤 자녀들에게는 더 많이 주의를 주어야 할 때도 있다. 이런 경우는 좀 더 강한 훈육방법으로서 고통 주기와 꼬집기가 필요할지도 모른다(이것은 농담! 그와 같은 방법은 논리적 결과와 적극적 문제해결로 대치되었음).

논리적 결과의 부과

자녀의 부정적인 행동을 긍정적인 행동으로 변화시키기 위해서 부모가 영향력을 행사하려면 부모가 자녀에게 원하는 것을 명확하게 설명해 주어야 한다. 우리가 방금 다룬 기본적인 훈육 방법은 분명하고 단호하게 이야기하는 것이다. 그러나 자녀가 책임감을 배우려면 때로는 자신의 행동의 결과를 좀 더 구체적으로 경험할 필요가 있다. 다음 기호를 기억하라.

책임감 = 선택 + 결과

어떤 행위에 뒤따르는 결과를 체험시키는 것은 우리가 선택한 것과 어떤 행동을 취한 것의 효과를 깨닫게 해 주는 강력한 교훈이 된다.

우리는 보상과 처벌이 자녀에게 역효과를 가져다준다는 점을 살펴보았다. 논리적인 결과를 부과하는 것은 현대 민주사회의 삶과 좀 더 일치하는 진보된 훈육 방법이다. 논리적인 결과는 다음과 같이 정의될 수 있다.

> 논리적인 결과란 자녀가 주어진 한계 상황 안에서 행동하도록 영향력을 행사하기 위해서 어른들이 적용하는 훈육 방법으로서 자녀의 그릇된 행동과 논리적으로 연관된 훈육 방법이다.

• 개구장이 대성이, 다시 태어나기 •

어떤 행위에 뒤따르는 결과를 체험시키는 것은, 우리가 선택한 것과 어떤 행동을 취한 것의 효과를 깨닫게 해 주는 강력한 교훈이 된다. 어떤 행동에 수반되는 결과를 경험시키는 것은 처벌이나 훈계보다 훨씬 나으며, 부모에게는 훌륭한 훈육의 도구가 된다. 자기 행동의 결과를 경험시키는 데는 두 가지가 있다. 즉, 자연적 결과와 논리적 결과를 체험시키는 것이다. 자연적 결과에 대해서는 제5장에서 다룰 것이다. 그러므로 이 장에서는 논리적 결과에 초점을 맞추고자 한다.

예

선희가 간식을 먹은 다음에 빈 접시를 싱크대에 갖다 놓는 것을 계속해서 잊어버리면, 다음부터 선희에게는 부엌 이외의 장소로 음식을 가지고 가서 먹을 수 있는 권리를 주지 않는다.
강석이가 놀고 나서 장난감을 치우지 않으면, 어머니는 장난감을 그의 손이 닿지 않는 높이의 서랍 속에 넣어 둔다.
개구쟁이 대성이가 벽에 크레파스로 낙서를 하면, 대성이는 낙서를 전부 닦아 내야 한다.

논리적 결과와 처벌

논리적 결과와 처벌은 아동에게 모두 불쾌한 경험으로 지각되겠지만, 이 두 가지는 동일하지 않다. 그 차이점은 다음과 같다.

논리적 결과	처벌
그릇된 행동과 논리적으로 연관된다.	그릇된 행동에 대한 임의적인 보복이다.
책임 있는 행동을 가르치기 위한 것이다.	맹목적으로 복종하는 행동을 가르치기 위한 것이다.
단호하고 차분한 태도로 부과한다.	자주 분노와 원망 속에서 행해진다.
존중하는 마음이 배어 있다.	존중하는 마음이 결여되어 있다.
자녀가 실행하도록 한다.	어른들이 집행한다.

논리적 결과의 유형

책임감을 배운다는 것은 자녀가 올바른 결정을 내리는 법을 배운다는 뜻이다. 그러므로 논리적 결과는 항상 선택의 형태로 제시되어야 한다. 아이들이 자기가 선택한 것에 뒤따르는 결과를 체험하고 나면, 다음에는 좀 더 나은 선택을 하는 법을 배우게 된다. 이런 학습의 과정에서, 부모들은 자녀들에게 그릇된 행동을 한 것도 그들의 선택이었으며, 선택에는 논리적 결과가 수반된다는 것을 보여줌으로써 아이들을 도와 줄 수 있다. 또한 긍정적인 선택이 긍정적인 결과를 가져온다는 것도 강조해야 한다.

매우 유용한 두 가지의 선택 방법이 있다.

- 양자택일: "너는 ~하거나 아니면 ~할 수 있다. 네가 결정해라."
- 조건부: "네가 ~하면, 너는 ~하게 된다."

양자택일의 선택

'양자택일의 선택' 은 자녀가 그릇된 행동을 그만두기를 바랄 때 효과적이다.

(수미는 방과 후에 집에 오면 자신의 소지품을 부엌 바닥에 늘어놓는다.)

"수미야, 네가 학교에서 돌아온 다음에는 반드시 네 소지품을 치워라. 그렇지 않으면 내가 네 소지품을 상자에 담아서 창고에 넣어 버릴 거야. 이 두 가지 중에서 한 가지를 네가 선택해라."

부엌 바닥에 소지품을 늘어놓는 행동에 뒤따르는 논리적 결과는 수미가 창고에 가서 상자 속에 들어 있는 자기의 소지품을 다시 꺼내야 하는 불편함을 감수해야 한다는 사실에 주목하라.

(기철이는 더러워진 옷을 빨래 바구니에 넣는 것을 계속 잊어버린다.)

"기철아, 더러워진 옷은 빨래 바구니에 넣든지 그게 싫으면 네 옷은 네가 직접 세탁하여라. 네가 결정해라."

더러워진 옷을 빨래 바구니에 넣지 않는 것에 뒤따르는 논리적 결과는, 기철이가 직접 자기 옷을 빨래하거나 더러운 옷을 그냥 입어야 한다는 것이다.

조건부의 선택

'조건부의 선택' 은 자녀가 어떤 행동을 시작하도록 동기화시킬 때 효과적이다.

(미리는 숙제를 끝내지 않은 채 친구들과 인터넷으로 채팅을 하며 시간 보내기를 좋아한다.)

"미리야, 네가 숙제를 다 끝마치면 인터넷을 사용할 수 있다."

아이가 숙제를 다 끝마치지 않을 때 논리적으로 뒤따르는 결과는, 컴퓨터를 사용할 권리를 잃는 것임을 숙지하라. 그러나 '네가 ~하면, ~할 수 있다' 와 같은 긍정문의 형식으로 논리적 결과를 부과해 주면, 선택사항은 자녀에게 더 매력적으로 다가온다. 그리고 숙제를 빨리 끝내고 싶은 마음을 좀 더 동기화시킬 수 있다.

(태진이는 매주 토요일에는 자기 방을 청소해야 하는데, 청소를 하지 않은 채 밖으로 놀러 나가려고 한다.)

"태진아, 네가 방 청소를 한 다음에는 밖에 나가서 놀 수 있다."

우리는 본의 아니게 논리적 결과를 처벌로 바꾸어 버리기가 쉽다.

다음의 예들은 논리적 결과가 부정적인 용어로 표현되었기 때문에 바람직하지 못한 방법들이다. '~하지 말아라. 만일 그렇게 하면 ~하게 될 거야.' 와 같은 표현은 마치 처벌처럼 들리기 쉽다. 특히 날카로운 어조와 공격적인 신체언어와 함께 사용할 때 더욱 그러하다.

좋지 못한 방법

"수미야, 네 소지품을 치워라. 그렇지 않으면 내가 네 소지품을 창고 안의 상자 속에 던져 버릴 거야!"
"기철아, 만일 네가 더러워진 옷을 빨래 바구니에 넣지 않으면 네가 직접 네 빨래를 해야 한다."
"태진아, 네 방 청소를 깨끗하게 해 놓지 않으면 밖에 나가지 못할 것으로 알아라."

우리는 본의 아니게 논리적 결과를 처벌로 바꾸어 버리기가 쉽다.

논리적 결과를 부과하는 요령

다음의 지침은 자녀에게 처벌의 방법을 사용하지 않고, 다만 논리적인 결과를 적용하도록 하는 데 확실한 도움을 줄 것이다. 처음에는 유념해야 할 것이 많아 보이지만, 당신이 논리적 결과를 실제로 적용해 감에 따라 점점 더 능숙해질 것이다.

1. 자녀에게 자신의 행동에 대한 결과로 치르게 될 대가를 설정하도록 요청하라 민주사회에서는 문제와 관계된 모든 사람의 참여가 요구되기 때문에, 의사결정 과정에 자녀를 포함시킨다면 아이로부터 더 많은 협조를 얻어 낼 수 있다. 당신이 미처 생각하지도 못했던 선택권과 해결책들을 자녀가 곧잘 생각해 내는 것을 보고 놀랄 것이다. 예를 들면,

"수미야, 네가 부엌에 너의 소지품을 늘어놓으니 내겐 여전히 문제로구나. 이 문제를 해결하려면 우리가 어떻게 했으면 좋겠니?"

논리적 결과가 성공하려면 자녀에게 부과된 결과가 아이의 그릇된 행동과 논리적으로 연관되어 있어야 한다는 것이 핵심이다.

비록 자녀가 뾰족한 해결책을 가지고 있지 않거나 비협조적일지라도, 중요한 것은 당신이 무언가를 분명하게 요청했다는 것이다. 당신이 자녀의 의견을 물어보았기 때문에, 아이는 당신을 독재자로 여기거나 당신의 권위에 반항할 소지가 줄어든다. 물론 자녀에게 뾰족한 아이디어가 없을 경우는, 당신 자신이 논리적 결과를 준비하고 나서 아이와 토론해야 할 것이다.

2. 자녀에게 선택권을 주어라 자녀에게 선택권을 준다면, 아이는 긍정적인 행동을 선택할 가능성이 크다. 양자택일이나 조건부의 선택방법을 사용하라. 양자택일은 아이의 그릇된 행동을 중단시키려고 할 때 효과적이다. 조건부의 선택은 아이의 긍정적인 행동을 장려하고 싶을 때 유용하다는 것을 기억하라.

3. 반드시 논리적으로 연관성이 있는 결과를 부과해야 한다 논리적 결과가 성공하려면 자녀에게 부과된 결과가 자녀의 그릇된 행동과 논리적으로 연관되어 있어야 한다는 것이 핵심이다. 자기에게 부과된 결과에는 정당한 이유가 있다는 것을 아이가 잘 인식하고 있고, 또 그런 정당성이 인정될 때, 아이는 부모를 원망하지 않고 부모의 말을 잘 따를 것이다. 그러나 당신이 선택하여 부과할 결과가 자녀의 행동과 직접적으로 관련이 없다면, 자녀는 그것을 처벌로 여길 것이다.

비논리적

"엄마가 부르면 얼른 와서 밥을 먹어라. 그렇지 않으면 일주일 동안 TV를 볼 수 없다."
"엄마가 일할 때 조용하게 있지 않으면 영화관에 데려가지 않을 거야."
"제발 그만 싸워라. 그렇지 않으면 너희 둘 다 때려 줄 거야."

논리적

"엄마가 부르면 얼른 와서 밥을 먹어라. 그렇지 않으면 음식이 식어 버리고 반찬이 다 떨어질지도 모른다."

"엄마가 일을 끝마칠 수 있게 조용히 해 주렴. 엄마가 일을 다 끝내야 너랑 함께 영화관에 갈 수 있단다."
"제발 그만 싸워라. 그렇지 않으면 너희들은 각자 자기 방에 들어가서 따로 놀아야 한다."

4. 당신이 실천할 수 있는 선택권만 주어라 아이의 문제행동을 지도하기 위해서 적용할 만한 논리적 결과를 여러 가지로 고안해야 할 것이다. 그러므로 다른 학부모들과 배우자와 자녀들과 함께 머리를 짜 내도록 하라. 그러나 부모가 문제를 소유하고 있을 경우에, 자녀에게 어떤 선택권을 줄 것인가를 결정하는 것은, 부모에게 달려 있다. 부모로서 당신이 받아들일 수 있는 선택권만 주도록 하라.

예를 들어, 자녀가 음식을 먹고 난 후에 빈 접시를 세척기에 계속해서 넣어 두지 않을 때, 이런 선택권을 줄 수 있다.

"접시를 세척기에 넣어 두렴. 그렇지 않으면 더러워진 접시를 그대로 놓아 두었다가 그 접시에다 다시 음식을 먹게 될 거야."

그러나 당신이 더러운 접시로 가득 찬 싱크대를 보고 더 이상 참을 수 없을 것 같다면, 그와 같은 선택권은 자녀에게 주지 말아야 한다. 접시가 쌓여 감에 따라 당신은 화가 나서 아이에게 부과한 논리적 결과를 스스로 파기할 가능성이 많기 때문이다. 더구나 당신 자신의 가치와 욕구도 중요한 것이다. 스스로를 자책하지 않고서 자녀에게 부과할 수 있는 논리적 결과가 떠오를 때까지 계속 생각해 보는 것이 더 좋다. 예를 들면,

"더러워진 접시를 세척기에 넣어 두려무나. 그게 싫으면 네가 나를 가정부로 채용한다고 생각해야 할 것이다."
"더러워진 접시를 세척기에 넣어라. 그렇지 않으면 다음 식사 때는 접시 없이 음식을 줄 거야."

위의 방법을 사용한 부모들의 말에 따르면, 스파게티를 접시 없이 식탁 위에 부어 놓고 자녀들이 맨손으로 먹게 했더니 단 한 번으로도 효과를 보았다고 한다. 그러나 당신이 이렇게 식탁이 어지럽혀지는 것을 도저히 참을 수 없다면, 그와 같은 방식을 사용하지 말아야 한다고 다시 한 번 강조한다. 어떤 가정에서 효과가 있는 방법이 다른 가정에서는 적합하지 않을 수도 있다.

당신 쪽에서 단호하고 조용한 태도를 유지하는 것이 필수적이다.

5. 단호하고 조용한 어조를 유지하라 자녀에게 선택권을 줄 때나, 차후에 자녀가 취한 행동의 결과를 체험하도록 할 때, 부모는 반드시 단호하고 조용한 태도를 유지해야 한다. 화난 어조(전제형 부모의 단점)는 반항과 싸움을 불러일으킨다. 반면에 횡설수설한 어조(자유방임형 부모의 단점)는 부모의 말을 자녀가 심각하게 받아들이지 않게 한다. 그리하여 아이는 제멋대로 행동하게 된다. 민주사회에서 어른들이 단호하고 조용한 어조로 말하면, "나는 네가 존중받을 권리를 가지고 있다는 것을 잘 알고 있다. 그런데 너는 지금 네가 지켜야 할 규범에서 벗어나 있구나. 나의 일은 네가 정해진 규범 안에서 행동하도록 지도하는 것이란다. 그래서 난 나의 임무를 수행할 거야."라는 의미를 전달하는 것이다.

6. 일단 자녀에게 선택권을 주고 나서는 그에 따른 결과를 집행하도록 하라 자녀에게 교훈을 주기 위해서 논리적 결과를 사용하려면, 논리적 결과가 반드시 집행되어야 한다. 만일 자녀가 그릇된 행동을 계속하면, 즉시 논리적 결과를 부과하라. 자녀는 항상 자기 나름대로 어떤 행동을 선택하기 마련이다. 자녀가 굳이 말로 대답하지 않더라도 행동을 통해서 자신이 무엇을 선택했는지를 당신에게 보여 줄 것이다. 논리적 결과를 즉시 부과하지 않은 채, 자녀에게 다시 한 번 선택권을 주어서는 안 된다. 어떤 선택을 한 다음에는, 반드시 결과가 뒤따른다는 것을 자녀가 직접 경험해야만 교훈은 확실하게 터득된다. 그렇지 않으면 논리적 결과의 가치는 사라진다. 예를 들어,

"내가 청소할 때까지도 네 책들이 부엌 바닥에 널려 있으면, 내가 네 책들을 창고 안의 상자 속에 넣어 버릴 것이다."

7. 자녀가 부모를 시험해 본다는 사실을 유념하라 당신이 자녀의 그릇된 행동을 긍정적인 행동으로 전환하려고 애쓰더라도 자녀가 당분간은 그릇된 행동을 계속할 것이라고 생각하라. 우리는 이것을 '시험' 이라고 부른다. 왜냐하면 자녀는 부모가 말한 것을 정말로 실행하는지 알아보려고 시험해 보기 때문이다. 다른 말로 표현하자면, '엄마 아빠가 과연 예전과는 다르게 행동할까?' 를 지켜보는 것이다. 어쨌든 부모가 과거에 자신들에게 보여 준 반응 방식에서 이득을 얻었기 때문에 자녀는 과거의 상황으로 돌아가고 싶어 한다. 다음 장에서 살펴보겠지만, 자녀는 처벌을 통해서도 숨겨진 이득을 얻었던 것이다. 그러므로 부모가 과거와 다른 방식으로 초지일관하여 자기를 지도할 것인가를 시험해 보려는 의도에서, 당분간은 자녀가 그릇된 행동을 할 것이라고 기대하라. 만일 일관성 있게 논리적 결과를 집행하면, 자녀는 자기가 부모를 시험해 보았자 아무런 효력이 없다는 것을 알게 되고, 드디어 자신의 행동을 변화시키게 된다. 결국 아이들은 효과가 없는 행동은 계속하지 않는다.

자녀는 부모가 말한 것을 정말로 실행하는지를 알아보려고 시험해 본다.

8. 논리적 결과를 경험시킨 다음에 다시 한 번 기회를 주어라 자녀로 하여금 자녀가 취한 행동에 수반된 논리적 결과를 통하여 교훈을 얻게 하는 것이 우리의 목표다. 그러므로 자녀에게 다시 한 번 노력해 볼 기회를 주도록 하라. 그러나 자녀가 반드시 논리적 결과를 경험하게 한 후에만 한 번 더 기회를 주어야 한다. 예를 들어 보자. 태진이는 토요일에 자기 방 청소를 하고 나서 밖에 나가 놀겠다고 약속하였다. 아버지는 태진이가 자기 방을 청소하지 않고 뒷문으로 빠져나가는 것을 보고서, 아들에게 해야 할 일을 상기시켜 줄 수 있다. 만일 자녀가 논리적 결과를 경험한 후에도 그릇된 행동을 반복한다면, 그것은 부모를 시험하는 것이다. 이럴 때는 자신이 취한 행동의 대가를 두 번째는 조금 더 많이, 세 번째는 한층 더 많이 치르

도록 조처해야 한다. 예를 들어, 태진이가 그 다음 주에도 자기 방을 청소하지 않고 밖으로 나가려고 한다면 이렇게 말할 수 있다.

> "네 방 청소를 하지 않은 걸 보니 오늘 아침에는 밖에 나가서 놀지 않으려고 결정한 모양이구나. 어서 네 방 청소를 하려무나. 그러면 네가 오후에는 밖에 나가서 놀 수 있단다."

논리적 결과를 부과하는 요령

1 자녀에게 의견을 물어보라.

2 자녀에게 선택권을 주어라.

- 양자택일
- 조건부

3 반드시 논리적으로 연관성이 있는 결과를 자녀에게 부과하라.

4 당신이 실천할 수 있는 선택권만 주어라.

5 단호하고 조용한 어조로 말하라.

6 일단 자녀에게 선택권을 주고 나서는 그에 따른 결과를 집행하도록 하라.

7 자녀가 부모를 시험해 본다는 사실을 유념하라.

8 논리적 결과를 경험시킨 다음에 다시 한 번 기회를 주어라.

가족모임: 문제예방을 위한 대화

어떤 문제 상황이 발생하기 이전에, 부모가 미리 자녀에게 지켜야 할 사항과 부모가 원하는 바를 이야기해 주는 시간을 가진다면 많은 갈등과 오해는 예방될 수 있다.

자녀들은 부모가 원하는 것이 무엇인지를 잘 알지 못하기 때문에 그릇된 행동을 하는 경우가 많다. 그들은 자기에게 주어진 한계가 어디까지고, 얼마만큼의 자유가 자신에게 허용되는지를 잘 알지 못한다. 물론 많은 약삭빠른 자녀들은 "부모에게 미리 허락을 구하는 것보다는, 일단 일을 저지르고 나서 나중에 용서를 구하는 것이 더 쉬워."라는 생각을 가지고 있다. 그래서 자기가 지켜야 할 규칙에 대해서는 일부러 알아보려고 하지 않고 지낼 것이다. 이 두 가지 중에 어느 경우든 간에, 어떤 문제 상황이 발생하기 이전에 자녀가 지켜야 할 사항과 부모가 원하는 것에 대하여 자녀와 논의한다면 많은 갈등과 오해는 예방될 수 있다.

문제예방이란 자녀가 지켜야 할 법규를 제정해 주거나 지침사항만 말해 주는 것이 아니다. 문제가 발생할 소지가 있는 것에 대하여 자녀와 미리 토론하고, 그 상황에서 요구되는 것이 무엇인지를 알아보고 결정하는 것이 문제예방에 더 효과적이라는 것을 당신은 잘 알고 있을 것이다. 물론 부모 입장에서 어떤 것은 자녀에게 절대로 타협해 주지 않는 한계 상황도 설정해 놓아야 한다. 그러나 주어진 한계 안에서 다소간의 융통성을 허용하면, 자녀의 협조를 얻어 내기가 더욱 용이하고, 문제를 예방하는 데도 크게 도움이 된다.

부모된 입장에서 어떤 것은 자녀에게 절대로 타협해 주지 않는 한계 상황도 설정해 놓아야 한다.

예

당신은 다섯 살짜리 자녀를 식료품점에 데리고 가기로 하였다. 집을 나서기 전에 자녀와 미리 이야기하면 외출할 때 발생할 수 있는 문제를 예방해 줄 가능성이 높아진다. 그리고 쇼핑 시간이 많이 절약되고 스트레스도 줄어들 것이다.

그와 같은 문제예방적 대화의 요령은 다음과 같다.

1. **잠재적인 문제점과 위험 요소를 찾아보아라** 과거에 지금 상황과 비슷한 경험을 한 적이 있다면, 아마도 어떤 지점에서 무슨 문제가 발생할 것인지를 잘 알고 있

을 것이다. 만약에 그와 같은 경험이 없다면, 유사한 경험을 한 적이 있는가를 떠올려 보고, 자녀의 성향을 참작하며, 어떤 문제가 발생할 수 있는지를 예측해 보도록 하라.

예를 들면, 당신의 자녀는 가게에 갈 때마다 장난감을 사 달라고 울며 졸라댄다. 또한 여기저기 돌아다니는 경향이 있기 때문에 당신은 자녀의 뒤를 쫓아다니기 마련이다.

2. 생각과 감정을 나누도록 하라 자녀에게 그 상황에 대해서 어떻게 생각하고 있으며 어떤 문제가 일어날 것 같은지에 대하여 질문해 보아라. 자녀 또한 신경을 쓰고 있다는 사실을 알고 나면 당신은 놀랄 것이다. 그런 다음에는 부드러운 태도로 당신 자신의 생각과 느낌을 분명하게 알려 주어라.

예를 들어, 자녀에게는 쇼핑 시간이 지루하게 느껴져서 아이는 차라리 밖에 나가서 노는 것이 더 낫다고 느낄 수 있다. 당신은 쇼핑 시간이 지루할 것이라는 점은 알고 있다고 아이에게 말해 주고, 그러나 온 식구가 먹을 음식거리는 사야 한다는 사실을 이야기해 주도록 하라.

자녀가 취해야 할 행동에 대하여 이야기해 주도록 하라.

3. 행동에 대한 지침을 만들어 두어라 부모와 자녀가 만족할 만한 상황을 만든다. 당신은 제2단계에서 얻은 정보를 이용하여 자녀가 취해야 할 행동에 대하여 이야기해 주도록 하라. 자녀가 지켜야 할 규칙에 대하여 설명해 주면서 그 규칙에 응하는 것이 더 쉽다는 점도 명심하라. 자녀가 협조적인 행동을 보이면, 보상이나 뇌물을 주겠다고 제안하지 말고, 인센티브를 주라는 것이다.

예를 들어, 다음과 같은 말은 피하라.

> "네가 착하게 굴면 장난감을 사 줄게." 이것은 뇌물이며 보상이다. 이렇게 나오면 아이를 가게에 데려갈 때마다 당신은 뭔가를 사 주어야 할 것이다.

차라리 이렇게 말하라.

"만일 4시 30분까지 쇼핑을 끝내면, 우리는 집으로 가는 길에 공원에 들를 시간이 있단다."

이런 말이 가장 바람직하다.

"네가 엄마를 도와서 선반에 있는 식료품을 집어다 주겠니? 저녁식사 때 네가 먹고 싶어 하는 것을 골라서 엄마에게 넘겨 주는 거야."
"아주 잘했구나! 네가 쇼핑 중에 항상 엄마 곁을 떠나지 않으면 좋겠구나. 그래야 너도 안전하고, 또 우리가 다른 사람들을 방해하지 않는 거야."

4. 자녀가 지켜야 할 사항을 어길 경우에 적용할 논리적 결과를 정하라(필요할 경우) 자녀가 지켜야 할 사항을 어겼을 경우에 어떤 일이 일어날지 미리 알고 있다면 자녀는 준수사항을 더 잘 따르게 될 것이다. 기본적으로 협조적인 아이일 때나 문제를 일으키지 않는 경우는 굳이 이 단계를 적용할 필요가 없다. 부모가 몇 마디만 일러 주어도 되는 아이에게 논리적 결과를 주겠다고 경고하면, 그 말이 자녀에게는 모욕처럼 들릴 것이다. 그러나 소란스러운 아이들에게는 논리적 결과가 올바로 사용되기만 하면 매우 효과적이다.

소란스러운 아이들에게는 논리적 결과가 올바로 사용되기만 하면 매우 효과적이다.

예를 들면,

"상점에 가서는 넌 엄마 곁에 있어야 한다. 그렇지 않으면 엄마가 너를 카트 속에 넣어 둘 거야."

5. 자녀가 지켜야 할 사항을 준수했는지 알아보아라 자녀가 준수사항을 제대로 지켰는지를 당신이 확인해 볼 겨를이 없었을 경우가 있다. 아이가 준수사항을 잘 이

행했을 때는 착한 행동을 인정해 주면서 격려해 주도록 하라. 그리고 아이가 준수 사항을 제대로 이행하지 않았을 경우는 논리적 결과를 적용해야 한다.

예를 들면,

"지은아, 저녁식사 하기 전까지 너의 장난감들을 다 치우기로 했지? 그렇지 않으면 엄마가 그 장난감들을 이틀 동안 다른 곳에 가져다 둔다고 약속했잖아. 그러니까 이번에 너는 월요일에야 장난감을 돌려받을 수 있구나. 그리 알아라."

가족화목활동: 긍정적인 '나'-전달법

앞에서 언급한 것처럼, '나'-전달법은 그릇된 행동을 반복하는 자녀를 직면시키는 데 효과적인 방법이다. '나'-전달법은 분명하고, 단호하고, 차분한 형태의 대화이기 때문에, 아이들이 굳이 자기방어하지 않고서도 부모의 말을 잘 듣도록 해 준다. 이러한 특성상 '나'-전달법은 자녀가 바람직한 행동을 했을 경우에 자녀를 격려하는 말로도 사용할 수 있다. 긍정적인 '나'-전달법은 아이가 지속적으로 자신의 행동을 향상시키도록 동기화시켜 준다.

예를 들어, 우리는 개구쟁이 대성이의 엄마가 대성이에게 벽에 낙서를 하지 못하도록 가르치기 위해서 논리적 결과를 사용한 것을 보았다. 그러나 엄마는 자녀가 착한 행동을 하는 것을 보고 격려를 해 줄 수 있다. 엄마는 다음과 같이 긍정적인 '나'-전달법을 사용할 수 있다.

1. 당신이 좋아하는 것을 말하라

"네가 종이에 그림을 그려서 미술 숙제를 한 것이 정말 맘에 드는구나."

2. 당신이 느끼는 것을 말하라

"벽을 깨끗이 하라는 내 말을 네가 잘 들은 걸 보니 엄마는 기분이 좋구나."

3. 이유를 말하라

"왜냐하면 이제 벽이 깨끗해졌고, 거기에 예쁜 미술작품을 걸 수 있기 때문이란다."

4. 자녀에게 무엇인가를 제의하라

"네 그림을 마치 박물관의 그림처럼 여기에 붙여 두면 어떨까?"

이상에서 언급한 네 번째 단계는 기존의 '나'-전달법과 약간 다르다는 것을 당신은 알아차렸을 것이다. '나'-전달법에서 네 번째 단계는 아이에게 우리가 원하는 행동이 무엇인지를 말해 주는 것이다. 이제 자녀에게 바람직한 행동 변화가 일어났으므로, 승승적(乘勝的)으로 우리는 아이가 노력한 것을 격려해 주어야 한다. 그러나 그것이 보상이 되지 않도록 주의하라. 앞의 예에서 대성이의 엄마가 했던 것처럼 자녀의 긍정적인 행동과 논리적으로 연관시켜서 아이에게 어떤 것을 제시하는 것이 좋다. 이것은 '긍정적인 논리적 결과'라고 말할 수 있다.

예를 들어, 형제간 싸움을 줄이기 위하여 당신은 '나'-전달법과 논리적 결과를 아이들에게 사용하였다. 그 뒤에 당신은 아이들이 서로 협조하는 장면을 목격했다고 하자. 이때는 자녀들이 당신의 말을 잘 따라 주었기 때문에 당신이 일을 빨리 끝낼 수 있게 되었다는 것을 아이들에게 알려 주도록 하라. 그래서 자녀에게 팝콘을 만들어 주거나, 함께 놀아 주거나, 새로운 게임을 하는 법을 가르쳐 줄 시간이 생기게 되었다는 것을 말해 주도록 한다.

긍정적인 '나'-전달법의 모든 단계를 매번 적용하지 못한다고 하더라도 걱정할 필요는 없다. 첫 번째 단계(원하는 것을 말하는 것)를 사용하는 것만으로도 훌륭한 격려가 될 수 있다. 긍정적인 '나'-전달법을 당신 자신의 말로써 표현하여 당신의 취향에 어울리는 방식으로 사용하도록 하라.

4

과제활동

- 정중한 요청, '나'-전달법과 단호하게 지시하기를 실천하라. 그리고 237쪽의 표에 기록하라.
- 논리적 결과를 부과하고 나서 240쪽에 기록하라.
- 당신 가정에서 일어날 수 있는 문제를 언급하고, 문제예방을 위한 대화를 하라. 그리고 242쪽의 표에 기록하라.
- 가족화목활동: 자녀가 착한 행동을 하도록 격려하기 위하여 긍정적인 '나'-전달법을 사용하고 244쪽에 기록하라.
- 보살핌을 제공하는 자로서의 당신 자신을 보살피도록 하고 226쪽의 표를 작성하라.

Chapter 4

자녀의 그릇된 행동을 이해하고 교정해 주기

쌍둥이를 둔 어머니가 있었다. 한 아이는 진취적이고 행복하며 항상 생활의 밝은 면을 보았다. 다른 아이는 내향적이고 슬프며 항상 부정적인 측면을 보았다. 어머니는 두 아이를 도무지 이해할 수가 없었다. 그래서 그녀는 쌍둥이를 아동 심리학자에게 데리고 갔다. 처음 방문이 이루어진 다음에, 심리학자는 두 아이가 얼마나 다른가를 알아보기 위한 실험을 하자고 제안하였다. 그는 비관적이고 슬픈 아이를 수십 개의 장난감들로 가득 찬 방으로 보냈다. 그리고 낙관적이고 행복한 아이는 말똥이 무릎 높이까지 쌓인 방으로 보냈다.

30분 후에 심리학자는 첫 번째 방으로 들어가 보았다. 비관적인 아이는 무수한 장난감 속에서 울고 있었다. "난 스쿠터를 원했는데 스쿠터가 없잖아!"라고 말하며 울부짖었다. 다음에 그는 두 번째 방으로 들어가 보았다. 낙관적인 아이는 바쁘게 말똥을 파고 있었다. 그는 흥분되고 신이 나 보였기 때문에 심리학자는 의아스러웠다. "넌 무엇이 그리 즐겁니?"라고 심리학자가 물었다. "이렇게 많은 말똥이 있으니 여기 어딘가에 분명히 조랑말이 있을 거예요. 저는 그 말을 기어이 찾고 말 거예요!"라고 아이는 대답하였다.

우리는 자녀를 도무지 이해할 수 없을 때가 많다. 당신이 어렸을 때, 당신의 부모님도 당신을 이해하기 힘들어서 낙담하여 다음과 같은 말을 할 때가 있었을 것이다.

"난 정말로 널 이해할 수가 없구나!"
"넌 왜 그런 식으로 행동하니?"
"너는 도대체 무슨 생각을 하고 있는 거야?!"

이 장을 배우는 목적은 자녀가 도대체 왜 그런 행동을 하는가에 대한 이해를 도와주기 위한 것이다. 그런 다음에 우리는 자녀의 행동에 대한 이해에 근거하여 자녀가 그릇된 행동을 할 때 그 행동을 바람직한 행동으로 전환하는 법을 가르쳐 주고자 한다. 이것이 적극적인 부모역할의 방법이다. 이를 위해서 아동 발달에 대한 기본 개념을 먼저 살펴보기로 한다.

아동의 발달 과정

신생아는 작고 무기력하며 생존하기 위하여 전적으로 누군가에게 의지한다. 누군가가 영아를 먹이고, 입히고, 안아 주고 편안하게 해 주어야 한다. 신생아는 혼자서 살아남을 수 없다. 그렇게 무기력한 존재가 어떻게 건강한 생활방식과 자신만의 인성을 갖춘 독립적인 어른으로 성장하는가? 이에 대해서는 여러 가지 이론들이 있다. 그중에서 다음의 두 가지 이론이 가장 잘 알려져 있다.

유전 이론 몇몇 전문가들은 부모로부터 받은 유전자와 염색체를 통하여 아동에게 전달된 유전적 요인이 성격을 형성하는 데 중요한 역할을 한다고 믿고 있다. 이러한 견해를 따르자면, 아동의 발달은 출생 시 타고난 생물학적 요인에 따라 결정된다고 결론지을 수 있다. 이 이론에 따르면, 출생 당시의 신체적, 정신적, 정서적 요인들이 아동의 독특한 성격을 형성한다고 한다. 따라서 아이가 그릇된 행동을 하면, 그것은 그의 '천성' 때문인 것이다.

환경 이론 다른 전문가들은 아동의 가정, 학교, 이웃, 부모, 양육경험 및 기타의 경험과 같은 환경적인 영향이 성격을 형성하는 데 지배적인 역할을 한다고 믿는다. 이 관점에서 보면, 아동은 찰흙 덩어리와 같아서 아이의 발달은 외부 영향에 따라 지배되며, 그 결과로 그의 독특한 성격이 형성된다고 결론지을 수 있다. 이 이론에 따르면, 아이가 그릇된 행동을 하는 것은 그가 환경으로부터 학습했기 때문이다.

아동은 유전이나 환경의 희생양이 아니라 자기결정적이고, 창조적인 존재다.

적극적인 이론 또 다른 학파에 따르면, 유전과 환경이 성격 형성에 중요한 영향을 주기는 하지만, 아동이 그런 영향에 대하여 반응하는 방식과 그런 영향력을 스스로 활용하는 방식에 따라서 성격이 형성된다고 한다. 이런 관점에서 보자면, 인간은 수동적이 아니고 오히려 능동적인 존재다. 아동은 유전이나 환경의 희생양이 아니라 자기결정적이고 창조적인 존재다. 그가 의식하든 의식하지 못하든 간에 유전과 환경의 영향에 반응하여 — 그가 선택하여 — 자신만의 독특한 성격을 형성한다. 아동의 운명은 숙명적으로 주어지는 것이 아니고, 오히려 선택의 문제다. 우리는 각자 자신의 인간됨과 자기행동에 대한 책임이 있다. 우리가 가진 것이 중요한 것이 아니라, 우리가 가진 것으로 무엇을 하는가가 중요한 것이다. 인류의 역사는 어려운 장애를 극복하고 만족스런 인생을 꾸려 감으로써 사회에 공헌한 사람들의 이야기로 가득 차 있다.

그렇다고 해서 유전이나 환경이 우리의 성격과 행동에 영향을 주지 않는다는 것은 아니다. 유전과 환경은 개인이 자신의 인생을 형성해 가기 위해서 사용하는 '형성 요인'과 같은 것이다. 좀 더 좋은 기초석은 좀 더 성공적인 사람을 만들어 줄 가능성이 크기 때문에 유전과 환경의 영향을 더욱 세밀하게 살펴보는 것은 중요하다. 이러한 기초석에는 유전, 가정 환경, 가족의 구도, 부모역할의 방법이 해당된다.

성격의 '형성 요인'에 대한 탐구

유전 부모에게서 물려받은 생물학적 요인은 아동의 성격을 형성하는 중요한 원천이다. 유전적 요인에는 눈 색깔, 머리카락, 키, 혈액형, 외모의 여러 가지 측면과 같은 명백한 특성이 포함된다. 또 미술, 음악, 운동, 수학, 과학, 언어의 능력과 기타 다양한 소질이 유전에 속한다. 물론 이런 능력이 충분히 발달하는지의 여부는 환경이 어떠한가와 아동이 그 능력을 발달시키기 위하여 얼마나 노력하는가에 달려 있다. 지능도 마찬가지다. 선천적으로 우리는 각자 지능이 기능하는 수준이 다르게 타고났다. 그러나 주어진 지능의 범위 내에서 어느 정도까지 발전시키는가는 우리가 환경에 얼마만큼 자극받고 또 얼마나 환경을 스스로 활용하느냐에

부모에게서 물려받은 생물학적 요인은 아동이 성격을 형성하는 중요한 원천이다.

달려 있다. 마지막으로, 기질도 타고난다. 어떤 아동은 선천적으로 공격적인 기질을 가지고 태어난다(그래서 부모에게는 도전적임). 다른 아동은 온순한 기질을 가지고 태어난다. 어떤 아동은 외향적인 반면에 내향적인 경향도 있다. 다른 생물학적 요인과 마찬가지로 기질도 아동이 환경을 어떻게 보느냐에 따라서 바뀔 수 있다. 예를 들어, 여러 가지 영향과 아동 자신이 선택한 것에 따라서 공격적인 기질을 가진 아동은 자라서 약자를 못살게 구는 폭력적인 범죄자가 될 수도 있고, 공격성을 긍정적인 방향으로 전환하여 성공적인 지도자, 운동선수 또는 성공적인 사업가가 될 수도 있다.

가정환경 아동에게 가정은 세상이다. 거의 모든 아이에게 가정은 초기에 영향력을 주는 곳이다. 그러므로 어떤 환경의 가정인가가 매우 중요하다. 그 가정 속에서 산다는 것은 어떤 느낌일까? 그 가정에는 상호존중과 협동의 분위기가 있는가? 가족구성원들의 권리는 존중되는가? 부모는 따뜻하며 사랑을 주는가? 유머가 있는가? 재미있는 놀이 시간이 있는가? 여자 아이들은 상냥하고 남자 아이들은 말썽꾸러기인가? 어떤 분위기가 그 가정에서 우세하든지 간에, 아동은 거기에 반응할 것이다. 그리고 그 반응은 낙천주의, 비관주의, 명랑성, 수줍음, 호기심, 반항심과 같은 많은 형태로 나타난다. 가정이라는 세계에서 매일 매일 나타나는 아이의 반응은 무수하며, 그 반응들이 합쳐져 자녀의 성격이 형성된다.

그러므로 어떤 환경의 가정인가가 매우 중요하다.

가족 구도 아동에게 영향을 주는 또 다른 요소는 형제의 수와 출생 순서다. 두 명의 아동이 완전히 똑같은 가족 구조 속에서 태어날 수는 없다. 예를 들어, 첫째 아이는 두 명의 어른으로 구성된(때로는 한 명으로 구성된) 가정에서 태어난다. 둘째 아이는 두 명의 어른과 한 명의 아이로 구성된 가정에서 태어난다. 그 가정 안에서 아동이 처한 위치는 그 가정에서 장차 아이가 수행해야 할 역할을 결정하는 데 영향을 주며, 사회에 나가서 수행할 역할도 결정해 준다. 첫째냐, 막내냐, 중간 아이냐에 따라 대부분의 아동은 그들이 처한 위치에서 보여 주는 전형적인 반응들이 있다. 다음에 제시된 표는 이러한 반응들을 보여 준다. 그러나 이것은 아동이 가족 구조의 기초석을 사용함으로써, 그들의 성격을 형성해 가는 것을 보여 주는 한 가지 예에 불과하다. 또한 이 표는 이런 특성들이 아동에게 부정적으로 발전하는 것을 예방하는 방법도 부모에게 제시해 주기도 한다.

이 표를 참고하되, 두 아동 간의 나이 차이가 다섯 살 이상인 경우는 그 효과가 마치 별개의 두 가정이 있는 것과 같다는 것을 명심하라. 예를 들면,

두 명의 아이가 완전히 똑같은 가족 구조 속에서 태어날 수는 없다.

첫째 딸 릴리(16세)는 외동딸처럼 취급받았다. 그 뒤에 태어난 제석이(9세)는 마치 첫째 아이처럼 취급받았다. 그리고 수인(7세)이는 둘째 아이처럼 취급받았다.

가족 구도		
위치	전형적인 특성	부모를 위한 조언
첫째아이	• 흔히 다른 형제들에 대한 책임감을 가진다. • 어른들과 잘 지낸다. • 높은 성취자가 되는 경향이 있다. • 옳고, 완벽하고, 우월해야 한다고 느낀다.	• 기어코 성공하라는 압력을 주지 않도록 하라. • 이기는 것에 목표를 두지 말고 참여하는 즐거움을 알도록 하라. • "실수를 통하여 배운다."는 것을 가르치라. • 아이가 실패를 받아들이도록 부모가 여유를 보여 주어라.
외동아이	• 관심의 대상이 된 것에 익숙하다. • 여러 면에서 자신감이 부족하다. • 다른 사람들과(예: 부모) 비교해서 무능감을 느낄 수 있다. • 책임감이 강하다. • 자기 뜻대로 되지 않을 때는 협력하는 것을 곧잘 거부한다.	• 다른 아이들과 함께 학습할 기회를 주어라. • 친구 집에 놀러 가는 것을 격려하여라. • 하룻밤을 함께 보낼 친구를 갖도록 하라. • 어린이집과 유치원에 보내라.
둘째아이	• 손위 형제들의 실력을 따라 잡으려고 한다. • 여러 면에서 손위 형제와는 정반대의 방향으로 나가려고 한다. • 자신의 위치를 확보하기 위해서 반항할 수 있다.	• 아이의 고유성을 격려하라. • 손위 형제와 비교하지 마라. • 손위 형제와의 갈등을 스스로 처리하도록 하라.

중간아이	• 소외감을 느끼며 자신의 위치가 불확실하다고 느낀다. • 예민하고 냉정하며 복수적일 가능성이 있다. • 좋은 외교관이나 중재자가 될 수 있다.	• 일대일의 시간을 가져라. • 가족행사에 포함시켜라. • 아이의 견해를 물어보라.
막내아이	• 종종 부모와 손위 형제들의 사랑으로 응석받이가 될 수 있다. • 어린애로 취급된다. • 자기탐닉적이다. • 매우 창조적이다. • 영리한 경우가 많다.	• 자기 힘으로 할 수 있는 일을(특히 일상생활에서) 대신해 주지 마라. • 형제간 갈등에서 막내 편을 들지 말라. 이것이 오히려 형제간의 미움을 산다. • '아가' 라고 부르지 마라. • 자기신뢰를 격려하라.

가족 구도

앞의 표에서 나타난 것처럼, 가족 구도는 성격 형성의 또 다른 기초석이다. 그러나 가족 내에서 아동이 처한 위치 자체가 중요한 것이 아니라 그 위치를 바라보는 아동의 관점이 중요하다. 성격을 형성시키는 데 아동의 관점이 결정적 역할을 한다는 점을 이해하는 것이 더 중요하다. 당신의 태도 여하에 따라 위의 표에 나타난 전형적인 특징이 자녀에게 부합될 수도 있고 그렇지 않을 수도 있다.

부모의 통제 방식에 가장 큰 영향을 주는 것은 양육방식이다. 제1장에서 논의한 세 가지의 부모역할을 다시 한 번 살펴보기로 하자.

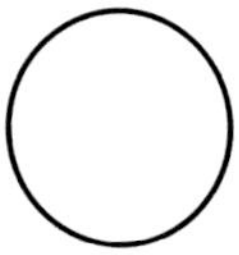

1. 전제형(독재자)　전제형 부모는 모든 사람을 통제하는 수단으로 보상과 처벌을 사용하는 막강한 인물이다. 그들은 자녀가 무엇을, 어떻게, 어디서, 언제 해야 할지를 일러 준다. 자녀는 질문하거나 도전하고 반대의견을 개진할 여지가 없다.

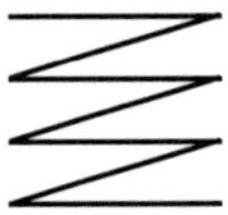

2. 자유방임형(심부름꾼) 자유방임형 부모는 자녀들이 '제멋대로 하고 싶은 일을 하도록' 너무 많이 허용한다. 자녀에게 제약이 부과되지 않으며, 질서와 규율은 찾아보기가 힘들다. 이러한 부모는 자녀의 심부름꾼처럼 행동하며 자녀가 부모를 유린하도록 방임한다. 그런 가정에서 자란 아동은 안정감을 느끼지 못한다. 왜냐하면 아동은 협동심이나 소속감을 느끼지 못하고, "이 집에서 책임자는 누구지?" 라는 의구심을 가진 채 방치되기 때문이다.

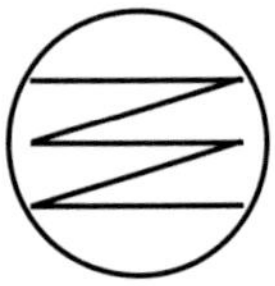

3. 우두머리형(적극적인 부모) 우두머리형 부모는 어떤 점에서 전제형과 자유방임형 사이의 균형을 이룬 것이다. 그러나 이것은 훨씬 더 많은 의미를 함축하고 있다. 적극적인 부모역할을 하는 가정에서는 부모와 자녀가 각자 자기 나름의 권리와 책임감을 가지고 있다. 부모는 지도자로서 협동심을 장려하고 학습을 자극한다. 그러한 가정에서는 질서와 규칙이 있으며, 가족 안의 모든 사람은 중요한 구성원이 된다.

행동을 이해하기:
원인이 아니라 목적의 차원에서 이해하기

다른 사람의 행동을 이해하기 위해서 과연 어떤 원인으로 그런 행동을 했는지 알아내려고 과거를 되돌아보는 것은 거의 도움이 되지 않는다. 행동에 영향을 주는 요소는 너무 많아서 그 요소를 전부 지적해 낸다는 것은 사실상 불가능하기 때문이다. 그리고 더욱 중요한 것은 인간이란 자유의지를 가진 존재라는 것이다. 우리는 우리의 경험과 가치관과 미래에 대한 목적에 근거해서 행동을 선택한다. 그러므로 아동을 포함하여 사람들의 행동을 이해하기 위해서 우리는 다음과 같이 자문해 보아야 한다. '그들의 행동 목적이나 목표는 무엇인가?' '무엇을 얻기 위

우리는 이렇게 자문해 보아야 한다. '그들의 행동 목적이나 목표는 무엇인가?' '무엇을 얻기 위해서 그런 행동을 하는가?'

해서 그런 행동을 하는가?

예를 들어, 여섯 살짜리 아영이는 아빠가 거실에 늘어놓은 아영이의 잡동사니들을 치우라고 말했는데도 하지 않았다. 아빠는 화가 나서 아영이에게 일주일 동안 TV를 보지 못하게 하겠다고 엄포를 놓았다. 아영이는 "불공평해요!" 라고 소리치며 문을 쾅 닫고 나가 버렸다.

왜 아영이는 아빠의 명령에 따르지 않았을까? 그 아이의 행동목적 또는 심리적 욕구는 무엇인가? 그런 행동은 자신이 원하는 것을 얻게 해 주는가? 이런 질문에 대답하기 위해서, 우리는 모든 아이들의 행동의 이면에 숨어 있는 네 가지 기본적인 목적을 알아야 한다. 그러고 나서 아영이가 성취하려고 한 목적이 무엇인지를 이해할 필요가 있다.

아동 행동의 네 가지 목적

우리는 제1장에서 부모역할의 목적은 아이들이 앞으로 살아갈 사회에서 생존하고 번영할 수 있도록 그들을 보호하고 준비시키는 것이라고 말하였다. 드라이쿨스(Rudolf Dreikurs)의 이론에 근거하면, 인간이 생존하고 번영할 수 있도록 하는 데는 네 가지의 행동목적 내지 심리적 욕구가 있다. 이 네 가지의 행동목적에 따라서 자녀들의 행동이 좌우된다.

- 접촉/소속감
- 힘
- 보호
- 물러서기

이 각각의 행동목적 중, 특히 아동기에 나타나는 것을 위주로 하여 자세하게 살펴보기로 하자.

접촉/소속감

모든 인간의 기본적 욕구는 소속의 욕구다. 갓난아기는 의지할 사람이 없이는 생존할 수 없다. 역사를 통해서 보더라도 인류는 혈족, 가족, 지역사회, 도시, 국가와 같은 다양한 집단에 속하지 않고는 결코 살아남지 못한다.

이와 같은 소속의 욕구가 있기 때문에 우리 각자는 신체적이든 감정적이든 간에, 다른 사람과 접촉하려는 목적을 달성하려고 한다. 영아에게 안기고 싶어 하는 욕구는 사실상 생존에서 필수적이다. 엄마와 아빠와의 접촉은 아이가 성장하면서 가족에의 소속감을 발달시키도록 도와준다. 이런 소속감에서 비롯된 자존감과 용기는 아동이 가족 밖에서 긍정적인 접촉을 할 수 있도록 해 준다. 그 밖에 학교, 종교단체, 운동단체와 다른 여러 기관들도 아동에게 접촉과 소속의 기회를 제공한다.

힘

우리 각자는 자신의 환경에 영향을 끼치려고 한다. 그리고 적어도 어느 정도의 통제감을 누리고 싶어 한다. 우리는 일이 우리 뜻대로 되기를 바란다. 즉, 어떤 일을 일어나게 할 수 있는 힘을 가지고 싶어 한다. 그렇게 될 수 있게 하는 것은 학습을 통해서 가능하다. "아는 것이 힘이다."라는 말이 있듯이 말이다. 우리는 모두 자녀의 재능과 기술을 발달시키고 공동(共同)의 선(善)을 위해서 공헌하는 유능한 인간이 되도록 힘을 북돋아 주는 부모가 되기를 원하는 것이다.

우리는 모두 자녀의 재능과 기술을 발달시키도록 힘을 북돋아 주는 부모가 되기를 원한다.

보호

생존하고 번영하기 위해서 우리는 자신과 가족과 나라를 보호할 수 있어야 한다. 공격을 물리치기 위한 본능-신체적인 공격이든 심리적인 공격이든 간에-은 정교한 형태의 정의(正義)의 기관과 방어체제를 발달시켰다. 아동들 역시 신체적 상해나 자신의 자존감을 위협하는 것으로부터 자신을 보호하는 방법을 찾으려 할 것이다. 그러나 아이들은 정의나 다른 사람과의 상호연관성에 대한 성숙한 이해가 부족하기 때문에 종종 비생산적이고 때로는 해롭기까지 한 방식을 선택하는 경우가 많다. 부모와 교사는 아동이 자기보호를 위하여 책임감 있는 방법을 배우도록 도와주어야 한다. 그와 동시에 성인들의 자원을 사용하여 그들에게 안전한 환경을 제공해 주어야 한다.

물러서기

어떤 운동경기에서나 중간 휴식시간(Time-out)은 필수적이다. 그것은 재충전하는 기회가 된다. 아동이 접촉을 추구하는 것에 못지않게, 가끔씩은 물러나서 재충전하고 혼자만의 시간을 갖는 것도 필요하다. 물러서기의 행동은 소속감의 욕구와 반대되는 행위다. 인간의 초기 생존 본능은 우리가 위험에서 벗어나서 조용히 물러나 있는 행위도 가르쳐 주었다.

네 가지 목적에 대한 긍정적인 접근방식과 부정적인 접근방식

이러한 네 가지 행동목적이 보이는 흥미로운 측면은 그 목적이 긍정적으로 추구되기도 하고 부정적으로 추구되기도 한다는 것이다. '적극적인 부모역할,

Now!' 에서는 세상에서 전적으로 착하거나 전적으로 나쁜 아이는 없으며, 다만 이런 네 가지의 기본적인 행동목적을 긍정적인 방식으로 추구하느냐, 부정적인 방식으로 추구하느냐만 있을 뿐이라는 입장을 취하고 있다. 높은 자존감과 용기를 가진 아동은 일반적으로 긍정적인 접근방식을 선택할 것이다. 기가 꺾여서 낮은 자존감을 가진 아이들은 부정적인 접근방식을 선택하기가 쉬울 것이다. 다음의 표는 그와 같은 접근방식을 구별하는 데 사용할 수 있는 몇 가지의 명칭을 보여 준다.

아이의 목적	긍정적인 접근방식	부정적인 접근방식
접촉/소속감	기여하기 협동하기	부당한 관심 끌기
힘	독립성 능력	반항
보호	주장하기 정의를 증진하기 용서하기	앙갚음
물러서기	적절한 회피	과도한 회피

부모-자녀 간의 회로

부모의 행동이 종종 자녀의 생각을 유발하는 선행사건이 되고, 또 자녀가 취한 행동은 부모의 생각을 유발하는 선행사건이 된다. 그 둘을 합쳐서 부모-자녀 간의 상호작용을 나타내는 회로로 도식화할 수 있다. 그것은 다음과 같다.

부모-자녀 간의 회로

우리가 취한 어떤 행동은 서로에게 영향을 주기 마련이므로, 우리의 '행동하기' 는 상대방의 '생각하기-느끼기-행동하기' 의 회로를 유발하는 '사건' 이 된다는 것을 명심하라.

상호작용은 끊임없이 돌고 돌아 '무한대' 로 이어진다.

상호작용은 끊임없이 돌고 돌아 '무한대' 로 이어진다.어느 한쪽이 상호작용에 변화를 주기 위하여 예기치 않은 행동을 하지 않는다면, 그 순환은 부모와 자녀가 물리적으로 멀리 떨어져 지내게 될 때까지 계속된다. 그러다가 나중에 새로운 유발사건과 함께 다시 시작된다.

각자의 '행동하기' 에서 나온 화살은 상대방(회로)의 '생각하기' 를 유발시킬 뿐만 아니라, 자기 자신의 '생각하기' 에도 피드백으로 돌아온다. 이것은 우리가 우리의 가치관에 따라 자신의 행동을 평가하며, 또 그 행동이 우리의 목적 달성에 얼마나 성공적이었는가에 따라 평가된다는 사실을 말해 준다. 우리는 어떤 것을 경험하고 나서는 그것을 일단 해석해 본다. 그러고 나서 그 행동을 계속할 것인가, 아니면 변화할 것인가를 결정한다.

부모-자녀 간의 회로가 어떻게 작용하는지를 설명해 주는 예를 하나 들어 보자. 다음 나오는 표를 보라. 자녀의 '생각하기' 아래에 써 있는 1번에서 시작하라. 그런 다음에 생각은 무의식적일 때가 많다는 것을 기억하면서 번호를 따라 자녀와 부모 간의 회로를 살펴보라. 이 표는 저녁식사 때 부당한 관심 끌기를 추구하는 한 아이의 예로 15번에서 끝난다.

부모-자녀 간의 회로의 예

생각하기

1. "내가 기분이 좋으려면 반드시 엄마의 관심을 끌어야 해. 내가 음식을 가지고 장난을 치면 부모의 관심을 받게 되지."
7. "마침내 관심을 좀 얻었군. 효과가 있단 말이야."
13. "난 또 무시당했어. 나는 엄마 아빠에게서 관심받는 법을 알아."

생각하기

4. "이 녀석의 행동을 고쳐 주어야겠다."
10. "내 말이 효과가 있군. 드디어 음식으로 장난치는 것을 멈췄어."

행동하기

자녀의 회로

자녀:
3. 음식을 가지고 장난친다.
9. 음식 가지고 장난치는 것을 멈춘다.
15. 다시 음식을 가지고 장난을 친다.

부모:
6. "너 음식을 가지고 장난치지 말아라."라고 말한다.
12. 아이의 존재를 무시하면서 식사를 계속한다.

부모의 회로

느끼기

2. 불안하고 의기소침해진다.
8. 안심한다.
14. 불안하고 의기소침해진다.

느끼기

5. 짜증 난다.
11. 안심한다.

부모가 자녀의 그릇된 행동에 대하여 보상을 주지 않고 그 순환작용을 깨트리려면 어떻게 해야 할까?

자녀가 부당한 관심 끌기를 할 경우, 부모는 행동은 많이 하고 말은 적게 해야 한다. 가장 효과가 있는 훈육 방법은 '나'-전달법을 사용하여 아이에게 간단하게 직면시키거나, 논리적인 결과를 적용하는 것이다.

예를 들면,

> "음식을 가지고 장난치는 것을 그만두어라. 그게 싫으면 음식을 먹지 말고 나가라. 이 둘 중에 네가 결정하여라."

이런 방식으로 논리적인 결과를 부과하는 것은 부모가 자녀에게 약간 관심을 주는 것이다. 그러나 자녀가 다시 음식을 가지고 장난을 친다면, 부모는 자녀가 논리적인 결과를 이행하도록 촉구해야 한다.

예를 들면,

> "넌 오늘 저녁에는 밥을 그만 먹으려고 결정한 모양이구나. 네 밥그릇을 싱크대에 갖다 놓고 나가거라. 그리고 내일부터는 얌전하게 밥을 먹도록 하자."

이제 아이는 음식으로 장난치는 것으로는 더 이상 부모의 관심을 끌지 못하게 되고, 또(부모의 관심을 받았던) 보상이 사라지니까 악순환의 회로가 깨지는 결과에 봉착하게 된다. 그러나 아이들은 우리가 새로운 접근방식을 일관되게 실행하는지를 시험해 본다는 점을 명심하라. 그래서 이 부모는 적어도 당분간은 아이가 부당한 관심 끌기의 행동을 다른 영역에서도 계속할 것이라고 예상해야 한다.

주의사항 만약 이 아이가 식사 자리에서 떠나는 것을 거부한다면, 그 아이는 '반항'이라는 부정적인 접근방식으로 옮겨 간 것이다. 이런 경우에 지도하는 방법에 대해서는 차후에 다룰 것이다.

훈육은 그릇된 행동을 수정할 때 다만 절반의 과정일 뿐이라는 것을 다시 한 번 명심하라. 훈육은 자녀의 부정적인 행동을 제한하기 위한 것이다. 그러나 아이가 긍정적인 접근방식으로 행동하도록 적극적으로 격려하는 것이 중요하다. 자녀가 부당한 관심 끌기를 추구하는 경우에, 우리는 아이가 유용한 역할을 함으로써 인정과 접촉의 욕구를 성취할 수 있도록 도와주어야 한다. 우리는 자녀의 비생산적인 관심 끌기의 행동을 무시하면서, 동시에 아이가 가족에게 무언가 보탬이 되는 행동을 하도록 도와주어야 한다. 제5장에서 배울 격려하기의 기술을 사용하는 것이 도움이 될 것이다.

자녀의 행동목적을 알아내는 방법

부모들은 자녀의 그릇된 행동 뒤에 숨어 있는 목적을 이해하지 못하기 때문에 자주 문제를 더욱 악화시키는 행동을 하게 된다. 우리는 자녀에게 야단치는 방식으로 훈육을 한다. 그런데 그것은 실제로는 자녀가 보이는 바람직하지 않은 행동에 대하여 보상을 주는 행위가 된다. 만일 부정적인 행동이 효과가 있다면, 아이는 그것을 왜 멈추겠는가? 자녀에게는 자기욕구를 충족하는 데 부정적인 접근방식이 더 쉬운 방법인 것이다.

그렇다면, 첫 번째 단계는 자녀가 정말 원하는 것이 무엇인지를 파악하는 것이다. 일단 우리가 자녀의 행동목적을 알게 되면, 자녀가 그 목적을 달성하기 위해서 긍정적인 접근방식을 선택하도록 도와줄 수 있다. 이것은 부모가 다소 탐색적인 작업을 할 필요가 있다는 말이다. 일반적으로 아이의 행동목적을 알려 주는 단서에는 두 가지가 있다.

아동의 행동목적을 알려 주는 단서에는 두 가지가 있다. 그것은 자녀와 갈등하는 동안에 부모가 느끼는 감정과 부모가 자녀의 그릇된 행동을 수정하려는 시도에 대해서 자녀가 보여 주는 반응이다.

1. 자녀와 갈등하는 동안에 부모가 느끼는 감정 우리는 기분이 상하고, 화가 나고, 상처받거나 무기력한가? 자녀의 그릇된 행동은 부모를 겨냥하는 경우가 많다. 그

러므로 자녀와 갈등 상황에 있는 동안에 우리가 느끼는 감정이 무엇인지를 알아차리는 것이 아이의 행동목적을 알아내는 강력한 단서가 될 수 있다.

2. 자녀의 그릇된 행동을 수정하려는 부모의 시도에 대한 자녀의 반응 우리가 자녀의 그릇된 행동을 수정해 주려고 노력하면 아이는 어떻게 행동하는가?

다음의 표는 이러한 정보를 사용하기 위한 지침이다.

부모가 느끼는 감정	부모의 지도에 대한 자녀의 반응	부정적인 접근방식	자녀의 목적
짜증이 난다	그 행동을 중단한다. 그러나 곧 다시 시작한다.	부당한 관심 끌기	접촉/소속감
화가 난다	그릇된 행동이 증가한다. 혹은 또 다시 싸우기 위해 일시적으로 수그러든다.	반항	힘
속이 상한다	계속 부모의 마음을 상하게 하거나 그릇된 행동을 증가시킨다.	앙갚음	보호
무기력하다	수동적으로 된다. 즉, 시도하지 않는다.	과도한 회피	물러서기

네 가지 부정적인 접근방식에 대하여 좀 더 자세하게 살펴보자.

1. 부당한 관심 끌기

어떤 아이들은 계속해서 사람들을 바쁘게 만든다.

부당한 관심 끌기를 통하여 접촉의 욕구를 성취하려는 아동은, 소속감을 느끼기 위해서는 자기가 관심의 중심에 서야만 한다는 잘못된 신념을 가지고 있는 것 같다. 유아들은 부모에게서 관심을 받으려고 하지만, 아동들은 또래의 관심을 더 받으려고 할 것이다. 그들은 학급에서 우스꽝스런 짓을 하거나 계속 말썽을 피우거나 주목의 대상이 되기 위하여 엉뚱한 행동을 할 수 있다.

그러한 아이들은 계속해서 사람들을 바쁘게 만든다. 부당한 관심 끌기를 추구하는 아이들은 자꾸 무언가를 잊어버리는 행동을 하거나 무기력하고 게으름을 피워서 부모가 자기의 일을 챙겨주거나 어르고 달래게 만든다. 또는 우스꽝스런 행동을 하거나, 계속해서 질문을 하거나, 성가시게 함으로써 관심을 끌 수 있다. 때로는 부모가 지켜보고 있을 때만 긍정적인 행동을 하는 경우도 있다. 계속해서 "엄마, 이것 좀 봐요."라고 말하면서 긍정적인 행동을 하는 경우가 있는데 그것이 또한 바람직하지 못한 목적에서 나온 것이다. 이런 행동을 보면 어른들은 짜증이 난다. 우리가 자녀의 행동을 고쳐 주려고 하면 아이는 그릇된 행동을 멈출 것이다. 그러니까 우리가 자녀의 행동을 고쳐 주는 행동을 통해서 자녀는 자신이 원하는 것, 즉 부모의 관심을 받게 된 셈이다. 그러나 대부분의 아이는 얼마 가지 않아 더 많은 관심을 받고 싶어 하고, 또 다시 부모의 관심을 받으려고 그릇된 행동을 다시 시작할 것이다.

부모는 부당한 관심 끌기의 부정적인 접근방식을 어떻게 부추기는가? 우리는 자녀에게 주의를 주거나, 잔소리를 하거나, 달래거나, 불평하거나, 훈계를 하거나, 꾸짖는 방식으로 자녀와 접촉하는 경향이 있다. 이런 방식으로 관심을 보내는 것은 자녀가 접촉의 욕구를 잘못된 방식으로 성취하는 것에 대하여 부모가 보상하는 꼴이 된다. 결국 그런 아이에게는 부모에게서 부정적인 관심을 받는 것이 부모가 무관심한 것보다는 나은 것이다.

부모는 어떻게 달리 행동할 수 있을까? 자녀가 심리적 욕구 내지 어떤 행동목적을 성취하기 위하여 부정적인 접근방식을 사용하는 것을 지양하게 하고, 긍정적인 접근방식을 사용하도록 전환시켜 주는 핵심적인 방법은, 부모가 엉뚱한 행동을 하는 것이다. 즉, 자녀에게 보상을 주지 않음으로써 자녀가 부모에게서 어떤 보상을 기대하고 행동했던 양식을 깨뜨려 주어야 한다. 이런 사실을 좀 더 분명하게 하기 위해서 제3장에서 소개한 부모-자녀 간의 회로를 다시 한 번 살펴보자.

아이들은 일상적으로 접하는 사건들에 대해서 그림의 화살표 방향으로 반응한다는 것을 기억하라. 먼저, 무의식적인 신념, 태도와 가치관을 포함하여 어떤 생각이 촉발된다. 이것은 다시 어떤 감정(느낌)을 낳는다. 그리고 생각과 느낌이 합쳐져서 어떤 반응이 야기된다. 자녀가 그릇된 행동을 한 경우는 자신의 행동 목적 내지 심리적 욕구를 성취하기 위하여 어떤 부정적인 접근방식을 취할까를 생각해 보았을 것이다. 예를 들면, 소속감을 얻기 위하여 부정적인 접근방식인 부당한 관심 끌기를 추구하는 아이는 무의식적으로 이렇게 생각할 것이다. "내가 기분이 좋으려면 반드시 엄마의 관심을 끌어야만 해." 이처럼 낮은 자존감과 결부된 신념은 불안과 좌절감을 가져다준다. 이런 불쾌한 감정을 없애기 위해서 아이는 엄마를 귀찮게 하는 행동을 하기로 선택한다. 엄마를 성가시게 하는 행동은 과거에는 엄마의 관심을 끌게 해 주었다. 만약 엄마가 계속 잔소리를 하거나, 설교를 하거나, 야단을 친다면, 아이는 이렇게 생각할 것이다. "그래, 엄마가 나에게 다시 관심을 보여 주었어. 엄마가 관심을 보여 주니까 난 이제 괜찮아." 아이는 일시적으로 안정감을 느낄 것이다. 그러나 곧 아이는 또 다른 방식으로 부당한 관심 끌기를 하고 싶어 할 것이다.

2. 반항

네 가지의 부정적인 접근방식 중에서 가장 많이 나타나는 것이 반항이다. 반항은 가정과 학교에서 큰 골칫거리다. 반항하는 아동은 주변 사람들을 휘두르려 하거나, 다른 사람이 자기를 함부로 할 수 없다는 것을 보여 주려고 한다. 결국 두 살짜리 유아도 알고 있는 것처럼 '싫어' 라고 말할 수 있는 능력에는 힘이 있는 것이다. 사실상 힘이 보여 주는 원리 중의 하나는 다음과 같다.

"'안 돼' 라고 말하는 위치에 있는 사람은 더 힘이 센 존재다."

이것이 바로 아이들과 힘겨루기에 말려든 부모가 좌절을 경험하는 이유다. 우리는 몸집도 더 크고, 더 똑똑하고, 경험도 더 많다. 그리고 가족의 최대 이익을 위하여 의사를 결정할 권위도 가지고 있다. 그럼에도 불구하고 우리가 원하는 대로 행동하게끔 아이들을 다룰 수가 없다. 아이들은 자기 행동을 선택할 자유 의지가 있다. 그리고 아이가 부모를 거스르기로 작정할 때 부모의 좌절감은 분노로 바뀐다. 힘겨루기의 현상이 나타나면 그것은 당신이 자녀와 힘겨루기를 하고 있으며, 자녀는 힘의 욕구를 성취하기 위해서 반항적인 접근방식을 선택했다는 것을 말해 주는 셈이 된다. 힘에 대한 욕구를 가진 아이는 매우 저항적이고 곧잘 노골적인 도전의 자세로 그릇된 행동을 반복함으로써 부모의 훈육에 반응한다. 이 두 가지가 단서다. 예를 들어, 아이는 "싫어요! 나를 엄마 뜻대로 할 수는 없을걸요!" 라고 말한다. 우리는 이 장의 후반부에서 이러한 힘겨루기를 피해 나갈 수 있는 요령에 대해서 다룰 것이다.

긍정적인 방식으로 힘의 욕구를 성취하려고 노력했건만 그것이 좌절된 아동은 '반항' 이라는 부정적인 접근방식으로 힘의 욕구를 손쉽게 성취하려고 한다.

부모는 자녀의 반항을 어떻게 부추기는가? 독재적인 경향이 있는 부모는 자주 아이와 맞붙어 싸운다. "싫어요! 나를 엄마 맘대로 할 수는 없을걸요!" 와 같은 말은 독재적인 부모에게 더욱 싸움을 부추기는 말이 된다. 그런 말은 부모 자신의 힘에 대한 욕구를 끌어낸다. 그 욕구는 다음과 같은 생각을 통해서 촉발된 것이다. '나는 이 아이를 통제할 수 있어야 한다. 내가 부모다!' '그래, 난 내 맘대로 할 수 있어!' 이런 부모는 아이의 도전에 맞서 자신의 힘을 행사하여 말싸움을 하고 처벌하며 싸움을 건다. 역설적이게도 당신이 힘을 행사하고 자녀와 싸울수록, 아이는 자신이 이기고 있다는 것을 더 많이 지각하게 된다. 결국 자녀는 얻어맞거나 다른 처벌을 받은 후에야 당신이 원하는 대로 행동하지만, 자기가 부모를 화나게 만들었다는 쾌감으로써 2차적인 이득을 얻은 것이다. 그 쾌감은 매우 강력하여 부모-자녀 간의 악순환적 회로를 강화시켜 준다. '나의 반항이 얼마나 강력한지 봐! 내가 아빠를 아주 화나게 만들었어!'

심부름꾼형의 부모들은 반항적인 자녀에게 쉽사리 양보해 버리는 실수를 곧잘 범한다. 이러한 부모는 아이와 맞닥뜨리기를 피하고, 자녀의 부당한 요구를 순순히 들어주며, 자녀가 불응하는 것을 묵인한다. 그 결과로 부모가 치루는 대가는 자녀가 제멋대로 하게 하는 것이다. '내가 얼마나 힘이 있는지 봐! 내가 아빠를 지게 만들었어!'

힘겨루기를 잘 비켜 가려면 자녀와 맞서 싸우지도 말고, 자녀에게 지지도 말아야 한다.

부모가 어떻게 달리 행동할 수 있는가? 힘겨루기를 잘 비켜 가려면 자녀와 맞서 싸우지도 말고, 자녀에게 지지도 말아야 한다. 독재적인 경향의 부모는 자녀가 스스로 결정할 능력이 있다는 믿음을 가지고 대화하도록 해야 한다. 자녀를 통제하기보다는 차라리 자녀에게 선택권을 주도록 하라. 자녀로 하여금 실수도 해 보도록 허용하고, 그 실수에 수반되는 결과를 경험하게 하라. 설교하거나 핀잔을 줄 필요가 없다. 부모는 가족회의 시간을 정하고 전 가족에게 영향을 주는 결정과정에 자녀를 참여시키도록 하라(제6장 참조). 아이와 보다 협동적인 관계를 형성하기 위하여 이 프로그램에서 다루고 있는 가족화목활동과 의사소통의 기법과 격려의 방법을 사용하도록 하라. 그리고 가장 중요한 것은 자녀에게 싸우는 것에는 별로 관심이 없다는 태도를 당신이 보여 주는 것이다. 그 대신에 해결책을 찾기 위해서 함께 노력하고, 훈육이 필요할 때는 화를 내고 처벌하기보다는 논리적 결과를 적용하는 것이다.

3. 앙갚음

앙갚음은 가장 오래되고 원시적인 인간행동의 동기다. 불행하게도 앙갚음은 또한 가장 비생산적인 행동 중의 하나다. 앙갚음은 자기를 보호하려는 목적에서 나온다. '당신이 나를 해쳤으니까 나도 당신에게 상처를 줄 거야. 그러면 다음에 당신이 나에게 상처를 주기 전에 다시 한 번 생각해 보겠지.' 라는 생각으로 앙갚음을 하는 듯하다. 그리고 앙갚음은 상대방이 비슷한 행동을 하지 못하도록 하는 억제효과가 있기 때문에, 크고 작은 규모로 앙갚음이 계속된다. 그러나 문제는 앙갚음이 상처와 복수의 악순환을 증폭시킨다는 점이다.

이러한 복수의 증폭현상은 우리 사회에서 나타나는 여러 가지의 폭력 속에서 찾아볼 수 있다. 학생들이나 성인들이 상상 속의 불공정이나 실제적 불공정에 분노하여 학생이나 근로자 또는 행인을 향하여 종종 총을 쏘아대는 사건이 일어나고 있다. 그러나 높은 자존심과 용기를 가진 아이들은 자기주장(스스로를 변호하기)과 정의(법적인 통로를 통하여 불만을 피력하기)와 용서(어느 편도 보복할 필요가 없도록 지나간 일을 넘겨 버리는 것)를 통하여 자기보호의 행동목적을 추구할 수 있다. 이에 비하여 낮은 자존감과 용기가 부족한 아이들은 복수의 방법에 의존하기가 더 용이하다.

우리는 가정에서 힘겨루기가 증가할수록 아이들이 앙갚음을 사용하는 접근방식으로 쉽사리 옮겨 가는 것을 자주 본다. 특히 자녀가 '우리 엄마 아빠는 너무 많이 이겼어' 라고 느끼거나, 힘겨루기 과정 중에 부모가 아이의 기분을 몹시 상하게 했을 때 더욱 그렇다. 아이는 자신을 보호하는 최고의 방식이 부모에게 앙갚음을 해 주는 것이라고 생각한다. 자녀가 물리적인 폭력을 행사하는 일은 극히 드물지만 여러 가지 다른 방법으로 부모에게 상처를 줄 수 있다. 사실 자녀가 복수를 추구하고 있다는 것을 알 수 있는 단서는 자녀의 상처받은 감정이다. 그런데 우리 사회에 전승된 독재적인 부모역할의 전통에서는, 부모에게 상처를 주는 자녀를 엄벌해야 한다고 믿고 있다. 그러기에 앙갚음의 악순환이 점점 더 상승하게 된다.

자녀가 생존하고 번영하기를 원하는 부모라면 이러한 앙갚음의 전쟁에서 결코 이겨서는 안 된다. 부모에게 상처 주는 행동은 자녀가 자기 생활에서 여러 가지로 실패하는 형태로 나타난다. 그들은 학교생활에서 실패하여 공부를 하지 않고, 친구 관계에서 실패하며, 마약과 성(sex)과 심지어는 자살을 기도하는 행위를 통하여 인생을 실패로 몰고 갈 수 있다. 이런 상황에서 결국 상처를 받는 사람은 부모다.

부모들이 앙갚음 형태의 부정적인 접근방식을 어떻게 부추기는가? 자녀들이 앙갚음을 통하여 자신을 보호하려고 할 때, 부모가 느끼는 감정은 낙담과 의기소침이다. 우리가 자녀를 처벌하고 멸시하는 방식으로 보복하면, 자녀의 기를 더욱 꺾어 주게 된다. 그것은 자녀로 하여금 부모의 마음을 상해 줄 권리가 있다는 신념을 확신시켜 주는 셈이 된다. 결국 우리가 아이들에게 상처를 줄수록 아이들도 우리에게 자꾸만 상처를 되돌려 주려고 한다.

우리는 자녀에게 상처를 되돌려 주지 않아야 한다. 그 대신에 우리가 엉뚱한 행동을 함으로써 악순환의 고리를 깨는 것이다.

부모들이 어떻게 다르게 행동할 수 있는가? 이러한 상황이 개선되려면 누군가가 복수의 악순환을 끊어야 한다. 우리는 아이가 변화하기를 집요하게 요구하거나 (우리 대부분이 그렇게 배워 왔음) 또는 가족 내에서 지도자적인 역할을 수행하면서 자녀에게 휴전을 선언할 수 있다. 우리는 자녀에게 상처를 되돌려 주지 않아야 한다. 그 대신에 엉뚱한 행동을 함으로써 악순환의 고리를 깨야 한다. 힘겨루기를 다룰 때처럼, 이것은 자녀의 불합리한 요구에 부모가 양보하라는 말이 아니다. 단호하나 사랑하는 태도를 유지하라는 말이다.

본래부터 '나쁘게' 또는 '비열하게' 태어난 어린이는 세상에 없다는 것을 기억하면 도움이 될 것이다. 아이들이 보복 행위를 하는 이유는 그들 마음속에 상처가 있기 때문이다. 그러므로 첫 번째 단계는 어떤 형태로든 간에 우리가 자녀에게 상처를 주는 행동을 멈추는 것이다. 만일 우리가 자녀에게 상처를 주는 행동을 했다면 이제부터는 새로운 접근방식을 취하도록 하라. 만일 다른 사람이 자녀에게 상처를 주는 일이 발생했다면, 아이가 스스로 그 문제를 다루도록 지지해 주어야 한다. 적극적인 의사소통의 기술을 사용하고, 자녀의 권익을 위해서 더욱 직접적인 행동이 요구되는 상황이 발생하면 자녀의 일에 뛰어들어 직접 개입하거나, 외부의 도움을 요청할 수도 있다.

때로는 자녀가 실제로 억울한 대우를 받지 않았는데 자녀 자신이 세상에 대한 잘못된 기대를 가지고 있기 때문에 스스로 상처를 받을 수도 있다. 어쩌면 우리가 자녀를 응석받이로 키운 것인지도 모른다. 그러나 지금부터 우리는 자녀를(그리고 우리 자신을) 좀 더 책임감 있게 다루기 시작해야 한다. 이러한 경우는 차분하고 단호한 태도가 도움이 될 것이다. 마지막으로 앙갚음을 시도한 자녀를 교정해 주려면 힘겨루기를 다루기 위해서 사용되는 기술 중에서 특히 긍정적인 관계를 수립하는 기술과 느슨한 대결(FLAC) 방법이 효과가 있다.

4. 과도한 회피

극도로 기가 꺾인 아이들은 자신의 자존감이 몹시 낮아진 나머지 어떠한 시도도 하려 하지 않는다. 그들은 '나는 성공할 수 없을 거야. 그러니까 애당초 노력하지 않을 거야. 그러면 실패도 하지 않게 되겠지' 라는 생각을 가지고 있다. 그들은 무감동과 동기결핍의 태도를 발달시킨다. 그리하여 부모와 교육자를 자주 무기력하게 만든다. 아이들은 학교를 무단결석하고, 숙제를 하지 않고, 또래들을 회피한다. 십대에게는 담배와 술과 마약이 인생의 도전을 회피하게 하는 출구가 되어 준다. 담배와 술과 마약 등은 의기소침한 기분을 일시적으로 위로해 주기 때문이다.

부모는 자녀가 취하는 과도한 회피의 방식을 어떻게 부추기는가? 자녀가 장기간에 걸쳐 조금씩 조금씩 과도한 회피의 늪으로 빠지게 되는 원인은 부모의 완벽주의 때문이다. 부모가 자녀의 실수에 대하여 지나치게 신경 쓰거나, 한 번도 부모를 만족시켜 준 적이 없다고 말하거나, 너는 타고난 '잠재력' 은 뛰어나지만 도무지 노력을 하지 않는다고 입버릇처럼 말한다면 자녀는 모든 것에 대한 노력을 포기해 버릴 수도 있다.

일단 자녀가 회피하는 방식을 취하면 우리는 자녀에 대한 기대를 포기해 버리는 실수를 범하기 쉽다. 자녀를 아예 '패배자' 로 간주해 버리고, 그 부모 쪽에서 더 이상 노력해 보지 않고 포기하기도 한다. 이런 경우는 어떤 방식을 쓰든지 간에 자녀에게 '너는 아직 멀었어' 라는 메시지를 보내는 것이다. 이런 말은 자녀 자신이 스스로를 형편없는 존재라고 믿게 하는 효과가 있다. 그리고 자녀가 회피의 방식을 채택하는 것을 정당화시켜 준다.

우리는 인내하면서 자녀에게 격려를 많이 보내주어야 한다.

부모들이 어떻게 다르게 행동할 수 있는가? 자녀가 성공하든지 실패하든지 간에 자녀를 무조건적으로 사랑한다는 것을 전달하라. 그러한 무조건적인 수용과 더불어 우리는 인내하면서 자녀에게 격려를 많이 보내 주어야 한다. 아이는 최악의 경우(자신이 스스로 생각하는 것처럼 형편없음)가 사실인지를 알아보기 위해서 일부러 과장해서 회피의 접근방식을 사용한다는 것을 명심하라. 우리는 자녀가 성공적으로 수행할 수 있는 일들을 발견하도록 도와주어야 한다. 그러면 아이는 자신이 실패자라고 믿어 왔던 잘못된 신념을 깨트리기 시작한다. 그리고 우리는 자녀가 실패를 통해서 배우며, 실패란 성공으로 인도하는 길에 불과하다는 교훈을 깨닫도록 도와주어야 한다.

다음의 표는 자녀의 행동에 대한 이해를 요약한 것이다.

자녀 행동의 기본 목적	목적에 대한 긍정적인 또는 부정적인 접근방식	자녀의 신념	부모의 전형적인 감정	자녀의 반응	부모가 취할 수 있는 행동
접촉/소속감	인정	내가 쓸모 있다고 인정받았다. 나는 협력함으로써 소속감을 느낀다. 나는 인간 접촉을 즐긴다.	친밀함	협동과 조력	협동을 장려하고 자녀의 조력을 인정하라.
	부당한 관심 끌기	나는 주목을 받거나 대접을 받을 때만 소속감을 느낀다. 세상이 나를 중심으로 돌아가야 한다.	짜증 남	일단 그 행동을 중단하지만 곧 다시 시작한다.	그러한 행동을 무시하여라. 다음번에 자녀에게 충분한 관심을 보여 주도록 하라. 논리적인 결과와 자연적인 결과를 적용하라. 말을 줄이고 행동으로 보여주어라.
힘	독립심	나는 나에게 일어나는 사건에 영향을 줄 수 있다. 나는 내 인생에 책임이 있다.	경탄	책임감 있고 자기-동기적인 행동, 학습하려함	책임감을 부과하라. 계속 격려하라.
	반항	나는 내가 두목 노릇하거나, 상대방이 나를 함부로 부릴 수 없다는 것을 상대방에게 보여 줄 때만 소속감을 느낀다.	분노	그 행동을 증가하거나 다음에 싸우기 위해서 일시적으로 양보한다.	그와 같은 갈등장면에서 빠져나오라. 마음을 가라앉힐 시간을 가진 후에 다시 이야기하라. 싸우지도 말고 양보하지도 마라. '느슨한 대결' 방법을 사용하라.

	주장하기, 정의로운 행동, 용서하기	나는 공격받거나 부당하게 취급받을 때 내 자신과 내가 사랑하는 사람을 위해서 맞설 수 있다. 나는 용서할 수 있고 심지어 나에게 잘못한 사람에게 도움을 줄 수도 있다.	사랑	긍정적인 접촉	당신 자신의 긍정적인 감정을 표현하라. 즉, 당신 자신의 삶에서 주장하기와 용서하기를 시범하라.
보호	앙갚음	나는 상처받았으므로 그 상처를 되갚아 줄 것이다. 그러면 그들은 나에게 상처를 입히고 나서는 절대로 도망갈 수 없다는 것을 알게 될 것이다.	상처받음	계속해서 상처주거나, 잘못된 행동을 증가시킨다.	자녀가 상처를 주는 행동을 못하게 하여라. 갈등 장면에서 벗어나 있어라. 앙갚음하려는 아이에게 사랑을 보여 주어라. 상처를 되돌려주고 싶은 마음을 버리라. '느슨한 대결'의 방법을 사용하라.
	자기만의 시간 갖기	나도 가끔 혼자만의 시간이 필요하다. 그리고 홀로 지낼 공간도 필요하다.	존경심	준비가 되면 다시 사람들과 접촉한다.	자녀가 혼자 있고 싶은 마음을 존중해 주어라. 압력을 가하지 말아라. 나중에 적극적인 의사소통의 방법을 사용하라.
물러서기	과도한 회피	나는 모든 일에 '실패자'다. 나를 내버려 두어라. 나에게서 아무것도 기대하지 말아라.	무력감	수동적으로 된다; 다시 시도해 보기를 거부한다; 포기한다.	인내하라. 자녀를 격려해 줄 방법을 찾아라. 다시 첫 번째 단계로 되돌아가서 차근차근 대화하고 지도하는 기술을 습득하라.

힘겨루기를 피하기

당신이 자녀에게 화를 순간에 당신은 힘겨루기에서 지게 된다는 사실을 명심하라.

힘겨루기를 피하기 위한 비결은 싸우지도 않고 양보하지도 않는 것이다.

이것이 쉬운 일은 아니다. 그러나 '유도'의 기법을 약간 응용하면 할 수 있다. 독재적인 부모는 도전적인 자녀와 정면으로 싸우는 경향이 있는데, 이제부터는 유도의 기법을 적용해 보도록 하라. 유도는 적수의 공격을 비켜 나감으로써 적수가 몸을 내던지는 힘을 이용하여 오히려 적수가 균형을 잃고 넘어지게 하는 운동이다. 부모는 자녀가 예상하지 못한 엉뚱한 행동을 하고, 자녀와 싸우지도 않고 양보하지도 않음으로써 부모-자녀 간의 회로 속에 있는 자녀의 '생각'을 변화시키도록 영향력을 행사할 수 있다. 그러기 위해서는 부모가 먼저 조용한 태도를 유지하고, 자녀의 반항을 감정적으로 받아들이지 않는 것이 필요하다(이 장의 끝부분에 있는 '분노 다루기'를 참고할 것). 당신이 화를 내는 순간 바로 힘겨루기에서 지게 된다는 사실을 명심하라.

그리고 '엉뚱한 행동'을 보여 주면서 자녀에게는 자녀 스스로 결정할 수 있는 능력이 있다는 것을 믿는다고 말해 주어라. 자녀를 휘두르기보다는 자녀에게 선택권을 주도록 하라. 아이가 실수하는 것을 허용하고, 설교하거나 모욕을 주지 말 것이며, 자녀가 그 실수에 따르는 결과를 다만 경험하게 하라. 부모는 가족회의 시간을 정하여 전 가족에게 영향을 미치는 과정에 아이를 참여시키도록 하라. 아이와 보다 협동적인 관계를 형성하기 위하여 이 프로그램에서 소개한 가족화목 활동과 의사소통의 기법과 격려의 방법을 사용할 수 있다. 그리고 가장 중요한 것은 자녀에게 부모는 싸우는 것에는 전혀 관심이 없다는 것을 보여 주는 것이다. 그 대신에 해결책을 찾기 위해서 함께 노력해야 한다. 그리고 훈육이 필요할 때는 화를 내고 처벌하기보다는, 차라리 논리적 결과를 적용하도록 하라.

심부름꾼형의 부모는 위에서 언급한 적극적인 부모역할의 기술을 사용하면서, 또한 자녀의 부당한 요구에 응하여 양보하지 않도록 유의하라. 우리는 자녀가 명령하는 대로 '빨리 밥 달라' 고 하면 즉시 밥을 지어 주고, 방을 청소해 주고, 아침에 잠을 깨워 주고, 다급할 때 운전기사 노릇을 해 왔다. 이제부터는 그러한 역할을 중단해야 한다. 우리는 자녀에게 확고한 한계를 정해 주고 그러한 한계 안에서 협상하며, 자녀가 화를 내도 겁에 질리지 말아야 한다. 그리고 아이가 한계점을 위반한 사항에 대하여 수반되는 결과를 반드시 이행하도록 집행해야 한다. 자녀를 존중해 주어야 한다는 것을 숙지하되, 동시에 자녀 역시 부모를 존중해 주어야 한다는 점을 아이들에게 가르쳐 주어야 한다. 자, 그러면 적극적인 부모역할의 여러 가지 기술이 힘겨루기의 과정에서 나타나는 부모-자녀 간의 격렬한 논쟁을 어떻게 줄여 줄 수 있는지를 살펴보기로 하자.

느슨한 대결(FLAC) 방법

느슨한 대결(FLAC)의 방법은 자녀와 싸우지도 않고 양보하지도 않으면서 힘겨루기를 거부하는 법을 기억하기 쉽도록 고안된 방법이다. 각 철자가 의미하는 것은 다음과 같다.

- 느낌(Feelings)
- 한계(Limits)
- 대안(Alternatives)
- 결과(Consequences)

다음의 예에 나타난 상황을 가지고 응용해 보자. 아홉 살짜리 재원이는 잠자리에 들어가기를 싫어하며 이 핑계 저 핑계를 대고 있다. 그의 아버지는 화가 났다. 그때 아버지는 다행하게도 아들에게 화를 내고 소리치는 것은 바로 재원이가 기대하는 것이며, 그것은 부자간의 힘겨루기만 더하게 할 뿐이라는 점을 기억해 냈다. 그리하여 그는 엉뚱한 행동을 한 것이다. 즉, 아들의 침대맡에 앉아 다음과 같이 말하였다.

아버지: 재원아, 난 네가 밤늦게까지 잠을 자지 않는다고 야단치려는 것이 아니야. 나도 옛날엔 일찍 잠자는 걸 좋아하지 않았거든. 네가 일찍 잠을 자면 뭔가를 놓친다는 기분이 들 거야. (F: 느낌)
재원: (아버지가 공감해 주는 것에 놀라며) 맞아요.
아버지: 그렇지만 우리 모두는 건강을 유지하고 다음날 일을 잘하기 위해서 제때에 잠을 자야 한단다. 그래서 너는 피곤하여 지쳐 떨어질 때까지 잠을 자지 않고 있을 수는 없단다. (L: 한계)
재원: 그래도 지금 자고 싶지 않아요. 너무 빨라요.
아버지: 음, 그렇다면 한 가지 방법이 있구나. 30분을 더 허락할 테니까 30분간은 네가 조용하게 쉬는 시간으로 사용해라. 침대에서 책을 읽으면서 말이지. (A: 대안)
재원: 만화책을 읽어도 되나요? 아니면 교과서를 보아야 하나요?
아버지: 만화책을 읽어도 된단다. 그러나 조건이 있어. 내일 네가 피곤해 하거나 아침에 제시간에 일어나지 못하거나, 또는 30분이 지나도 잠을 안 자고 있으면, 내일 밤부터는 만화책이고 뭐고 없이 너는 제시간에 잠을 자야 한다. 알겠니? (C: 결과)
재원: 알았어요.

네 단계를 복습해 보자.

느낌 우리는 제2장에서 자녀의 감정을 알아 주고 그것에 반응해 주는 것이 얼마나 중요한지를 살펴보았다. 자녀가 처한 상황에 대한 아이의 감정에 우리가 공감을 하면, 우리는 자녀의 적이 아니라 공동 문제에 대한 해결책을 함께 찾아보는 동지로 곧바로 옮겨 간다. 이것은 너끈하게 힘겨루기를 완화시켜('싸우지 말아라') 주며, 승승적(勝勝的)인 토대를 마련하는 것이다.

한계 아들에게 한계점을 알려 주고 그 한계에 대한 정당한 이유를 설명함으로써 아버지가 그 문제를 해결할 수 있게 만들었다('양보하지 말아라'). "내가 그렇게 하라면 해!"라고 말하는 것보다는 "상황이 ~하기 때문에 넌 ~해야 한단다."와 같이 말하는 것이 훨씬 더 자녀의 신경을 건드리지 않는 말이다. 위의 사례에서 밤늦은 시각이라는 상황 때문에 부모는 아이에게 제시간에 잠을 자도록 지시하는 것이다.

적당한 한계 안에서 자녀와 협상함으로써 우리는 부모가 설정해 놓은 한계점을 아이들이 좀 더 기분 좋게 받아들이도록 만들 수 있다.

대안 일단 힘겨루기에서 벗어나면 놀랍게도 머리를 써서 수용 가능한 대안들을 얼마든지 찾아낼 수 있다. 모든 아이에게 동일하게 적용되는 취침 시간의 원칙이란 있을 수 없다. 아동이 30분 늦게 잔다고 해서 어떤 문제를 일으키지는 않을 것이다. 그리고 아이를 30분 늦게 재우면서 부가적으로 독서의 중요성도 장려할 수 있다. 적당한 한계 안에서 자녀와 협상함으로써 부모가 설정해 놓은 한계점을 아이들이 좀 더 기분 좋게 받아들이도록 만들 수 있다. 자녀의 행동을 확고하게 제약해 주어야 할 상황이 발생하더라도 우리는 그 한계 안에서 아이가 좀 더 기분 좋게 받아들일 수 있는 대안을 찾아낼 수 있다.

결과 어떤 학자들은 행동에 뒤따르는 결과를 감당하라고 지시하는 것이 반항적인 아이에게는 문제를 악화시킬 뿐이라고 말한다. 다른 학자들은 '매가 사랑이다'라는 식으로 더 심하게 자녀를 꾸짖어 주라고 제안한다. 그러나 만일 화를 내는 것(이것은 논리적 결과를 처벌로 만들어 버림)을 피할 수만 있다면, 자녀가 어떤 결과를 이행하도록 조처하는 것도 좋다. 그것은 자녀가 주어진 한계 안에서 행동하도록 동기화시키는 유용한 기제가 된다. 그러나 굳이 자녀에게 엄격하고 혹독한 내용으로 논리적 결과를 부과할 필요는 없다. 단지 아이가 자신의 행동에 대하여 책임감을 느낄 정도면 충분하다.

부모역할과 분노

최근에는 가정생활과 사회생활을 하면서 분노를 잘 다스리는 것이 필수적인 사항으로 인식되었다. 화는 분노와 폭력으로 발전하여 학교 총기 사건과 테러와 가정폭력에 이르기까지 뉴스의 머리기사를 장식한다. 비록 엄청난 사건이 아닐지라도, 자기의 성질을 통제하지 못하는 아동과 성인은 자신과 주변 사람들에게 고통을 준다. 분노는 삶의 자연스런 한 부분이므로 이런 복잡한 분노 감정을 어떻게 다루어야 할지에 대해서 확실하게 말하기는 힘들다. 그러나 여기에서는 분노에 관한 새로운 관점을 소개하기로 한다.

자기 성질을 통제하지 못하는 아이들과 어른들은 자신과 주변 사람들에게 고통을 준다.

'생각하기-느끼기-행동하기' 의 회로를 명심하면서 읽어 나가기 바란다.

분노의 실상

좌절에 대한 반응, 즉 분노는 좌절에 대한 정서적이고 생리적인 반응이다. 우리의 중요한 욕구와 바람과 소망이 차단되면, 우리의 신체와 정서는 '분노' 라고 하는 강렬한 감정으로 반응한다.

예를 들어, 원시인이 숲을 걸어가는데 쓰러진 나무가 앞길을 가로막았다고 하자. 나무의 반대편에는 따 먹고 싶은 산딸기가 있다. 그는 쓰러진 나무를 옆으로 밀어내려고 용을 쓰지만 나무를 밀쳐낼 만큼 힘이 세지 않다. 그는 자신의 목적을 이룰 수 없다고 생각하고 좌절한다. 그의 좌절감은 신체에 생리적인 변화를 일으킨다. 그러한 생리적 변화 때문에 그는 쓰러진 나무를 거칠게 들어 올려 한쪽으로 던져 버리게 된다.

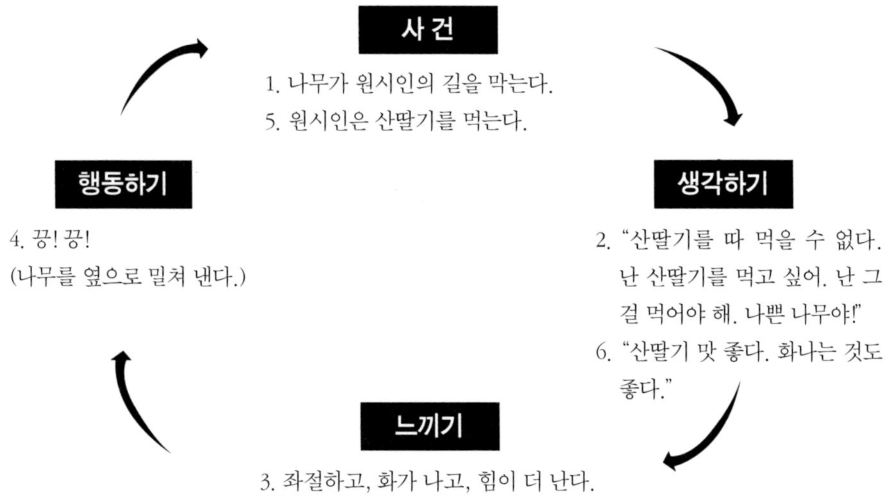

분노의 목적 분노는 어떤 화학성분을 혈액에 방출하게 한다. 이런 화학성분은 우리를 더 강하고, 빠르고, 위협적으로 보이도록 하는 변화를 만들어 낸다. 우리는 이것을 '싸움/도망' 증후군이라고 부른다. 왜냐하면 분노는 우리를 위험에 맞서 싸우거나 그 위험에서 빠져나와 도망갈 준비를 하도록 만들어 주기 때문이다. 원시 시대에는 분노로 발생한 추가적인 힘을 사용하여 인간을 좌절시킨 장애물을 거침없이 제거할 수 있었고 그것이 생존하는 데 도움을 주었다.

구뇌와 신뇌 이론 분노는 소위 '구뇌' 와 연관이 있다. 구뇌는 우리 인류와 함께 존재해 왔다. 그러나 구뇌 주변에 '신뇌' 가 진화해 가면서 인간의 지능도 진화하였고 사회도 법에 기초하여 진화해 왔다. 이렇게 구뇌가 진화되면서 우리는 잔인한 힘을 사용하여 문제를 해결하기보다는 보다 세련된 해결책으로 문제를 다룰 수 있는 능력을 가지게 되었다.

이성을 '잃지' 말고 '아성을 사용' 하라 현대 사회에서도 분노는 가끔씩 보상을 받는다. 드라이쿨스(Rudolf Dreikurs)가 말하였듯이, 사람들은 이성을 '잃는 것'이 아니라 이성을 '사용' 하는 것이다. 그것이 의미하는 것은, 사람들이 가끔 다른 사람들을 위협하여 자신이 원하는 것을 얻으려는 목적으로 분노를 사용한다는 것이다. 분노는 종종 폭력을 동반하기 때문에 이런 위협적인 방법을 사용하면 가끔씩 효과를 얻을 수도 있다. 그러나 그것은 비싼 대가를 치른다. 다른 사람을 괴롭히기 위해서 분노를 사용하면 인간관계를 해치고 상처를 주기 때문이다. 최악의 경우에 분노는 폭력적인 행동과 범죄로 이어질 수 있다.

긍정적으로 분노를 사용하는 방법

분노의 메시지

우리 자신이 분노 감정을 느끼면, 그것은 우리가 성취하고자 하는 어떤 목적이 봉쇄되었다는 것을 말해 주는 것이다. 분노는 우리에게 명확히 다음과 같은 메시지를 보내는 것이다.

"행동해라! 그렇게 앉아 있지 말고, 어서 일어나서 무언가를 해라!"

만약 우리가 바로 무엇인가를 시도한다면, 우리는 그 문제가 악화되고 '확대되기' 전에 해결할 수 있다. 그런데 그 메시지를 무시한 채 어떤 조처도 취하지 않고 있다면, 다음과 같은 일들이 일어날 수 있다.

1. 그 문제는 다른 수단으로 사라질 수 있다. 그러나 이것은 위험하고 그럴 가능성은 불확실하다.

2. 우리의 분노는 어떤 행동을 취할 때까지 점점 더 강도가 커질 수 있다. 이렇게 되면 우리는 필사적이 되고, 분별력이 없어지고, 폭력적으로 되기 쉽다.
3. 우리의 분노는 두통, 발진, 위궤양, 심지어 심장마비와 같은 내부적인 증상을 야기할 것이다.

분노에 대처하는 방법

분노가 보내는 메시지를 알아차리고 그에 대해서 긍정적으로 대처하는 유용한 방법들은 다음과 같다.

1. 그 상황을 변화시키기 위해서 행동하라(다르게 행동하라) 쓰러진 나무를 제거할 때까지 노력한다.

예

'나'-전달법, 논리적 결과와 '느슨한 대결'(FLAC)과 같은 효과적인 훈육의 기술을 사용하라.

2. 목적의 중요성을 감소시켜라 넓은 안목으로 바라보라.

예

비록 산딸기가 매우 먹고 싶지만 자기가 살아남기 위해서 반드시 산딸기가 필요한 것은 아니라는 것을 알라.
자녀가 목욕하기를 거부할 때, 아이에게 매일 목욕을 시키는 것이 아이와 좋은 관계를 유지하는 것보다는 덜 중요하다는 것을 상기하라. 목욕을 한 번 거른다고 해서 아이의 건강에 심각한 영향을 주지는 않는다.

3. 당신의 목적을 변화시켜라. 대안을 찾아보라. 다시 한 번 다르게 생각하라.

예

배고픔을 면하는 데 산딸기만이 유일한 해결책이 아니라는 것을 알아라. 강 근처에 있는 사과나무에서 사과를 따 먹을 수도 있다.
자녀에게 피아노를 치게 하려는 당신의 목적을 포기하고, 아이가 선택한 대안적인 활동을 하도록 격려하라.

자녀가 분노를 처리하도록 돕는 방법

어린이들은 원초적으로 감정을 표현하기 때문에, 좌절과 분노를 표현할 때 원시인처럼 보일 것이다. 떼를 쓰고 물건을 던지는 행동은 유아에게서 흔히 나타나는 행동이다. 그러나 오늘날처럼 호전적인 행동에 대하여 엄격한 조처를 취하는 시대에는 자녀에게 폭력이 결코 바람직한 문제해결 방법이 아니라는 것을 가르쳐 주는 것이 중요하다. 부모들이 자녀에게 분노관리의 요령을 가르쳐 주는 몇 가지 방법이 있다.

자녀에게 폭력이 결코 바람직한 문제해결적 방법이 아니라는 것을 가르쳐 주어라.

1. 자녀에게 좋은 본보기가 되어라 당신 스스로가 자신의 문제와 좌절감을 어떻게 다루는가가 자녀에게 좋은 본보기가 된다.

- 당신은 화를 내고 욕설을 하며 모욕을 주는가?
- 당신은 다른 사람들을 때리는가?
- 당신은 울적한 감정에 빠지는가? (성인의 떼쓰는 행동 또는 '조용한 폭풍')

2. 자녀가 더욱 효과적인 표현양식을 찾도록 대화로 지도하라

예

"너는 소리 지르고 비난하고 싶은 마음이겠지? 그러나 우리 가족은 소리치거나 비난하지 않는단다. 그 대신에 해결책을 찾는단다."
"네가 화가 나 있다는 것을 알겠어. 그렇게 때리지 말고, 그 대신에 말로 표현해 줄 수 있겠니?"
"네가 화가 날 때는 욕하지 말고 말해 주렴. 나도 너에게 함부로 말하지 않잖니? 제발 나에게 함부로 말하지 말아라."

당신은 그 소용돌이에서 빠져나오도록 하라.

3. 힘겨루기에서 벗어나라 자녀가 떼를 쓰면 아이가 화가 나 있다는 것을 인정할 수 있다. 그러나 당신은 그 소용돌이에서 빠져나오도록 하라. 자녀를 힘으로 억누르려고도 하지 말아라. 그 대신에 그 장면에서 일시적으로 물러나라. 이러한 행동은 아이에게 다음과 같은 메시지를 전해 안심시켜 준다. "나는 네가 성질부리는 것에 겁나지도 않고, 너에게 양보하지도 않을 거야. 또 너를 처벌하지도 않고 모욕하지도 않을 거야." 결과적으로 자녀는 자기가 아무리 떼를 써도 부모가 말다툼도 하지 않고, 순순히 양보도 하지 않는다는 사실을 알게 될 것이다. 그리고 자기가 식구들에게 영향력을 행사하기 위해서는 좀 더 바람직한 태도로 나와야 하겠다고 느낄 것이다. 힘겨루기에서 물러서기 위하여 조용한 장소가 필요하다면, 화장실을 사용해 보라. 화장실은 약간의 사적인 시간을 제공하는 장소가 될 수 있다.

4. '느슨한 대결'(FLAC)의 방법을 사용하라 자녀가 떼쓰는 것이 다른 사람의 권리를 방해할 경우(식당에서나 집에 손님이 왔을 때)가 있다. 이때는 아이의 느낌을 알아차리고, 한계를 설정해 주고, 대안을 제시하며, 논리적인 결과를 부과하도록 하라.

예

네가 엄마와 함께 쇼핑 가야 하니까 화가 났다는 것을 잘 안다. 그리고 쇼핑이 재미

가 없다는 것도 인정해. 하지만 저녁식사 준비를 하려면 쇼핑을 해 놓아야 한단다. 엄마를 도와서 네가 카트에 물건을 집어다 넣어 줄 수 있겠니? 네가 도와주면 쇼핑이 훨씬 빨리 끝날 것이고, 또 네가 좋아하는 간식을 직접 고를 수도 있어.

만약 자녀가 계속해서 화를 낸다면, 논리적인 결과를 추가하라.

민준아, 진정해라. 엄마를 도와주든지, 그게 안 되면 너하고 엄마가 다시 자동차로 가서 네가 진정할 때까지 잠시 동안 앉아 있어야 할 것 같다. 그러면 우리가 쇼핑을 끝마치고 나서 공원에 들렀다 갈 시간이 없어질 거야.

어린이들은 폭력적이고 호전적인 행동을 하면 뒤따라서 어떤 결과가 따라오는가를 알아야 한다. 물건을 부수는 행동을 통하여 분노를 표현하는 아이에게는 자신이 부순 물건을 보상하도록 조처하라. 다른 어린이를 때리거나 괴롭히는 아이는 일정 기간 동안 다른 아이들에게서 격리시켜라. 그리고 다른 사람들에게 피해 준 것을 어떻게 보상해 줄 것인가에 대해서 생각해 보게 하라. 논리적인 결과를 부과할 때와 마찬가지로, 이런 내용을 이야기해 줄 때는 조용하고 단호한 태도를 유지하라. 자녀를 지도하는 목적은 아이에게 상처를 주는 것이 아니고 교훈을 주는 것이다. 당신이 상처를 주면 앙갚음의 악순환이 시작될 수 있다.

어린이들은 폭력적이고 호전적인 행동을 하게 되면 어떤 결과가 따라오는가를 알아야 한다.

5. 부모가 내리는 결정에 자녀가 영향력을 행사하도록 허락하라 사람은 지도자에게 영향력을 행사하지 못할 때 무력감을 느끼게 되고, 그 결과 분노와 반항으로써 자신의 좌절감을 나타낸다. 만일 부모가 자녀의 일을 결정을 하는 과정에 자녀가 영향력을 행사하도록 허락한다면, 아이는 잠자리에 오줌을 싸거나, 똥을 지리거나, 배앓이를 하거나 하는 무의식적 책략에 의존하지 않을 것이다.

당신이 자녀의 행동을 어느 정도까지 허락하는가에 따라 아이가 당신에게 영향을 주는 정도가 결정될 것이다. 만약에 자녀가 떼를 쓰고 칭얼대고 우는 것에 당신이 양보한다면 아이는 이런 책략들을 다시 사용할 것이다. 자녀가 분노를 책임감 있게 표현하도록 잘 지도해 주고, 자녀의 주장을 잘 들어 주며, 필요한 경우는 가끔씩 당신이 내린 결정을 다소 바꾸어서 지도하면, 아이는 '협상' 이라는 중요한 기술을 배울 것이다.

가족모임: '적극적으로 문제를 해결하기'

자녀가 상황에 적합한 한계 안에서 문제를 해결하기 위하여 해결하도록 협상하는 요령을 우리가 가르쳐 주어야 한다는 점을 배웠다. 이것은 자녀가 가족 내에서 조화를 이루고 민주사회에서 성공적인 삶을 살도록 준비시켜 주는 것이다. '적극적으로 문제를 해결하기' 의 요령은 가정에서 문제에 대하여 협상을 하는 간단한 다섯 단계의 모델이다. 이 다섯 단계 안에 들어 있는 요소는 문제예방적인 대화와 느슨한 대결(FLAC)과 같은 여러 가지 기술에서 이미 살펴본 것들이다. 그런데 이것들을 가족모임에서 적용하면 '우리는 문제해결사 가족이며, 모든 사람의 생각과 감정을 소중하게 여긴다.' 는 생각이 추가적으로 전달된다. 참여와 존중의 분위기는 힘겨루기를 줄여 주고, 어떤 문제에 대한 창의적인 해결책을 도출해 주는 협동적인 에너지를 발산한다. 그렇지만 아래에 제시한 지침을 엄격하게 사용할 필요는 없다. 다만 가족모임의 보조 자료로 사용하라.

적극적으로 문제를 해결하기

- 1단계: 문제를 정의한다.
- 2단계: 생각과 감정을 나눈다.
- 3단계: 가능한 해결책과 지침에 대하여 브레인스토밍한다.
- 4단계: 해결책을 선택한다. 필요한 경우는 논리적 결과를 적용한다.
- 5단계: 추후지도를 한다.

1단계 – 문제를 정의한다

자녀의 문제점을 언급할 때는 자녀의 성격 자체를 공격하지 말고, 자녀의 행동의 측면에서 말하는 것으로 시작하는 것이 중요하다.

바람직하지 못한 예
넌 게을러서 문제야.

바람직한 예
너의 방이 너무 지저분해서 문제다.

2단계 – 생각과 감정을 나눈다

자녀에게 감성지능을 형성시켜 준다는 것은 자녀가 자기와 다른 사람들의 생각과 감정에도 귀를 기울일 줄 알도록 도와준다는 말이다. 그 다음 단계는 서로 마음을 나누도록 장려하는 것이다. 제2장에서 배운 기술을 사용하여 의사소통의 걸림돌을 피하고, 모든 사람의 생각과 감정을 경청하도록 하라.

자녀: 내 방을 내 맘대로 하는 건데, 그게 뭐 그리 큰 문제인가요?
어머니: 그래, 이 방은 네 방이지. 그리고 네가 물건을 치우는 것이 귀찮겠지. 하지만 엄마는 정돈하는 것이 얼마나 중요한지를 배웠단다. 난 네가 물건이 필요할 때마다 쉽게 잘 찾을 수 있었으면 좋겠다.
아버지: 나는 네 방에 들어가서 옷들이 사방에 널려 있고, 서랍은 반쯤 열려 있고, 장난감이 여기저기 흩어져 있는 것을 보면 짜증이 나거든.
자녀: 그럼 내 방에 들어오지 마세요.
아버지: 글쎄. 네가 좋은 습관을 들이도록 지도해 주지 않고 그대로 두면 아빠 맘이 좋지 않구나. 게다가 우리는 우리 가정에 대한 자부심이 있지. 우리는 집 안을 어느 정도 깔끔하게 유지하는 것에 자부심을 가진다는 말이다.

3단계 – 가능한 해결책과 지침에 대하여 브레인스토밍한다

가능한 해결책들을 생각해 보고 토의하면 모든 사람에게 적용할 수 있는 아이디어가 떠오를 수 있다. 이것이 '합의' 라고 하는 의사결정이다. 투표를 하지 않고 모든 사람이 수용할 수 있는 합의점을 찾을 때까지 계속 토론하도록 하라. 합의점에 도달하지 못할 경우는 가능한 대안 중에서 최선의 것을 결정하라. 이것은 가정의 지도자인 부모에게 달려 있다. 부모가 그러한 결정을 내릴 때도 온 가족의 생각과 감정을 고려해야 한다.

어머니: 모두가 만족해하는 해결책을 생각해 낼 수 있을 거야. 누구 생각나는 것 없니?

〈토론 후에〉

어머니: 좋아, 그러면 엄마 아빠가 방 청소하는 문제를 놓고 매일 너를 귀찮게 하지 않기로 한다. 그러나 매주 토요일에는 밖에 나가 놀기 전에 반드시 네 방을 치워야 한다. 엄마가 이번 토요일에는 네 방 정돈하는 것을 도와줄게. 그러면 지금부터 너는 엄마가 원하는 것을 잘 알 수 있을 거야.

참, 네가 방 정리를 해놓은 다음에 말끔하게 정리된 네 방의 사진을 찍어 두자는 아빠의 의견에 모두 찬성했지? 네가 그 사진을 보면, 매주 엄마랑 아빠가 네 방을 점검하러 오기 전에 네가 어떻게 방을 정리해야 할지를 잘 알 수 있을 거야.

4단계 – 해결책을 선택한다. 필요한 경우는 논리적인 결과를 적용한다

지저분한 방의 청소 문제를 놓고 이 가족은 브레인스토밍을 하였다. 그리하여 한 가지의 해결책과 그에 수반되는 논리적인 결과를 생각해 냈다. 그러나 모든 가족이 합의한 해결책을 선택한 다음에도 자녀에게 그 결과를 부과할 필요가 있는지를 결정하는 일은 아이의 과거 경력에 달려 있다. 만약 가족이 동의한 것을 자녀가 그동안 성실하게 지켜 왔다면, 또다시 논리적 결과를 부과하는 것은 아이를 무시하는 것처럼 보인다. 그리고 부작용을 낳을 수도 있다. 그러나 가족이 합의한 사항을 잘 이행하지 않은 아이들은 자신에게 논리적 결과를 부과할 필요성이 있다는 사실을 스스로 잘 이해할 것이다.

5단계 – 추후지도를 한다

"당신이 기대했던 것을 얻어 내는 것이 아니라, 당신이 조사했던 것을 얻어 내는 것이다."라는 옛말이 있다. 다시 말해서, 전 가족이 동의한 것이 잘 이행되고 있고 그에 수반된 결과가 제대로 실행되고 있는지를 반드시 확인해야 한다. 자녀가 실천하기로 동의한 것을 이행할 때는, 칭찬의 말이나(제3장에서 기술했던) 긍정적인 '나'–전달법을 사용하여 아이를 격려해 주는 것이 필수적이다.

자녀: 좋아요. 내 방을 검사받을 준비가 되어 있어요.
아버지: 좋아. 잘했구나. 어디 사진을 좀 보자. 아주 좋아. 모든 것이 사진 속의 모습처럼 제자리에 있는 것 같구나. 아빠는 특히 네가 장난감 사자를 베개 위에 올려놓은 것이 맘에 든다. 아주 독창적이야. 네 방은 정말 훌륭하구나.

만약 교정해 주어야 할 문제가 아직도 남아 있다면, 자녀가 그동안 잘한 일은 칭찬해 주고, 아직도 더 해야 할 일을 상기시켜 주도록 하라.

아버지 : 정말 네 방이 점점 말끔해지는 것 같구나. 네가 물건을 정리하는 방식이 맘에 들어. 어디 침대가 어떻게 정리되어야 하는지 사진을 한 번 보면서 침대를 볼까?
자녀: 아이 참, 침대를 금방 정리할게요.
아버지: 훌륭해. 그러면 다 되었군. 이제 밖에 나가 놀아도 된다.

문제해결적 토론을 진행하기 위한 전반적인 규칙

모든 사람은 동등한 발언권을 가진다 부모가 가진 권위의 일부를 포기하는 것이 힘들기는 하지만, 의사결정하는 데 모든 사람이 동등한 발언권을 갖지 않는다면 문제해결적 토론은 잘 이루어지지 않을 것이다. 어린아이를 포함한 모든 가족원에게 자신이 이야기를 하면 식구들이 경청하고 가족의 의사결정에 자기의견을 반영할 수 있다는 느낌을 주도록 하라. 가족모임이라는 것이 고작 가족원이 해야 할 일을 부모가 알리는 모임에 불과하다면, 자녀들은 열성을 보이지 않을 것이고, 가족모임에서 많은 이득을 얻어 내려고 하지도 않을 것이다.

모든 사람은 각각의 문제에 대해 생각하고 느낀 것을 나눈다 가족모임에서 모든 구성원은 어떤 문제든지 자신이 생각하고 느낀 것을 솔직하게 이야기하도록 격려해 주어야 한다. 모든 사람에게 합리적이고 공평한 결정을 내리기 위해서는, 모든 가족원의 의견과 감정을, 부정적인 의견이나 감정까지도 경청해 주어야 한다.

합의된 결정이 도출되어야 한다 합의점에 이른다는 말은, 의견의 불일치가 있을 경우에 모두가 동의할 때까지 그 문제에 대해서 계속 토론한다는 것을 의미한다. 그것은 투표를 해서 다수결에 따르는 것을 의미하지 않는다. 모임에서 합의점에 이를 수 없을 경우는, 두 가지 중 한 가지 일이 발생한다. 다음 모임 때까지 토론이 연기되거나(긴급하게 결정되고 조처해야 할 문제라면), 부모가 집안의 우두머리로서 그 문제에 대한 결정을 내리고 그것을 실행할 의무가 있다.

결정된 모든 사항은 다음 모임 때까지 유효하다 문제해결적 토론에서 어떠한 결정이 내려지면, 그 결정은 적어도 다음 모임 때까지는 실행되어야 한다. 그리고 다음 모임 때 그 문제는 다시 토론될 수 있다. 모임이 끝난 후에 의결된 사항에 대해서 누군가가 불평할 때는 항상 다음과 같이 답변하도록 하라. "다음 모임 때 다시 그 문제를 다루어 보자."

어떤 사항은 부모가 결정하도록 위임한다 가족이 함께 모임을 갖는다는 말은 자녀가 결정한 대로 부모가 항상 따라야 한다는 것을 의미하지는 않는다. 건강과 복지와 같은 기본적인 문제들은 부모의 책임이고 그와 관련된 결정을 부모 혼자서 내려야 할 때가 있다. 그렇더라도 언제나 식구들이 토론하도록 격려하라. 직장의 사정상 다른 고장으로 전근발령을 받은 부모가 자녀들에게 이사를 가도 된다는 허락을 받을 수는 없는 것이다. 그러나 부모는 가족이 이사를 가는 것에 대하여 자녀들의 생각과 걱정과 감정을 표현하도록 하고 이사를 계획하는 일에 대해서 함께 이야기를 나누도록 하라.

가족화목활동: 기술을 가르치기

자존감과 용기를 길러 주는 한 가지 길은 자신을 능력 있는 개인으로 보게 하는 것이다. 부모가 시간을 내서 자녀에게 어떤 기술을 가르치면, 자녀의 유능성을 길러 주면서 동시에 힘의 목적을 성취하는 긍정적인 방법도 일러 주는 것이다. 자녀에게 어떤 기술을 가르쳐 주게 되면 자녀에게 매우 긍정적인 방법으로 힘을 실어 주고, 아이와의 관계를 풍성하게 해 준다.

자녀에게 어떤 기술을 가르치는 것은 자녀에게 매우 긍정적인 방법으로 힘을 실어 주고 아이와의 관계를 풍성하게 해 준다.

자녀에게 어떤 기술을 효과적으로 가르치는 단계는 다음과 같다.

1. **동기화시킨다** 자녀나 전 가족에게 기술을 배우는 것이 가치 있다는 것을 설명함으로써 자녀가 기술을 배우고 싶은 마음이 우러나오도록 하라.

예

"네가 점심 때 먹을 샌드위치를 어떻게 만드는지 방법을 알면, 매번 엄마가 샌드위치를 만들어 줄 때까지 기다리지 않아도 된단다. 그리고 넌 엄마가 우리 식구를 위해서 점심식사 준비하는 것을 가끔씩 도와줄 수도 있을 거야."

2. 적절한 시간을 선택한다 부모와 자녀 모두가 어떤 일로 시간에 쫓기지 않고 신경이 쓰이지 않는 때를 선택하라.

3. 기술을 작은 단계로 나눈다 어떤 기술을 한 번에 한 단계씩 나누어서 배우면 더욱 성공적으로 용기를 심어 주고 동기화시켜 줄 수 있다.

예

"첫 번째 단계는 모든 재료를 조리대 위에 준비해 놓는 거야. 샌드위치의 재료는 빵, 땅콩버터, 꿀, 칼이란다."

4. 시범을 보여 준다 천천히 설명해 가면서 그 기술을 어떻게 수행하는지를 보여 주어라.

예

"다음에는, 엄마가 어떻게 칼로 땅콩버터를 떠 내는지 잘 보렴. 그런 다음에 천천히 땅콩버터를 빵 위에 골고루 펴서 바르는 거야."

5. 자녀가 시도해 보도록 한다 당신은 옆에서 지켜보면서 자녀가 그 기술을 수행해 보도록 허용하라. 도움이 필요하다면 도와주어라. 실수하면 너그럽게 대하고, 재미있는 놀이처럼 만들어라.

예

"좋아, 이제 네가 한 번 해 봐. 땅콩버터 통에 칼을 집어넣어서 맛있는 땅콩버터를 듬뿍 떠 내도록 해 봐."

6. 격려하고, 격려하고, 격려한다 격려해 주는 말을 많이 하여 자녀의 노력과 결과를 인정해 주어라. 이것은 자존감을 형성시켜 주며, 아이가 계속해서 배우고 싶은 마음을 동기화시켜 준다.

예

"잘했어! 바로 그렇게 하는 거야."

7. 함께 작업하고 함께 논다 아이가 어떤 기술을 배우면, 아이와 함께 작업하면서 조금은 놀도록 하라. 그렇게 되면 당신과 자녀가 같은 활동의 동반자라는 느낌을 즐기게 될 것이다.

예

"우리 같이 먹자!"

4

과제활동

- 자녀의 네 가지 행동목적을 이해한 다음에는 그릇된 행동을 부추기지 않도록 하라. 그리고 느슨한 대결(FLAC) 방법이나 기타 훈육의 방법을 사용하여 자녀가 긍정적인 접근방식을 채택하는 방향으로 돌리도록 하라. 그리고 246쪽의 활동지를 완성하라.
- 가족모임을 가지고 적극적으로 문제를 해결하는 기술을 사용하여 가족이 당면하고 있는 문제를 언급하라. 그리고 248쪽의 활동지를 완성하라.
- 가족화목활동: 한 가지 기술을 가르쳐라. 그리고 250쪽의 활동지에 적어 넣어라.
- 보살핌을 제공하는 자로서의 당신 자신을 보살피고 226쪽의 칸에 적어 넣어라.

Chapter 5

용기, 품성, 자기존중감을 길러 주기

오늘날과 같이 편리한 식료품 상점이 생기기 전에는 '우유배달부' 라는 직업이 있었다. 어두움을 싫어하는 다섯 살짜리 소년이 있었는데 그의 어머니는 그가 두려움을 극복할 수 있도록 하기 위하여 아이가 현관문을 열고 우유를 집 안으로 가져오도록 하였다. 소년은 무서워하였으나 어머니는 계속해서 말하였다. "자, 어서 나가봐. 하나님이 밖에 계셔서 너를 보호해 줄 거야." 소년은 잠시 그 말을 생각하고 가녀린 손을 현관문 쪽으로 내밀었다. 그는 차갑고 어두운 아침 공기 속에 조그마한 손을 내밀면서 다음과 같이 외쳤다. "만일 하나님이 밖에 계시다면, 우유를 건네주세요."

용기-가슴으로부터 오는 것

어린이가 생활 속에서 받는 여러 가지 도전에 용기 있게 대처하도록 준비시키는 일이 부모역할에서는 중요한 관심사가 되고 있다. 매번 어떤 것을 선택하면서 살아가야 하는 오늘날의 복잡한 사회에서는 용기가 너무도 중요한 자질이며, 아동의 성격을 구축해 주는 기초가 된다. 아들러(Alfred Adler)와 처칠(Winston Dhurchill)은 모든 인성적 자질은 용기에서 비롯되므로 용기가 가장 중요한 특성이라고 입을 모았다. 용기(courage)라는 단어는 원래 '심장' 을 의미하는 불어 'coeur' 에서 파생되었다. 우리가 책임감, 협동심, 독립심 등을 발달시킬 수 있는 것은 용감하게 위험을 감수함으로서 가능한 것이다. 그래서 '적극적인 부모역할, Now!' 에서는 용기를 다음과 같이 정의한다.

이미 알고 있는 목표를 위하여 어느 정도는
예상하고 있는 위험을 감수하려는 확신감

용기란 하나의 느낌이다. 우리에게 용기란 성공할 가능성이 높다는 것과 설령 실패한다 하더라도 그런 위험을 감수할 만한 가치가 있다는 것을 알고서, 그러한 위험을 감수하도록 동기화시켜 주는 자신감이다. 이는 우리가 두려워하지 않는다는 것이 아니라 두려움이 있음에도 불구하고 기꺼이 그 위험을 감수하려는 것이다. 만약 용기가 없다면 위험부담을 안고 노력하기 싫어서 한쪽에 비켜 앉아 있을 것이다. 그리고 그 소년처럼 '누군가가 우유를 건네주기' 만을 바라면서 인생을

용기와 두려움

용기가 처음 두려움을 대했을 때
그때 나 아직 아이였었네.
용기는 응시했네. 시원스럽고, 맑은 눈으로,
두려움은 뭔가 거칠었었네.

용기는 격려했네. "앞으로 가자."
두려움은 말했네. "뒤로 돌아서 가자."
용기는 우리가 지니고 있는 자원을 일깨워 주었고
두려움은 우리에게 부족한 것만을 일깨워 주었네.

용기가 나를 손으로 붙잡아 주었네.
그리고 얼어붙은 뼈를 따뜻이 녹여 주었지.
그러나 공포는 나의 다리를 움켜잡았네.
그리고 속삭였지. "우리는 혼자야."라고

많은 장애물이 있었지.
처음에 내가 어떤 선택을 할 때도
그리고 때로 용기가 나를 이끌어 갈 때도
나는 넘어져 상처도 났었지.

두려움과 용기가 서로 마주친 이래로
많은 도전이 있었네.
그래서 내가 두려움을 따랐던 시절이 있었지.
그땐 너무 많은 후회가 뒤따랐었네.

-마이클 팝킨(Michael Popkin)-

낭비할 것이다.

자기존중감-머리로부터 오는 것

자기존중감은 어디서 오는가? 그것은 우리 안에 있는 신념에서 비롯된다. 즉, 우리는 능력 있고 사랑스러운 인간으로서 성공할 것이라는 신념에서 오는 것이다. 이러한 신념은 우리 자신을 귀하게 여기는 것으로서 '자기존중감' 이라고 부른다. 자신에 대해 좋게 생각할 때, 성공할 수 있는 좋은 기회를 가졌다고 생각할 때, 우리는 위험을 감수할 수 있는 용기를 가지게 된다.

높은 자기존중감 ➡ 용기

이러한 용기는 더욱 긍정적인 행동을 하게 하고, 난관에 부딪쳤을 때도 계속해서 인내심을 가지고 시도해 보게 한다. 그 결과로 성공을 맛보며 사람들에게 긍정적인 피드백을 받게 해 준다. 이런 것들이 성공 회로 안에서 다시금 자기존중감과 용기를 강화시켜 준다.

성공 회로

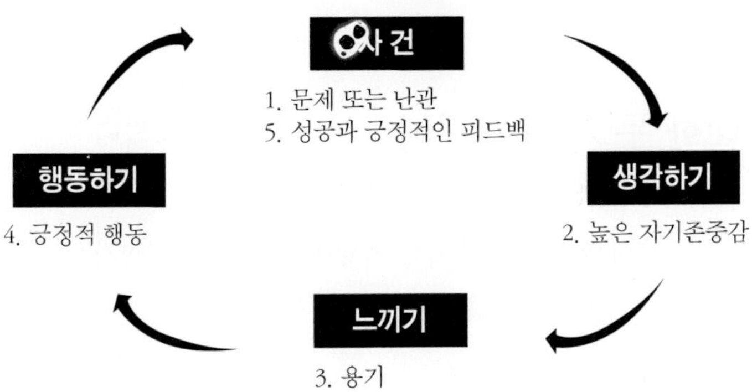

앞의 그림에서 볼 수 있듯이, 성공 회로란 자녀가 어떤 문제나 실패에 결코 봉착하지 않는다는 것을 의미하는 것이 아니라, 오히려 그들이 실패나 문제를 효율적으로 다룰 수 있게 되어 마침내 성공한다는 뜻이다. '성공 회로' 의 반대는 '실패 회로' 라고 한다. 자기존중감이 낮을 때 아이들은 위험 상황을 긍정적으로 감수하려는 용기가 부족하다. 그리하여 어떤 노력도 시도해 보려고 하지 않거나, 힘들이지 않고 욕구를 성취하기 위해서 그릇된 행동을 한다. 그러한 행동은 자주 실패를 가져오며 다른 사람에게서 부정적인 피드백을 받게 만든다. 그러면 다시금 자기존중감을 낮추어지고 더욱 기가 꺾여서 실패 회로로 떨어지고 만다.

실패 회로

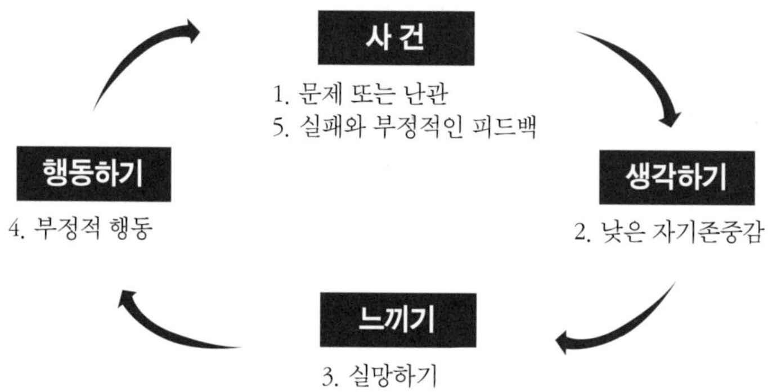

품성에 대한 두 가지의 견해

이런 것들과 관련하여 품성의 개념을 어떻게 설명할 수 있는가? 먼저 품성이라는 것은 전혀 다른 두 개의 개념을 의미한다는 점을 먼저 인정하자. 첫 번째 정의는 다음과 같다.

**품성이란 어느 개인의 가치, 신념, 태도, 행위,
성격 특성을 합친 집합체다.**

이것이 바로 개인이 보여 주는 '품성' 이다. 그는 용기가 있는 사람인가? 겁쟁이인가? 당신은 그를 믿고 의지할 수 있는가? 그는 정직성, 책임감, 인내심, 협동심, 존경심과 같은 자질을 가지고 있는가? '품성교육 또는 인성교육' 이란 용어는 아동에게 긍정적인 성격의 자질을 길러 주기 위한 노력과 관련되어 있는 것으로 보인다. 근대 사회에서 생존하고 번영하기 위해서는 이러한 자질들이 필요하므로, 우리는 이 프로그램을 통해서 그러한 자질들을 길러 주는 방법을 익혀 왔다. 품성은 긍정적인 자질로서 생각하기-느끼기-행동하기의 회로를 통해서 길러지며, 아동과 성인이 성공 회로 안으로 들어가도록 돕는다.

아동의 발달적 장점 40가지- '서치(Search) 연구소'	
지지	1. 가족의 지지 가정 생활에서 높은 수준의 지지를 받는다. 2. 긍정적인 가족 대화 자녀와 부모가 대화하고 지낸다. 3. 다른 성인과의 관계 아동은 부모 이외에도 최소한 한 사람의 성인에게서 지지를 받고 살아간다. 그리고 부모도 외부인에게서 지지를 받고 있다. 4. 보살핌을 주는 이웃 아동에게 보살핌을 주는 이웃이 있다. 5. 배려받는 외부 환경 학교와 기타 기관이 아동에게 배려와 격려를 보낸다. 6. 대외 활동에 대한 부모의 관여 자녀가 학교와 가정 밖의 장소에서 성공하도록 부모가 적극적으로 관여한다.
힘을 북돋우기	7. 아동을 중시하는 지역사회 아동은 가족과 지역사회가 그들을 소중하게 대해 준다고 느낀다. 8. 아동에게 유익한 역할을 부과한다. 아동에게 적합한 가사와 의사결정 과정에 자녀를 포함시켜 주고 가정과 지역사회에서 유익한 역할을 담당시킨다.

힘을 북돋우기

9. 타인을 위한 봉사
지역사회나 기타 장소에서 자녀는 가족과 함께 타인을 위하여 봉사한다.

10. 안전
아동은 가정과 학교와 동네에서 안전하게 지낸다.

경계선과 기대

11. 가족의 경계선
가정에는 지켜야 할 분명한 규칙이 있고, 자녀의 활동과 소재를 파악하고 있다.

12. 가정 밖의 경계선
학교와 기타 사회 환경에는 분명한 규칙이 수립되어 있다.

13. 동네의 경계선
이웃은 아동의 행동에 대하여 감시하고 일러 줄 책임이 있다.

14. 성인의 역할모델
부모와 기타 성인이 긍정적이고 책임 있는 행동의 본보기를 보여 준다.

15. 긍정적인 또래의 관찰
아동은 책임감 있는 행동의 본보기를 보여 주는 다른 아동과 상호작용하며, 안전하고 잘 지도받을 수 있는 환경에서 서로가 함께 계획하고 교류할 기회를 갖는다.

16. 성장에 대한 적절한 기대
성인은 그 나이에 부합되는 현실적인 수준에서 자녀 발달에 대한 기대를 가진다.

건설적인 시간의 활용

17. 창조적 활동
부모와 보호자는 자녀가 독자적인 재능을 개발하도록 격려한다.

18. 과외활동
아동은 매주 한 시간 이상을 학교의 과외 활동이나 구조화된 지역사회의 프로그램에 참여한다.

19. 종교단체
가족은 매주 한 시간 이상 종교의식에 참여한다.

20. 가정에서 긍정적으로 지도받는 시간
아동은 대부분의 저녁시간과 주말을 가정에서 부모와 함께 즐거운 일과를 보낸다.

학습에 전념하기

21. 성취에 대한 기대와 동기
아동은 학교와 기타 활동에서 좋은 성취를 하도록 동기화된다.

22. 아동은 학업에 종사한다.
아동은 학업에 적극적으로, 책임감 있게 임한다.

23. 자극적인 활동
부모와 교사는 아동이 자극적인 활동을 탐색하고 참여하도록 격려한다. 아동은 주어진 숙제를 완수한다.

24. 학습에 대한 즐거움과 학교와의 유대관계
아동은 학습을 즐기고 그들의 학교를 아낀다.

25. 재미로서의 독서
    자녀와 부모는 날 마다 최소한 30분은 함께 독서한다.
    또한 아동은 자발적으로 독서하거나 잡지를 보는 것을 즐긴다.

긍정적인 가치

26. 보살피기
    아동은 다른 사람을 도와주도록 격려된다.
27. 평등과 사회적 정의
    아동은 지역사회를 보다 더 살기 좋은 곳으로 만드는 데 관심을 보이기 시작한다.
28. 인격의 통합성
    아동은 자신의 신조에 따라 행동하고 자신의 신념을 고수하기 시작한다.
29. 정직성
    아동은 정직성을 중요시하고 그에 따라 행동한다.
30. 책임감
    아동은 개인적인 책임감을 수용하기 시작한다.
31. 건강한 생활양식과 성적 태도
    아동은 건강에 유익한 습관을 중시하고 건강한 성적 태도와 가치관을 배우며 타인을 존경한다.

사회적 유능성

32. 계획하고 결정 내리는 연습
    아동은 미리 계획하고 발달수준에 적합한 선택을 하는 법을 배우기 시작한다.
33. 대인관계의 기술
    아동은 성인과 상호작용하고 친구를 사귈 수 있다. 아동은 적절한 방법으로 감정을 표현하며 다른 사람에게 공감한다.
34. 문화적 유능성
    아동은 각기 다른 문화적, 인종적 배경을 가진 사람에 대해서 알고 있고 그들과 편안한 관계를 맺는다.
35. 저항하는 기술
    아동은 부정적인 또래의 압력과 위험한 상황에 저항하는 능력을 발전하기 시작한다.
36. 평화로운 갈등의 해결
    아동은 갈등을 비폭력적으로 해결하려고 노력한다.

긍정적 정체성

37. 개인적인 힘
    아동은 그들에게 일어나는 일에 대해서 통제력을 가지고 있다고 느끼기 시작한다. 그들은 좌절과 도전을 받게 되면 그 상황을 자신과 타인에게 긍정적인 결과를 가져다주는 방식으로 다루기 시작한다.
38. 자기존중감
    아동은 높은 자기존중감을 가지고 있다고 보고한다.
39. 목적의식
    아동은 그들의 삶에는 목적이 있고 그들의 실력을 적극적으로 구사한다고 보고한다.
40. 개인적 미래에 대한 긍정적인 견해
    아동은 자신의 미래에 대해 희망적이고 긍정적이다.

이것은 아동과 가족과 지역사회에 유익한 것이다. 그러나 우리 사회에는 높은 자존감과 용기와 기타 긍정적인 인성적 특질을 가진 사람이라도 법률을 위반하고 범법자로 살며 사회의 제약을 거부하는 경우가 있다. 그래서 우리의 자녀가 두 번째 정의에 해당하는 품성을 발전시키기를 바라는 것이다.

품성이란 그릇된 일을 할 수 있는 상황에서도
기어코 옳은 일을 하려고 하는 용기다.

우리가 좋은 품성에 대한 신념과 믿음을 자녀에게 심어 주지 못한다면 제아무리 많은 훈육이나 보상으로 자녀를 지도한다 하더라도 충분하지 않을 것이다.

우리 사회에서 사람들이 법을 준수하는 이유는 법을 위반하다가 붙잡히면 처벌받는 것이 두렵기 때문이다. 이것은 품성이 아니고, 두려움이다. 이런 사람들은 자기가 법을 교묘히 피해 갈 수 있다는 생각이 들면 얼마든지 법을 어길 것이다. 실제로 법을 피하고 살 수 있다고 생각하는 사람들 때문에 거의 날마다 법과 질서와 도덕적 규범이 무너지고 있다. 그러나 우리들 대부분은 위와 같이 정의된 '품성' 의 수준에는 미치지 못하고 있다. 그럼에도 불구하고 이런 고상한 수준의 품성은 우리 자녀에게 길러 주어야 할 값진 목표다. 결국 부모들은 항상 자녀 곁에 남아 그들의 행동을 감독할 수는 없기 때문이다. 우리가 좋은 품성에 대한 신념과 믿음을 자녀에게 심어 주지 못한다면 제아무리 많은 훈육이나 보상으로 자녀를 지도한다 하더라도 충분하지 않을 것이다. 자녀는 끝내 담배, 알코올, 마약, 무절제한 성관계, 폭력, 기타 위험한 유혹과 압력에 굴복하게 될 것이다.

앞에 소개된 40개의 발달적 장점 목록을 보자. 서치(Search) 연구소가 개발한 이 목록은 아동과 청소년의 발달에 부정적인 영향력을 미치는 요인들을 미연에 막아줄 수 있는 중요한 내용이다. 우리가 헌신, 가치관, 유능성, 자기지각 등을 포함한 내적인 자산을 어린이들에게 길러 줄 수만 있다면 청소년들이 스스로의 행동을 선택할 때 안내자 역할을 해 주는 '내적인 나침반' 을 제공해 주는 것이다.

부모들은 무엇을 할 수 있는가?

자녀가 성공 회로 안으로 들어와 머물도록 도와주는 것이 부모가 해야 할 일이다. 규칙과 제약이 있는 사회에서 자녀들이 성공적인 삶을 살아갈 수 있도록 좋은 인성을 개발시켜 주는 일은 모든 부모들의 의무다. 그러므로 부모들은 자녀의 자기존중감과 용기와 같은 인격적 자질을 개발해 주는 일을 몸에 익혀야 할 것이다. 그러면 격려하기(encouraging)라는 말은 진정으로 무엇을 의미하는가?

격려란 '용기를 불러일으키다' (instill courage)라는 뜻이다.

루돌프 드라이쿨스는 "식물에게는 물이 필요하듯이 자녀에게는 격려가 필요하다."고 말하였다. '격려하다' (encourage)라는 말을 'en-courage' 로 나누어 보자면, 그것은 '용기를 불러일으킨다' (instill courage)라는 뜻이다.

격려는 자녀에게 용기, 자존감, 품성과 재능을 길러 주는 비료다. 격려를 보내는 곳마다 그 분야에서 성장이 나타난다. 당신은 자녀가 뛰어난 독서 실력을 가지기를 원하는가? 자녀가 독서하는 것을 격려하라. 자녀가 정직하기를 원하는가? 정직한 행동을 격려하라. 마찬가지로 책임감, 협동심과 용기의 면에도 부모가 격려의 물을 뿌려 주면 그와 같은 자질이 자라나게 된다. 다음의 내용은 이와 같이 중요한 부모역할의 영역에서 격려 기술을 강화하도록 도와줄 것이다.

격려하라: 자녀가 긍정적인 행동을 하는 순간을 포착하여 칭찬하라

격려란 '용기를 불러일으키다' (instill courage)라는 뜻이다. 루돌프 드라이쿨스는 "식물에게는 물이 필요하듯이 자녀에게는 격려가 필요하다."고 말하였다.

다음과 같은 상황에 처한 당신을 상상해 보라.

> 당신은 일이 끝나서 귀가 중이거나 쇼핑을 끝낸 후에 차를 몰고 오는 길이다. 갑자기 차의 뒷거울 속에 한 경찰차가 경고 등을 깜박이며 뒤따라오는 것을 보았다. 당

신은 혹시 뭘 잘못했나 하고 조바심을 내며 차를 도로변에 세운다. 심장 박동이 빨라짐을 의식한다. 손바닥에 땀이 나고 입이 바싹 마른다. 경찰이 차창에 다가와 운전면허증을 내놓으라고 한다. 그가 운전면허증을 보더니 당신에게 말한다. "나는 12년 동안 경찰직에 종사해 왔는데, 당신처럼 예의바른 운전자를 만나는 것은 언제나 기분 좋은 일입니다. 그래서 당신이 저쪽 고속도로의 순환도로에서 보여 주신 멋진 운전 기술을 칭찬해 드리려고 잠시 멈추게 한 것입니다. 만일 모든 운전자들이 당신처럼 예의바르고 신중하다면, 우리는 많은 골칫거리를 피할 수 있겠지요. 진심으로 감사하다고 말하고 싶었을 뿐입니다."

이와 같은 경찰관의 말을 듣고 당신은 어떤 반응을 했을 것이라고 생각하는가?

a. 자신에 대해 좋은 느낌이 들 것이고 자부심도 느낄 것이다.
b. 자신이 꽤 좋은 운전자라고 느낄 것이다.
c. 앞으로도 더욱 예의 바르고 신중하게 운전하려는 방향으로 격려될 것이다.
d. 충격을 받아 거의 기절할 지경이 될 것이다.

우리들 대부분은 선천적으로 격려하는 성향의 사람이 아니라는 점을 다시 한 번 인식하라. 그러므로 우리에겐 자녀의 기를 꺾어 주는 경향이 더 많다는 것을 인식할 필요가 있다. 따라서 격려해 주는 능력을 강화시킬 필요가 있다.

아마도 당신은 d의 반응을 하지 않았을까? 대개 우리는 윗사람에게서 그러한 칭찬을 받으리라고는 기대하지 않는다. 그러나 위의 예에서, 처음의 충격이 가시고 나면 당신은 운전하고 가면서 자신에 대한 느낌이 좋아지고, 자신이 꽤 괜찮은 운전자라고 생각할 수도 있으며, 앞으로 '더욱 더 정중하고 신중하게 운전해야지' 라고 다짐할 수도 있다. 이것은 경찰관이 보내 준 몇 마디의 말이 힘을 주었고 격려가 되었기 때문이다. 단지 몇 마디 말로 그는 당신의 자기존중감을 높여 주었고, 앞으로도 더욱 더 운전을 잘해야겠다는 의욕을 심어 주었다. 그래서 우리는 격려를 눈에 보이지 않는 '수호천사' 라고 부르는 것이다.

용기를 뒤집어 보자면, 자녀들(우리 자신이나 다른 사람들)에게 용기를 북돋아 주는 기회는 또한 그들의 기를 꺾거나 용기를 없애 주는 기회가 되기도 한다. 우리들 대부분은 선천적으로 격려하는 성향의 사람이 아니라는 점을 다시 한 번 인식하자. 그러므로 우리에겐 자녀의 기를 꺾어 주는 경향이 더 많다는 것을 인식할 필요가 있다. 따라서 격려해 주는 능력을 강화시킬 필요가 있다. 이제 기 꺾기에 대해서 알아보자. 그리고 기 꺾기가 어린이의 행동에 미치는 영향을 살펴보기로 한다.

기를 꺾는 것을 피하라

잘못된 행동을 하는 아이는 보통 기가 꺾여 있다.

잘못된 행동을 하는 아이는 보통 기가 꺾인 아이이다. 어디부터인지는 모르지만 그 아이는 긍정적인 행위를 통하여 삶의 문제를 직면할 용기를 잃어버린 것이다. 제4장에서 살펴보았듯이, 그러한 아동들은 목표를 성취하려면 부정적인 방법이 가장 손쉽고 유일한 길이라고 믿는다. 그들은 긍정적인 방법을 사용하여 욕구를 충족하는 것은 힘이 들고 어려워서 또 실패할 것이라고 생각한다. 그리고 두려움을 느끼며, 부당한 관심 끌기, 반항, 앙갚음, 회피행동의 기제를 사용한다.

자녀의 자기존중감과 용기와 인격을 길러 주기 위해서 먼저 우리가 자녀의 기를 어떻게 꺾고 있는지에 대하여 이해할 필요가 있다.

자녀의 자기존중감과 용기와 품성을 길러 주려면, 먼저 우리가 자녀의 기를 어떻게 꺾고 있는지에 대하여 이해할 필요가 있다. 생각하기-느끼기-행동하기를 다시 참조해 보자. 자녀의 삶 안에서 자녀의 기를 꺾어 주는 장본인이 된 부모는 아이의 자기존중감을 짓밟는다. 그것은 자녀의 기를 꺾어 주고 아이를 그릇된 행동으로 몰고 간다. 자녀의 그릇된 행동을 보면 부모는 더욱 더 아이를 처벌하고 더욱 기를 꺾게 된다. 이러한 회로를 변경하려면 우리는 아이들의 생각하기-느끼기-행동하기 회로 안에서 용기를 북돋우어 주는 사건(당사자)이 될 필요가 있다. 가장 해로운 기 꺾기의 방법은 바로 아동학대와 유기다. 이제 부모가 자녀의 기를 꺾는 네 가지 방식을 살펴보자. 그리고 그것들을 기를 살려 주는 방식으로 바꾸어 보자.

당신에게 매우 중요한 사람이 시간만 나면 세상이 얼마나 살기 힘들고 위험한지에 대해서 이야기해 준다면 어떻게 될까? 아마도 당신은 혼자 힘으로는 이 세상

기를 꺾는 사건	기를 살리는 사건
과잉보호하고 응석 받아 주기	독립심을 자극하기
실수를 지적해 주기	장점을 살려 주기
기대하지 않기	신뢰를 보여 주기
과잉 기대하기(완벽주의)	아동의 가치를 인정해 주기

을 헤쳐 나갈 수 없다고 믿게 될 것이다. 그리하여 당신을 대신해서 일을 처리해 달라고 그 사람에게 부탁할 것이고, 자기는 여러 가지 인생 경험을 통하여 배워야 겠다는 생각을 버리게 될 것이다. 학교나 사회에서 당신이 위법행위를 하면 실형 대신 보석금을 지불하고 당신을 석방해 내는 부모도 있다. 그런데 당신이 실수한 것에 뒤따르는 결과를 전혀 체험하지 않는다면, 당신은 자기가 원하는 것은 어떤 것이든지 다 해도 된다는 생각을 가질 것이다. 그런데 이상스럽게도 당신이 그것을 보상하기 위하여 나중에 훨씬 더 많이 노력하더라도 어찌된 영문인지 참된 자신감을 느낄 수 없게 된다는 것이다. 당신 부모가 항상 시중들어 주고, 옷가지를 치워 주고, 해야 할 일을 일러 주고, 무엇이든지 하고 싶은 대로 하게 허용한다면 어떻게 될까? 어쩌면 당신은 다른 사람도 그와 똑같이 당신을 대접해 주기를 기대할 것이다. 만약에 그들이 당신을 잘 대접해 주지 않으면 당신은 화를 내고 그를 비난하게 될 것이다. 그리고 왜 그들과의 관계가 만족스럽지 못한가 하고 의아하게 생각할 것이다.

다음과 같은 말은 좋은 의도에서 한 것이지만 역효과를 가져온다.

> "그래, 엄마가 학교에 가서 너의 담임선생님께 네가 열심히 공부했다는 것을 말씀드리면 아마도 등급이 올라갈 수 있을 거야."
> "아침에 일어나라고 세 번씩 너를 깨우지 말아야 하는 건데…. 결국 너는 제시간에 학교에 잘 가게 되겠지."

독립심을 자극하는 방법

독립심 혹은 두 발로 설 수 있는 능력은 우리가 사는 민주주의 사회 안에서 번영을 이루어 가는 데 필수적인 것이다. 사실 우리가 자녀들을 지나치게 의존적으로 키우면, 우리는 그에 상당한 대가를 치를 것이다. 심리학자 지노트(Haim Ginott)가 쓴 것처럼, "의존성은 적개심을 기른다." 과잉보호와 응석받이로 키우면 자녀는 부모에게 감사할 줄을 모른다. 부모로서 우리가 제일 조심해야 하는 것은 자녀를 지나치게 의존적으로 만들지 말아야 한다는 것이다. 부모는 마치 직장인처럼 부모역할을 잘 수행해야 한다.

심리학자 지노트(Haim Ginott)가 쓴 것처럼, "의존성은 적개심을 기른다."

우리가 자녀의 독립심을 격려하면 자녀가 협력하는 요점을 배움으로써 커다란 혜택을 얻는다는 사실을 명심하자. '어느 누구도 혼자 살 수는 없다' 라는 말의 의미는, 힘을 합하여 함께 일하기를 선택하는 독립적인 개개인의 상호의존성이 개인과 지역사회의 성공을 위하여 최상의 기회를 제공한다는 뜻이다.

부모들은 마치 직장인처럼 부모역할을 잘 수행해야 한다.

응석을 받아 주지 않도록 하라 부모가 자녀를 위하여 모든 심부름을 다해 주거나 자녀를 귀공자처럼 키우다 보면, 자녀는 의존성이 강해 버릇이 없어지거나 용기가 부족해진다. 어린이의 응석을 받아 주는 예를 들자면 다음과 같다. 아침에 일어날 때 한 번 이상 깨운다. 걸어가도 될 거리를 항상 차로 데려다 준다. 자녀의 옷을 챙겨 걸어 준다. 용돈을 정해 놓고 주지 않고 자녀가 돈을 달라고 요구할 때마다 준다. 부모에게 욕설을 하거나 불손한 말을 하여도 내버려 둔다. 자녀가 TV, 음악, 영화, 인터넷을 접해도 감시하지 않는다. 자녀의 숙제를 대신 해 준다. TV 앞에서 식사를 하도록 허용한다. 자녀가 어질러 놓으면 뒤쫓아 가서 말끔히 치운다. 심부름을 시키지 않는다. 자녀가 그릇된 행동을 하여 문제가 발생했을 때 무조건 자녀를 곤경에서 구출하려고만 한다.

위에서 언급한 사항이 당신의 가정에서 일어나고 있다면, 이제부터는 당신이 응석을 받아 주지 않기로 했다고 자녀에게 말하라. 그리고 자녀에게 깍듯한 예의를 갖추어서 어른처럼 대하기 시작하라. 당신은 이 일에 대한 책임을 스스로 인식해야 한다. 자녀를 격려하는 방식으로, 확고하지만 부드러운 태도로 이렇게 말하도록 하라. 예를 들면 다음과 같다.

이제부터는 응석을 받아 주지 않기로 했다고 자녀에게 말하라. 그리고 깍듯한 예의를 갖추어서 자녀를 어른처럼 대하기 시작하라.

"그동안 엄마가 네 일은 네 스스로 처리할 수 없는 것처럼 취급했던 점을 미안하게 생각한다(이를테면, 아침마다 너를 깨운 것이라든지 네 스스로 용돈 관리를 하도록 해 주지 않았지. 또 스스로 숙제하도록 내버려 두어야 하는 건데. 그리고 네 옷은 네가 걸도록 해야 하는 건데!). 이제부터는 너를 애기 취급하지 않겠다. 그리고 네 일은 네가 하도록 맡겨 주마.
내가 너한테 화를 낼 때 저속한 말을 하지 않을 거야. 그러니까 네가 엄마한테 화가 났을 때 말을 함부로 해서는 안 된다."

"빨랫감은 반드시 여기에 넣어라. 그리고 지금부터 엄마는 네가 여기에 넣어 놓은 옷만 빨 거야."

상호의존성을 기르게 하라 다양한 현대 사회의 삶은 독립적이지도 않고 의존적이지도 않다. 즉, 상호의존적이다. 우리는 같은 배를 타고 여행을 하고 있는 것과 같다. 다른 사람과 협동하며 일하는 것을 배우는 것은 개인의 성공뿐만 아니라 공동의 복지를 위해서도 매우 중요하다. 자녀가 협동적인 행동을 하도록 인도하라. 그리하여 자녀가 집단적인 노력을 통한 기쁨과 혜택을 체험하게 하라.

"너는 우리 가족의 중요한 일원이야. 가족회의에서 너의 생각을 이야기해 주려무나."
"얘야, 소파로 와서 우리랑 어울리지 않겠니?"
"우리랑 함께 만두를 빚지 않겠니?"

자연적인 결과를 체험하게 하라 어린이는 '자연'이라는 어머니가 제공하는 경험을 통하여 아주 귀중한 삶의 교훈을 배운다. 이러한 학습 방법은 매우 효과적이다. 이것을 '자연적 결과'라고 부른다.

자연적 결과란 어린이가 어떤 행동을 하였을 때 부모의 개입이 없어도 자연적으로 일어나는 결과를 통하여 어떤 교훈을 체험하는 것을 말한다.

예를 들어 보면, 다음과 같다.

아침식사를 거르면, 자연적인 결과로서, 점심시간이 되기 전에 배가 고프다.
늦잠을 자면 자연적인 결과로 학교에 지각하게 된다.
집 밖에 자전거를 세워 두면, 자연적 결과로 자전거가 녹이 슬거나 도난당하게 된다.

자녀로 하여금 자연적 결과를 체험하게 하는 것은 특히 독립성을 가르치는 데 효과가 있다. 왜냐하면 부모가 훈육하는 입장이 되지 않고, 제3자로서 동정심을 표현해 주는 입장이 되기 때문이다. 이때 주의할 점은 ① 자녀를 구출하고 싶은 행동(예: 새 자전거를 사 주는 것)을 자제하고 ② 잔소리를 하지 않는 것이다. "내가 뭐라고 그러던? 자전거를 밖에 놔두면 안 된다고 말했잖니?" 라고 하기보다는 "아휴, 저런, 속상하겠네." 라고 공감을 표시하는 것이 훨씬 더 좋다.

자연적 결과가 교훈을 줄 수 없을 때

때로는 부모가 어떤 행동을 취하지 않고 자연적 결과를 통하여 자녀가 교훈을 얻게 되는 상황이 종종 있다. 그러나 책임감 있는 부모로서 자녀에게 교훈을 주기 위하여 자연의 섭리에 자녀를 무조건 맡겨 버릴 수 없는 상황이 있다.

때로는 부모가 어떤 행동을 취하지 않고 자연적 결과를 통하여 자녀가 교훈을 얻게 되는 상황이 종종 있다.

1. 자연적 결과를 통하여 교훈을 얻기에는 너무 위험부담이 클 때 예를 들면, 번잡한 도로에서 자녀가 뛰어 놀도록 방치하면 자녀가 죽을 수도 있다.
2. 자연적 결과로 나타나는 행동이 당장 눈에 보이지 않기 때문에 자녀가 인과관계(因果關係)를 이해할 수 없을 때 예를 들면, 양치질을 하지 않으면 수년 후에 충치

를 잃게 된다.

3. 자녀가 취한 행동의 결과가 다른 사람에게 피해를 줄 때 예를 들면, 자녀가 당신이 서랍 안에 둔 가위를 가지고 쓰다가 잃어버릴 수 있다.

이상과 같은 상황에서는 부모가 문제를 소유하고 있다. 이러한 자연적인 결과가 일어나지 않도록 하려면 제3장과 제4장에서 소개한 훈육의 기술을 활용하여 예방 조치를 취해야 한다.

강점을 구축해 주기와 실수를 지적하기

만약 당신에게 중요한 사람이 당신이 잘못한 점만 많이 지적한다면 어떻게 될까? 아마도 당신은 자신에게는 나쁜 점만 많이 있다고 믿을 것이다. 만약 그가 무시하는 말을 하거나 고함을 지르면 당신은 훨씬 더 큰 상처를 입게 될 것이다. 만약 그가 욕설을 하고 인신공격을 하면 자신은 틀림없이 나쁜 사람이라고 믿게 될 것이다. 그래서 당신은 행여나 실수할까 봐 많은 걱정과 실망을 하게 될 것이다. 그런데 당신이 실망을 하면 할수록 옳은 일을 하기가 점점 더 어려워진다.

당신은 지금까지 스스로 문제를 해결하고 행동을 개선하려고 많은 노력을 해왔을 것이다. 그런데 상대방은 당신에게서 오직 부족한 면만 주시하고 지적하는 것이다. 그렇게 되면 당신은 노력한 만큼 인정받지 못한다고 느끼게 될 것이다. 그래서 굳이 앞으로도 애써 노력할 필요가 없다고 생각할 것이다. 그 결과 의욕을 상실하고 일의 수행 능력도 떨어진다. 그러면 또 더욱 기가 꺾이는 말을 듣게 되고, 결국 당신은 어쩔 수 없는 '낙오자' 라고 느끼게 될 것이다.

"지난밤에 네가 지하실의 놀이방에 컵을 놓아두고 왔더구나. 좀 더 신중하게 행동하라고 얼마나 더 얘기해야 되겠니?"

"네가 선 밖으로 색칠을 한 곳이 별로야, 그렇지 않니?"
"너는 너의 상대가 너를 때리고 공을 골대에 넣는 걸 알기라도 했니? 너는 열심히 방어했어야 하는 거야."

강점을 구축해 주기: 아가 BANK 방법

자녀가 실수한 경험을 통하여 무언가를 배우고, 또 앞으로 좀 더 잘 행동하도록 지도하려면, 먼저 아이가 어떤 실수를 했는지 알고 있어야 한다. 즉, 부모는 아이들의 실수와 그릇된 행동에 대해서 지적해 주어야 한다. 그런데 많은 부모들이 이때 잘못하는 점이 있다. 그것은 자녀가 실수한 내용과 그릇된 행동만 지적해 주고, 자녀가 성공하고 긍정적인 행동을 한 것에 대해서는 관심을 주지 않는다는 것이다. 자녀의 성공적인 행동을 강화시키려면 자녀가 옳게 행동하는 것에 대해서 집중적으로 많은 피드백을 보내 주어야 한다. 그리하여 아동에게 자신감을 심어 주고 발전하고자 하는 의욕을 고취시켜 주도록 하라. 만약 당신과 자녀가 힘겨루기나 앙갚음의 회로에서 벗어나고 싶다면, 자녀에게서 무언가 좋아하는 점을 발견하도록 하라. 자녀의 그릇된 점보다는 자녀가 잘하고 있는 점에 관심을 집중하면 엄청난 격려가 된다. 그리고 격려는 자존감을 증가시키고, 자존감은 또 용기와

만약 당신과 자녀가 힘겨루기나 앙갚음의 회로에 갇혀 있고, 이제는 그런 상태에서 벗어나고 싶다면 자녀에게서 무언가 좋아하는 점을 발견하도록 하라.

격려에 대한 아가 BANK 방법

B(Baby steps)-아가 단계로 나누어라
A(Acknowledge)-인정해 주어라
N(Nudge)-조금씩 힘을 돋우어 주라
K(Keep encouraging)-계속 격려하라

긍정적인 행동을 가져다준다. 달리 말하자면, 그것은 자녀를 성공 회로로 인도해 준다.

이와 같이 중요한 격려의 기술을 잘 기억하기 위해서 B-A-N-K라는 네 글자를 마음에 새겨 두기 바란다. 뱅크(은행)가 자산의 증식을 위한 투자기관이듯이, 자녀의 강점을 구축하여 성공적인 인간으로 성장하도록 도와주는 방법이 곧 '아가 Bank' 방법이다. 이제 그 내용을 살펴보자.

B(Baby steps): 아가 단계로 나누어라 장점을 구축해 나가는 핵심기술은 학습과정을 작은 단계, 즉 아가 단계로 나누는 것이다. 아가가 걸음마를 배울 때 단번에 배우지 않았다는 것을 기억하라. 하나씩 단계적으로 배웠다. 이런 학습과정은 모든 일에 자녀가 숙제를 끝마치도록 도와주는 일이나 정직성을 가르칠 때도 똑같이 적용된다. 아이가 기술과 가치관과 품성을 구축해 나가도록 자녀의 장점을 체계적으로 구축해 주어야 한다.

> "물론 학교 공부가 어려울 때가 있단다. 그러나 우리가 모든 숙제를 작은 단계로 나누어서 한다면 네가 그것을 해낼 수 있다는 것을 발견하게 될 거야."
> "우리가 다니에게 정직성을 가르치려면, 다니가 얼마든지 우리를 속일 수도 있는데도 우리에게 진실을 말해 줄 때마다 시간을 내서 격려해 줄 필요가 있다고 생각해요."

우리는 전통적으로 아이가 잘못한 것만 지적해 왔는데, 자녀가 잘하고 있는 것을 지켜보고 있다가 그 점을 그 순간에 지적해 주는 것이 훨씬 효과적이다.

A(Acknowledge): 인정해 주어라 자녀가 잘하고 있는 것을 인정해 주어라. 자녀에게 어떤 것을 가르쳐 주려고 목표(예: 좋은 공부습관 또는 정직한 인간)를 세운 다음에는, 그 목표를 성취하려고 출발하는 선에서 자녀가 어느 지점에 서 있는가를 미루어 짐작해 보라. 아이가 단 한 개의 글자를 읽지 못하는 수준이라든지, 모든 질문에 거짓말로 대답하는 경우는 극히 드물 것이다. 그러므로 자녀는 완전한 백지 상태가 아니라 출발점과 목표점 사이의 어느 중간 지점에 서 있을 것이다. 그 지점이 바로 출발점이다. 다음 단계로 나아가는 데 요구되는 자신감을 심어 주고

동기화시키기 위해서는, 자녀가 이미 잘하고 있는 것을 인정해 주어라.

> "야, 굉장한데? 넌 벌써 두 가지 숙제를 해냈구나! 이런 식으로 나가면 학교에서 공부를 잘하게 된단다. 엄마는 네가 열심히 숙제해 온 것을 알 수 있겠구나! 그리고 사실 너는 열심히 노력하고 살아왔지. 엄마는 네가 운동장에서도 열심히 노력해서 공차기하는 것을 지켜보았거든."
> "네가 나한테 먼저 물어보지도 않고 네 맘대로 망치를 가져간 것을 좋아할 리가 없지. 그렇지만 내가 물어보니까 네가 솔직하게 내 망치를 가져갔다고 말해 주어서 고맙구나. 네가 정직한 것이 참 고맙다."

우리는 전통적으로 아이가 잘못한 것만 지적해 왔다. 그런데 자녀가 잘하고 있는 순간을 포착해서 지적해 주는 것이 훨씬 효과적이다. 자녀가 진보한 점을 인정해 주면서, 동시에 또 다른 영역에서 자녀가 이미 성공적인 경험을 하고 있는 것을 찾아내어 그 점을 인정해 주는 것이 좋다. 이렇게 함으로써 아이의 자기존중감을 높여 주면, 자녀는 그에 힘입어 모험적인 도전과 성공의 의미를 되새기게 된다. 앞의 예에서 아들이 열심히 공놀이를 연습한 점을 지적해 주면서 부모는 격려해 주었다. 그런 부모는 자녀의 장점을 구축하는 기술을 효율적으로 사용하고 있는 것이다.

다음의 예는 부모가 자녀에게 건강한 '격려'의 음식을 먹여 주고 있다.

> "오늘 저녁에 너하고 같이 외식하고 오니 참으로 즐겁구나. 너의 식사예법이 좋았어. 우리 또 한 번 날을 잡아 외식하러 가자."
> "네가 설거지를 도와주어서 고맙다."
> "내가 낮잠을 자는 동안에 조용히 놀아 주어서 고맙다. 그것은 매우 생각이 깊은 행동이었거든."
> "너와 내가 순서를 바꾸어 가면서 함께 놀이하는 것이 정말 재미있구나!"

N(Nudge): 조금씩 힘을 돋우어 주어라 자녀가 다음 단계로 나아가도록 조금씩 힘

을 돋우어 주어라. 아동은 스포츠든지, 학과공부든지, 어떤 기술이든지 무언가를 배우면서 자기존중감을 얻는다. 학습은 많은 단계를 거쳐서 점진적으로 발전하는 것이다. 이것은 또한 모험이 필요한데, 그 이유는 새로운 단계마다 실패할 가능성이 있기 때문이다. 강한 자기존중감을 가진 아동이라 하더라도 가끔씩은 실패에 대한 두려움 때문에 의기소침해질 때가 있다. 그래서 다음 단계로 나아가기가 힘들다. 그리고 사람들은 원하는 만큼 진보하지 못할 때는 좌절하여 더욱 더 노력하려는 용기를 잃어버리기 마련이다. 이때가 바로 부모나 교사가 격려의 말을 해 줄 때다. 따라서 아이가 모험을 감수하기에 충분한 용기를 얻도록 해 주어라. 예를 들면,

> "나누기 셈을 배울 때는 잘 이해되지 않아서 짜증이 날 수가 있단다. 그래서 너도 산수 공부를 가끔씩은 포기하고 싶을 거야. 그러나 네가 계속해서 산수 문제를 풀어 나가다 보면 그 문제를 풀 수 있을 거야. 이것 봐, 네가 벌써 얼마나 많은 문제를 풀었는지….
> 자, 이제 힘을 내서 마지막으로 다시 한 번 그 어려운 문제를 풀어 보기로 하자꾸나."

> "엄마, 아빠에게 항상 정직하게 털어놓는 일이 참 어려운 일이라는 걸 잘 알고 있단다. 그런데 네가 최근에 우리에게 이야기를 정직하게 다 들려주니까 우리는 너를 더욱 믿을 수 있을 것 같구나. 그래, 친구 집에 가서 하룻밤을 지내고 싶으면, 그렇게 하려무나."

> "너는 그것을 할 수 있어. 어서 계속하거라."
> "계속 노력해 봐. 너는 해낼 거야."
> "휴식시간을 가진 다음에 다시 해 보도록 하자."
> "때때로 휴식이 도움이 될 때가 있어. 내일 다시 해 보자."

K(Keep encouraging): **계속 격려하라** 자녀가 발전하고 노력한 것에 대하여 계속 격려하라. 블랭크(Arthur Blank)는 성공가도를 달리고 있는 홈 디포(Home Depot)

의 공동창업자이자 프로 축구팀 애틀랜타 팔콘스(Atlanta Falcons)의 사장이다. 그는 매우 경쟁적인 사람이었음에도 불구하고 자신은 결코 종착점을 보지 않는다고 말하였다. 달리 말해서, 인생이란 어떤 최종 결과를 향해 가기 위해 있는 것이 아니라 하나의 과정이며, 성공이란 그 과정 속에서 성장과 발전의 관점으로 가늠될 뿐이다. 많은 부모들이 격려의 과정에서 범하는 실수는 자녀가 최종적으로 도달해야 하는 목표지점에 이를 때까지 기다린 다음에야 격려를 한다는 점이다. 부모역할을 잘못한 어떤 아버지는 아들이 학교를 졸업할 때까지는 아들의 학교 성적에 대해서 결코 칭찬을 하지 않았다고 토로하였다.

격려하는 핵심적 기술은 하나의 과정을 아가 단계로 작게 나누는 것이므로, 자녀가 수행하는 과정을 따라가며 격려를 제공하는 것이 중요하다. 자녀가 제아무리 작은 발전을 보이더라도 그것은 올바른 궤도로 향한 첫발을 디딘 것이다. 부모는 이 점을 이해하고 인정해 주어야 한다. 어떤 일에 성공하면 동기가 크게 유발되기 때문에 자녀가 어떤 과업을 수행해 가는 도상에서 무수한 성공을 경험할 수 있어야 한다. 작은 성공을 수없이 경험하면 아동의 자존감이 높아지고, 자녀는 목표를 향하여 전진한다.

자녀가 한 단계를 후퇴하더라도 으레 있을 수 있는 일이며 그때야 말로 아이가 포기하지 않도록 격려를 보내야 하는 때다. 자녀가 뚜렷한 진보를 하지 않고 있을 때도 자녀가 애써 노력하고 있다면 그 사실만으로도 충분히 격려의 말을 들을 만한 것이다.

자녀가 제아무리 작은 발전을 보이더라도 올바른 궤도로 향한 첫발을 디딘 것이므로 부모가 이해하고 인정해 주어야 한다.

> "야, 아주 잘하는구나. 네가 모든 숙제를 잘하고 있구나. 하루만 더 숙제하면 일주일간은 숙제하지 않아도 되겠네."
> "월요일에 너의 숙제를 제출하지 못한 사실을 우리에게 말해 주어서 고맙다. 그렇게 솔직하게 말하는 데는 굉장한 용기가 필요하거든. 네가 어떻게 해야 할지에 대해서 곧 말해 주겠다. 그렇지만 네가 정직하게 말하려고 했던 점이 대견하다고 생각하고 있거든."
> "여기까지 해내느라고 네가 수고를 많이 했구나."

"야, 이 방은 정말 좋아 보인다. 네 책들을 잘 꽂아 놓았구나. 그리고 침대도 정리되었구나. 네가 원한다면 내가 시간을 내서 서랍을 정돈하는 요령을 터득하도록 도와줄 수 있단다."
"네가 그 문제를 붙들고 있는 것이 참 좋구나."

신뢰를 보여 주기 대 기대하지 않기

만약 당신에게 중요한 사람이 당신의 능력을 믿어 주지 않는다면, 스스로도 자신의 능력을 믿지 않게 될 것이다. 그들이 직접적으로 어떤 말을 하지 않아도 당신을 대하는 태도나 간접적으로 하는 말을 듣다 보면 당신을 어떻게 생각하는지를 쉽게 눈치 챌 수 있을 것이다. 만약 그들이 당신의 의견을 묻는 법이 없다면 당신에게는 신통한 의견이 없다고 생각하는 것으로 당신은 짐작할 것이다. 당신이 공부를 대충대충 했는데도 당신 부모가 만족스러운 표정을 짓는다면 부모의 눈에 '내가 평범한 아이로 보이나 보다' 라고 당신은 짐작할 것이다. 또 스포츠나 다른 활동에 참여하는 것을 부모가 격려해 주지 않으면 당신은 아마도 그 분야에서 '잘 해낼 수 없다고 부모는 생각하나 보다.' 라고 느낄 것이다. 때로는 아래와 같이 분명한 자녀에 대한 신뢰를 보여 주지 않는 부모도 있다.

"안 돼. 그걸 사용하지 말아라. 넌 그것을 부셔버릴 거야."
"넌 학교에서 공부를 잘하는 타입이 아닌가 봐."

신뢰를 보여 주는 방법

우리가 소중히 여기는 사람에게서 우리의 능력을 신뢰받게 되면 우리 역시 우리 자신에 대한 신뢰감을 가지게 된다.

자기존중감과 용기의 초석은 학교에서든, 작업 활동에서든, 친구관계든, 가족관계든, 애정관계에서든 우리가 무엇인가를 해낼 수 있다는 믿음이다. 삶의 문제를 해결하고 새로운 기술을 배우면서 성공을 얻을 때 우리 자신에 대한 믿음은 성장한다. 그러나 어떤 문제에 봉착할 때 새로운 기술을 시도할 때는 자신감이 필요하다. 우리가 소중히 여기는 사람에게서 우리의 능력을 신뢰받으면 우리 역시 자신에 대한 신뢰감을 가지게 된다.

학급에서 지능과 학업성적이 높은 학생들과 그렇지 못한 학생에 대한 지능검사의 결과를 교사들에게 통보해 준 유명한 실험이 있었다. 교사들은 지능검사의 결과에 대한 통보가 학생들의 실제 지능 수준과는 아무런 관련이 없다는 점을 모르고 있었다. 사실을 말하자면, 지능이 높은 집단과 지능이 낮은 집단에 학생들은 무작위로 배정된 것이다. 연말에 학생들의 성적이 비교되었다. 어떤 집단이 공부를 더 잘했을 것이라고 생각하는가? 당신이 추측하다시피 소위 '총명하다' 고 보고된 집단에 속한 학생들의 성적이 더 좋았다. 그들이 공부를 잘할 수 있을 것이라고 믿었던 교사의 기대가 실제로 학생들의 성적을 향상시켜 주는 효과로 작용한 것이다. 이것이 바로 수행에 대한 긍정적인 기대의 힘이라는 것이다.

부모들도 자녀에게 신뢰감을 보여 줌으로써 자녀들이 학업에 성공하도록 이끌 수 있다. 이를 위한 몇 가지 방법을 소개하면 다음과 같다.

자녀의 능력에 대하여 알고 있는 범위 안에서 책임감을 부여하라.

책임감을 부여하라 자녀에게 책임감을 부여하는 것은 비언어적으로 자녀에게 신뢰감을 보여 주는 것이다. 그것은 마치 "나는 네가 이것을 할 수 있다는 것을 안다."라고 말하는 것과 같다. 물론 당신이 자녀의 능력에 대하여 알고 있는 범위 안에서 책임감을 부여하도록 하라. 그렇지 않으면, 당신의 기준이 너무 높아질 것이다. 신뢰감을 보여 주면서 책임감을 부여하는 방법을 예로 들어보자.

> "주리야, 만일 네가 개에게 먹이를 주고 뒤치다꺼리까지 전부 한다면, 네가 개를 키우는 것에 동의하마."
> "내가 보니까 너는 스스로 아침에도 일찍 일어나더구나. 그래서 이제는 네가 밤늦게까지 적어도 저녁 9시까지는 자지 않고 앉아 있어도 된다. 네 생각은 어떠니?"

당신이 자녀에게 무엇인가를 가르쳐 달라고 하면, 그것은 당신이 자녀의 실력을 믿고 있다는 증거를 보여 주는 셈이다.

자녀의 의견을 물어보라 아동은 부모가 자기들의 의견을 물어보고 따라 주는 것을 매우 좋아한다. 부모가 자녀에게 의견을 물어보는 것은 자녀가 부모에게 유익한 도움을 줄 수 있다고 믿어 주는 셈이다. 만일 당신이 자녀에게 무엇인가를 가르쳐 달라고 하면, 그것은 당신이 자녀의 실력을 믿고 있다는 증거를 보여 주는 셈이다. 자녀에게 그런 식으로 의견을 구하면 자녀의 자기존중감이 고양된다.

"우리가 할머니 댁을 가려는데 네 생각에는 어떤 길(코스)로 가는 것이 가장 좋겠니?"
"방바닥에 있는 장난감으로 너는 무엇을 하려고 하니?"
"새로운 비디오 게임을 하고 노는 방법을 나에게 가르쳐 줄래?"
"자, 남북전쟁이 일어난 원인은 무엇이었니?"

부모가 개입하고 싶은 충동을 물리쳐라 자녀가 의기소침해 있을 때 부모가 끼어들어 개입하지 않는 것도 자녀의 능력을 믿어 주는 행동이다. 자녀에게는 어렵게 보이는 문제가 부모에게는 매우 쉬운 일처럼 보이므로 부모는 끼어들어 자녀의 불편을 덜어 주고 싶어 한다. 그러나 그런 유혹에 빠져 끼어들면 자녀에게 신뢰감을 보여 주지 않게 되는 것이다. 자녀가 약간의 끈질긴 노력만 한다면 독립적으로 정규적인 생활의 의무를 잘 해낼 수 있는데도 불구하고, 부모가 계속하여 대신해 준다면 어떻게 될까? 그것은 자녀가 그 일은 끝까지 해낼 수 있는 능력이 없다고 본다는 뜻으로 자녀에게 전달될 수 있다. 자녀가 잘못 행동했을 때 부모가 긴급 조치로 무조건 구조해 주기만 하면, 자녀가 '책임감' 이라는 귀중한 교훈을 배울 수 있는 기회를 박탈해 버리는 셈이 된다. 그것은 자녀에게는 자신이 행동한 결과에 대해서 처리할 수 있는 능력이 있다는 것을 부모가 믿어 주지 않는다는 의미로 전달된다.

자녀가 낙담하고 있을 때 그들이 할 일을 부모가 대신 떠맡는 것은 자녀의 용기를 북돋는 일이 아니다. 그것은 그들이 위축되어 있다는 사실을 확증해 주는 셈이 된다. 그러한 아이는 종종 실패를 참아 내지 못한다. 어떤 일이 곧바로 해결되지 않을 때 그들은 쉽게 포기하고 좌절에 따른 실랑이를 벌인다. 즉, 어떤 일을 잘 해내지 못한 것에 대한 분노와 좌절감 속에 휩싸이는 것이다. 이때는 다음과 같은 말로 자녀가 그 일을 계속할 수 있도록 격려해라.

"계속 노력하렴, 너는 할 수 있어!"
"다른 아이들이 널 놀리는 것을 아빠가 직접 막아 줄 순 없단다. 그렇지만 네가 그런 애들을 어떻게 다룰 수 있는지에 대해서 가르쳐 줄 수는 있단다."

성공과 긍정적인 행동을 기대하라 어떤 집단의 학생들이 공부를 잘하리라고 기대했던 교사들에 대한 연구에서 나타난 것처럼, 당신 역시 자녀가 성공할 것이라고 기대하면 그들의 행동에 엄청난 영향력을 끼칠 것이다.

자녀들은 대개 우리가 기대하는 것에 맞추어 발전하거나 퇴보한다.

자녀가 성공하리라고 기대하고 있는 것을 당신이 보여 주면 자녀에게는 엄청난 영향력을 끼칠 것이다.

그러므로 그들이 성공하기를 기대하는 것이 좋지 않겠는가? 자녀가 잘할 수 있을 것이라고(그것이 학교에서 공부를 잘하는 것이든, 사회적 상황에서 예의바르게 행동하는 것이든, 가족의 규칙과 가치관을 따르는 것이든 간에) 믿고 있다고 자녀에게 말해 주어라. 그런 말을 통해서 당신은 자녀가 당신의 기대에 맞추어 행동하도록 격려하고 있는 것이다. 가끔 자녀는 일을 망칠 수 있다. 그러한 경우도 아이가 결코 포기하지 않도록 하기 위하여 격려해 주어야 한다. 물론 당신의 기대는 현실적인 수준과 일치해야 한다. C학점과 D학점을 받은 자녀가 하룻밤 사이에 A학점을 받으리라고 기대하는 것은 당신과 자녀 모두를 실패하게 하는 것이다. 비현실적인 기대는 당신과 자녀 모두를 실패의 환경으로 몰고 간다. 자녀가 향상될 수 있다는 기대감을 가지고 아가 BANK 방법을 사용하여 자녀를 격려하는 것이 성공의 비결이다.

"나는 네가 마음만 먹으면 성적을 올릴 수 있다는 것을 안단다."
"네가 할머니 집에 있을 때, 예의 바르게 행동하리라고 믿는다."
"네가 나에게 진실을 말해 줄 것이라고 기대한다."

"네가 계속 하다 보면 그것을 해낼 수 있을 거야."

아동을 존중하기 대 과잉기대(완벽주의)

긍정적인 기대는 중요하다. 그러나 당신의 부모가 당신이 실제로 할 수 있는 것보다 더 많은 것을 기대하고 있다면, 당신은 어떤 노력도 하지 않으려고 할 것이다. 왜냐하면 당신은 결코 부모를 만족시킬 수 없다는 것을 알기 때문이다. 당신은 오히려 그릇된 행위를 통하여 자신을 특출하게 보이려고 할 것이다. 착한 일을 최고로 잘할 수 없을 바에는 나쁜 일에서 최고가 되려는 목표를 세울지도 모른다. 또는 완벽주의자가 되어 부모와 자신을 만족시키려고 부질없는 노력을 할 수도 있다. 당신이 성공하기 위해 노력을 하면 할수록 삶은 더 큰 걱정거리요, 스트레스가 된다. 그리고 설령 당신이 성공하더라도, 다음에 자기존중감에 타격을 줄 수 있는 어떤 난관이 다가올지도 모른다는 두려움 때문에 당신은 자신이 이루어 놓은 성공을 여유 있게 즐길 수 없게 된다.

"다른 건 다 맞았으면서 어떻게 'circus' 라는 단어를 잘못 쓸 수가 있니? 네가 생각을 좀 더 했더라면, 만점을 맞았을 텐데."
"네 성적도 아주 나쁘게 나온 건 아니야. 하지만 너의 능력대로라면, 넌 좀 더 잘할 수 있었을 것이다."
"네가 정말로 훌륭한 바이올린 연주자가 되고 싶다면 연습에 또 연습을 계속 해야만 한다."

아동을 존중해 주는 방법

아동의 자기존중감은 오로지 어떤 성취를 통해서 솟아나는 것이 아니다. 아동이 소중한 사람들에게서 인정을 받는 것이 성취보다 훨씬 더 중요하다. 사실, 우리가 성공하려고 노력하는 중요한 동기는 소중한 사람들에게서 인정받고 싶은 욕망에서 나온다. 그럼에도 불구하고, 우리가 마음속 깊이 진정으로 원하는 것은 우리가 어떤 업적을 이루었기 때문에 받아들여지기보다는 있는 그대로의 모습대로 받아들여지는 것을 원한다. 이것이 바로 소속감을 느낀다는 의미다.

야구 투수인 웨이크필드(Tim Wakefield)는 젊은 시절에 "가장 중요한 경기를 앞두고 긴장되느냐?"는 질문을 받은 적이 있었다. 그는 긴장되지 않는다고 대답하였다. 야구 경기시간에 어떤 일이 일어나더라도 다음날 그는 다음의 세 가지 사실이 변함없이 그를 기다린다고 생각했기 때문이다. 즉, 부모는 여전히 그를 사랑할 것이고, 친구들 또한 여전히 그를 사랑할 것이며, 하나님도 여전히 그를 사랑할 것이라고 그는 믿었다. 이러한 근원적인 자기존중감과 자기 자신에 대한 수용으로 무장된 그는, 성공의 개념을 개인적인 만족감이라고 간주하고, 계속해서 성공적인 삶을 살 수 있었던 것이다.

부모에게 인정받았다고 느끼는 아동은 자기존중감을 기반으로 하여 건강하고 행복한 삶을 구축해 간다.

부모에게 인정받고 있다고 느끼는 아동들은 자기존중감을 기반으로 건강하고 행복한 삶을 구축해 간다. 역사상 가장 부유한 사람이나 크게 성공한 사람 중에서도 자기존중감이 낮은 사람들이 종종 있다. 그들은 크게 성공하였음에도 불구하고 왜 자신이 이룩한 성공에 대하여 만족하지 못하는가 하고 의아해 하며 내면에 절망감을 가지고 살아갔다.

우리의 목표는 자녀들이 이기거나 지거나, 시험에 합격하거나 실패하거나, 세상에서 주목을 받거나 받지 않거나 간에 우리는 여전히 그들의 부모이고 우리가 부모가 된 것을 기쁘게 여긴다는 점을 자녀에게 이야기해 주는 것이다. 우리 모두는 누군가로부터 그와 같은 무조건적인 수용을 받고 싶어 한다. 부모에게서 무조건적으로 수용받지 못한 사람들은 대리 부모나 심지어 카운슬러나 치료사에게서 수용받고 싶어 한다. 또 어떤 사람들은 하나님에 대한 믿음을 통하여 무조건적인 수용의 욕구를 충족하기도 한다.

인간의 가치와 성취의 개념을 구별하라 자녀의 가치는 자녀가 이루어 놓은 업적으로 평가되는 것이 아니라 자녀가 인간이라는 사실 자체에 있다. 당신은 자녀가 성공을 거둘 때 칭찬해 주고, 실패할 때 함께 실망을 나누어 주기는 하지만, 자녀를 있는 그대로 변함없이 사랑하고 있다는 사실을 자녀가 느끼게 해 줄 필요가 있다. 당신은 자녀가 하고 있는 과제 자체에 강조점을 두고, 과제의 결과가 성공인지 실패인지에는 크게 신경을 쓰지 않도록 하라. 자녀가 어떤 과제를 다 끝낼 때까지 기다린 후에 칭찬하려고 할 것이 아니라, 자녀가 과제를 수행하고 있는 동안에 아낌없는 격려를 보내 주는 것이 좋다.

"네가 공부하기를 좋아하니까 나(아빠)는 참 기쁘구나."
"시합에서 승리하는 것보다는 최선을 다하는 것이 더 중요하단다."
"진다고 해서 인생의 패배자가 된다는 뜻은 아니야."

이 세상에 나쁜 아이란 없다. 단지 나쁜 행동만 있을 뿐이다. 자녀가 실수했을 때 발길질하기보다는 미소로 수용하라.

이 세상에 나쁜 아이는 없다. 단지 나쁜 행동만 있을 뿐이다.

인간의 가치와 그릇된 행동의 개념을 구별하라 한 아동의 가치가 아동이 이루어 놓은 모든 업적과는 무관하듯이, 자녀의 그릇된 행동과 아이 자신의 가치는 무관하다. 이런 접근방법으로 임하려면 이 세상에 나쁜 아이란 없으며, 단지 나쁜 행동만 있을 뿐이라는 철학을 가져야 한다. 만일 어떤 아동이 자기는 '나쁜 아이' 라거나 '별 볼일 없는 아이' 라는 꼬리표를 단다면 그는 결국 그 꼬리표가 사실이라고 믿게 된다. 그리고 결국 나쁜 행동을 할 것이다. '나쁜' 사람들에게서 '나쁜' 행동 이외에 다른 무엇을 기대할 수 있겠는가? 이와 같이 자기 충족적 예언은 매우 중요하게 작용하므로, 아동의 실수나 그릇된 행동에 대해서 부정적인 말이나 수치심을 심어 주는 행동을 삼가는 것이 중요하다. 자신을 부끄럽게 여기면서 성장한 아동은 그들의 잃어버린 자기존중감과 용기를 다시 찾기까지 많은 어려움을 겪는다.

자녀의 실수는 아이가 무가치한 인간이라는 것을 의미하는 것이 아니다. 그릇된 행동과 마찬가지로, 실수는 성장과 발달 과정에서 필수 불가결한 요소다. 실수를 통하여 아동은 장차 어떤 행동을 삼가야 하는가에 대하여 배운다. 우리는 특히 완벽주의적인 아동을 지도할 때 실수를 마치 친숙한 친구처럼 받아들이도록 도와주어야 한다. 앞에서도 언급한 것처럼 실수란 학습의 도구다. 실수는 부끄러움을 느껴야 하는 범죄 행위가 아니다.

불완전성을 두려워하는 어린이(성인)는 실제로 성장과 발달이 늦다. 우스운 말로 하자면, 완벽주의자란 외국어를 유창하게 할 수 있기 전에는 결코 외국어를 말해 보려고 하지 않는 사람과 같다. 실패할까 봐 두려워하면 어떤 것은 시도하는 것조차 두려워져 결과적으로 학습의 기회가 적어진다. 우리는 자녀의 학습을 돕는 것이 목적이므로 자녀가 실수를 했을 때 실수를 배척하기보다는 아이가 미소로 수용하도록 도와주어야 한다.

자녀가 실수를 했을 때 실수를 배척하기보다는 아이가 미소로 수용하도록 도와주어야 한다.

> "네가 나쁜 것이 아니야. 다만 벽에 크레용으로 그리는 게 나쁜 거야. 색칠하기에 적합한 장소를 찾아보자."
> "우리가 너에게 화를 냈다고 해서 너를 좋아하지 않는 것은 아니란다. 너의 행동 중에 어떤 것이 마음에 들지 않는 것뿐이야."
> "실수를 통해서 배우는 거란다. 실수를 했을 때는 자신을 탓할 것이 아니라, 그걸 고치면 되는 거야."
> "네가 실수한 것 같구나. 자, 그 실수를 통해서 네가 무엇을 배울 수 있을까를 우리 함께 생각해 보자구나."

독립성 또는 자신이 두 발로 설 수 있는 능력이 민주사회에서 번영을 구가하는 데 요구되는 필수 조건이다.

자녀의 독특함(독자성)에 대하여 감사하라 모든 사람이 다 동등하다는 점을 자녀에게 가르치는 것은 중요하지만, '동등' 이라는 것이 모든 사람들이 다 동일하다

당신의 자녀가 다만 이 세상에서 오직 하나뿐인 독특한 존재기 때문에 당신이 사랑하는 것이라는 것을 말과 행동으로 자녀에게 나타내 주어라.

는 의미는 아니다. 당신의 자녀가 독특하며 아주 특별하다는 것을 알게 하면 자녀는 힘을 얻는다. 당신은 자녀의 활동에 흥미를 보임으로써 자녀의 독자성에 감사할 수 있다. 자녀는 이 세상에 오직 하나뿐인 독특한 존재이기 때문에 사랑한다는 말과 행동을 자녀에게 나타내 주어라.

> "아무튼 그게 나의 견해야. 너의 의견은 어떠니?"
> "너를 먼발치에서 보더라도 너의 걸음걸이로 금방 너를 알아볼 수 있단다."
> "이 방은 정말 너를 잘 나타내 주고 있구나. 난 절대로 너에게 알맞게 이렇게 잘 꾸며 줄 수는 없을 거야."
> "이 세상에서 너는 정말 유일한 존재야. 네가 나의 딸이 되다니 얼마나 큰 축복이냐?"
> "(난 너를) 사랑해."

가족화목활동: 격려의 편지

내가 주일 학교 교사였을 때, 학생들에게 등급을 매겨야 된다는 생각에 나는 매우 곤혹스러워 했다. 9개월간 학생들과 함께 지낸 후에 그들이 진보한 상태나 그들에 관해 내가 느끼는 방식에 대해서 등급으로 표현한다는 것은 적절한 방식이 아니라고 생각한 것이다. 그래서 나는 학생들 각자에게 성적표와 함께 편지를 쓰기로 하였다. 편지를 쓰면서 나 자신이 학생들 각자의 긍정적 측면과 그동안 진보된 상황에 대해서 기술하고 있음을 알게 되었다. 어린이들은 여름휴가에 들어가면서 이러한 나의 '격려의 편지'를 감사하는 마음으로 받아 갔다.

4년이 지나도록 나는 내가 써 준 편지에 대해 별로 생각하지 않았다. 그런데 한 여성이 어느 연회장에서 나에게 다가와 자신을 소개하며 자신의 자녀가 주일학교의 학생이었다고 말하였다. "당신이 내 딸 엘리스에게 써 준 편지는 딸에게 아주 소중하답니다."라고 그녀는 말하였다. "엘리스는 선생님의 편지를 아직도 벽에 붙여 놓고 있답니다."

이번 회기에 토의된 모든 격려의 기술은 가족화목활동이 될 수 있다. 그러나 격려의 '말'을 '글'로 옮기는 것은 특별한 의미로 다가온다. 아동은 격려의 편지를 미래의 어느 날엔가 다시 돌이켜 볼 수 있을 것이다. 그리고 엘리스처럼 그 편지에서 우러나는 따뜻한 느낌을 다시 한 번 확인할 수 있을 것이다. 이번 주의 활동은 자녀 한 사람 한 사람에게 격려의 편지를 쓰는 것이다. 편지 안에는 다음과 같은 특성이 들어 있어야 한다.

- 어떤 분야에서 자녀가 완벽한 수준은 아니더라도 어느 정도 진보된 사항에 대하여 적어 나가라.
- 자녀가 실제로 진보하지도 않았는데 좋아졌다고 쓰지 말고, 진실한 글만 적어 나가라.
- 자녀의 진보 상황에 대하여 구체적으로 표현하라.
- 자녀의 행동이 타인에게 어떻게 도움이 되었는지 기술하라.

부모의 편지는 다음과 같이 쓸 수 있다.

사랑하는 배용에게

너의 어머니와 나는 네가 국어공부를 얼마나 잘하고 있는지를 지켜보았다. 네가 글을 읽는 소리를 들으면 네가 얼마나 많이 발전했는가를 알 수 있거든. 그렇게 복습, 예습하는 것이 효과가 있었구나. 곧 네가 읽고 싶은 모든 책을 너 혼자서도 읽을 수 있을 거야. 그게 얼마나 멋진 일인지 아니? 우리도 매우 기쁘단다.

또한 네가 학교공부에 대한 책임감을 잘 받아들이고 있다는 것이 우리는 자랑스럽구나. 우리가 이야기했던 것처럼 너는 매일 밤마다 숙제를 열심히 하더구나. 또 너는 숙제를 빨리 해치우려고 열성을 다해서 하고 있지. 너의 선생님께서도 네가 공부를 점점 잘하는 것을 알아차리신 것 같더구나. 그건 틀림없이 너를 기쁘게 할 거야.

또 지난번에 차고를 청소하는 것을 도와줘서 고마웠다. 네가 벌써 이렇게 커서 아빠의 일들을 도와주는구나. 또 한 가지, 너는 유머감각과 긍정적인 태도로 우리를 즐겁게 해 주었지. 내가 잊어버리고 말하지 않은 것이 있는데, 나는 네가 나의 아들이라서 정말 기쁘단다.

–아빠가–

가족모임: 품성에 관한 대화

자녀에게 긍정적인 가치와 품성을 길러 주기 위해서는, 부정적 가치를 반영하는 훈육 행동부터 긍정적 가치를 반영하는 격려 행동에 이르기까지 이 책에서 언급된 많은 기술을 사용하는 것이 중요하다. 일상생활 중에 자녀와의 상호작용을 통해서 우리 자신의 말과 행동을 통하여 조금씩 시범을 보여 줌으로써 인성 교육을 할 수 있다. "가치관은 가르쳐지는 것이 아니라 익혀지는 것이다."라는 말은 절반만 옳은 말이다. 효과적인 집단 토론을 통해서 자녀에게 바람직한 가치관을 잘 가르쳐 줄 수 있다.

효과적인 집단토론은 가치관을 가르쳐 주는 유용한 방법이다.

이 장에서 다루는 가족회의는 가족으로서 중요시되는 인격적 자질에 대하여 토론하는 가족회의다. 이처럼 품성에 대한 이야기를 하는 것은 자녀의 인성 발달의 근간이 되는 신념과 가치관을 이해하고 그것에 영향을 줄 수 있는 기회가 된다. 당신이 중요하게 여기는 모든 내용이 이야기의 주제가 될 수 있다. 예를 들어, 정직성, 노력, 인내, 용기, 협동심, 애국심, 존경심, 건강 등이 있다. 이러한 가치관을 심어 주면, 자녀가 잘못된 행동을 하고도 교묘하게 빠져나갈 수 있는 상황이 발생하더라도 아이가 반드시 옳은 일을 하려 할 것이다. 그러한 품성 내지 인격적 자질을 길러 주자.

가정에서 처음으로 시도하는 품성에 관한 대화가 원만하게 진행되기 위해서 다음과 같은 요령을 참고하기 바란다.

1. 주제를 제시하는 방법을 정한다. 집단토론을 처음으로 시작하는 일이 종종 가장 어려운 부분이다. 이때는 모임에서 다룰 주제를 어떻게 제시할지 미리 계획하는 것이 도움이 된다. 차후의 대화 주제는 다른 식구들이 선택하도록 하고 각자가 다루고 싶은 주제를 준비하도록 한다. 모임을 진행하는 동안에 잊지 않도록 중요한 요점들을 리스트로 작성해 놓아라. 당신이 첫 번째 이야기를 시작하는 도입단계는 대략 다음과 같다.

> "우리가 살아가는 데 꼭 알아야 할 것이 무엇인지를 이야기해 보기 위해서 이 모임을 소집했단다. 그것은 우리가 장차 어떤 사람이 되고 싶은가와 관련된 것이야. 내가 '우리' 라고 말했는데, 그 이유는 부모들도 어른이지만 여전히 성장하고 변화하기 때문에 부모도 같이 이야기를 하는 거야. 우리가 첫 번째 대화를 하기 위해서 아빠가 선택한 주제는 '용기' 란다."

2. 열린(개방형) 질문을 사용하여 토론을 자극한다. 대화를 나누고 토론하고자 하는 주제를 소개한 다음에는 약간의 질문을 하는 것이 토론을 시작하는 데 도움이 된

다. 사전에 몇 가지 질문을 준비하도록 하고, 열린(개방형의) 질문이 되도록 해라. 열린(개방형) 질문이란 닫힌(폐쇄형) 질문처럼 '예' 또는 '아니요' 로는 대답할 수 없는 질문이다. 예를 들어,

닫힌(폐쇄형) 질문들:
"너는 용기가 중요하다고 생각하니?"
"두려움은 항상 나쁜 걸까?"

열린(개방형) 질문들:
"용기가 중요한 이유가 뭐지?"
"만약에 네가 두려움에 져서 결국은 곤란에 빠지게 되는 경우는 언제일까?"
"두려움이 필요할 때나 또 유익한 때는 언제일까?"
"용기란 무슨 뜻일까? 단지 물리적인 용기를 말하는 걸까? 아니면 다른 종류의 용기도 있는 것일까?"

적극적인 의사소통의 기술(제2장에서 소개)을 사용하여라.
그리고 자녀의 생각과 느낌에 대하여 공감해 주면서 들어라.

3. 공감적으로 경청한다. 두 번째 장에서 언급했던 적극적인 의사소통의 기술을 사용하여라. 그리고 자녀의 생각과 느낌에 대하여 공감해 주면서 들어라. 이것은 아이의 감성지능을 발전시키고 아이가 이야기를 계속해 나가도록 부추겨 준다. 아동의 생각과 감정에 대해서 개방적이고 비판단적인 태도를 취하고, 의사소통의 걸림돌을 사용하지 말아라. 이것은 특히 자녀가 당신의 가치관과 반대되는 것을 말할 때 매우 중요하다(그리고 어렵다). 만약 당신이 자녀가 한 말에 대해서 곧바로 판단하거나 비난하게 되면(비록 부정적인 얼굴 표정과 같은 비언어적인 방식일지라도), 아이는 입을 다물게 될 것이다. 그리하여 당신이 자녀에게 영향력을 행사할 수 있는 가능성이 제한되는 것이다.

"그건 참 흥미로운 견해로구나. 나는 용기가 그런 방향으로 사용되는 것이라고는 생각해 보지 못했는데."
"그 일이 일어났을 때 너는 틀림없이 두려웠겠구나. 그런데도 넌 그만두지 않았구

나."
"난 그 점에 대해서 너에게 동의할 순 없지만, 그 문제를 그런 식으로 볼 수도 있겠구나."

4. **부모의 가치관을 설득력 있게 이야기해 준다.** 오늘날의 자녀들은 우리가 아무리 애써 이야기해 주어도 우리의 가치관과 신념을 자동적으로 받아들이려고 하지 않는다. 긍정적인 영향을 주는 사람이 되기 위해서는 정확한 정보와 건전한 추리력과 설득력이 필요하다. 관련 있는 잡지 기사나 영화, TV쇼와 같은 외부 자료들을 이용하면 당신이 강조하는 관점에 무게를 실을 수 있다. 가끔씩 개인적인 경험담을 연관시켜 들려주는 것은 중요한 교훈을 배울 만한 어떤 이야깃거리를 자녀의 마음에 심어 주는 것이다. 당신의 실제 경험이 자녀의 경험과 연관성이 많을수록, 당신이 아이의 근본적인 신념과 가치관 형성에 영향력을 미칠 수 있는 가능성이 더 커진다.

"난 그 영화의 주인공이 엄청난 용기를 보여 주었다고 생각해. 시험 부정행위를 하고 싶어 한 그의 친구들에 대항해서 말이야."
"실패할 것이 두려워서 어떤 시도도 하지 않으면, 우리는 결국 성공할 기회를 잃을 거야. 네가 무언가를 얻으려고 노력하면 조금이라도 얻게 되지만, 네가 노력하지 않을 때는 아무것도 얻을 수 없다는 것을 기억해라."
"나는 학교 다닐 때 농구팀 선발에 나서지 않았던 것을 지금까지도 후회하고 있단다."

당신의 실제 경험이 자녀의 경험과 연관성이 많을수록, 당신이 아이의 근본적인 신념과 가치관 형성에 영향력을 미칠 수 있는 가능성이 더 커진다.

5. **보조 자료를 준비한다.** 정보를 얻기 위해서 도서관에 가거나 인터넷을 검색해 보아라. 비디오, 녹음테이프, 작은 책자와 전단 등을 이용하여 자녀에게 어떤 주제에 대해 설명해 주어라.

가족활동: 인물 콜라주 만들기

재미있는 과제활동의 마무리는 '인물 콜라주' 만들기로 하는 것이 좋다. 이것은 자녀에게 용기, 협동심, 정직성, 존경심과 같은 중요한 품성들을 강화해 주는 동시에, 장점을 길러 주고 가족의 결속력을 높여 준다. 이를 위해서 다음과 같은 자료가 필요하다.

헌 잡지책
여러 개의 가위
하얀 포스터판
고무풀

콜라주는 당신이 선정한 인물의 특성이나 가족이 주제로 선정한 가치관을 잘 나타내 주기 위하여 잡지에서 글과 그림을 오려서 만든다. 그러한 글과 그림들을 포스터 게시판에 여러 가지 각도로 붙여서 재미있는 예술적 작품을 만들어 낼 수 있다. 그 콜라주에 해당하는 사람(혹은 가족)의 이름을 만들 글자를 오려서 붙이고, 그 작품을 의인화(擬人化)해라.

다음은 당신이 만들 수 있는 콜라주의 종류들이다.

콜라주는 당신이 선정한 인물의 특성이나 가족이 주제로 선정한 가치관을 나타내 주기 위하여 잡지에서 글과 그림을 오려서 만든다.

가족 콜라주 '용기'와 같은 품성의 단어나 가족에게 적합한 적용 특성들을 나타내 주는 콜라주를 만들기 위해서 포스터 게시판(43×55cm)을 사용해라. 가족구성원 모두가 참여하여 잡지에서 단어와 그림을 찾아내고 풀로 붙이도록 해라. 콜라주를 더욱 의인화하기 위해 게시판의 중앙에 가족사진을 붙이고 잡지에서 잘라낸 글자를 가지고 가족의 성씨를 표현하라.

개인 콜라주 가족구성원이 각각의 콜라주를 만들 수도 있다. 식구들의 특성을 정한 다음에 그 사람을 잘 나타내 주는 단어와 그림을 찾아라. 예를 들어서, 당신이 농구 경기를 좋아하는데 '용기' 라는 단어를 선택했다면, 당신의 콜라주에 농구 선수의 그림을 찾아내어 붙일 수 있다. 왜냐하면 스포츠를 배우기 위해서는 용기가 필요하기 때문이다. 가족의 이름과 품성과 인성의 특성과 가능하다면 식구의 사진을 붙이고 콜라주에 식구의 이름을 적어 붙여라. 이러한 콜라주는 개별적인 것이기 때문에 게시판을 나누어서 사용하기로 결정할 수도 있다.

변화를 준 개인 콜라주 이러한 활동에 간단한 변화를 주어서 '격려하기' 의 활동으로 바꿀 수도 있다. 그것은 자기 자신을 위한 그림이나 단어들을 오려 붙이지 않고, 가족구성원 중에서 자기 외의 다른 식구를 위해서만 단어나 그림을 찾아 주는 것이다. 예를 들어서, 어떤 사람은 열심히 일하고 있는 어머니의 그림을 발견하고 '열심히 일하는' 이라는 단어를 오려 내어 엄마에게 준다. 모든 가족이 그림과 단어를 충분히 모으면, 그제야 각자 자신의 콜라주를 배열하고 나서 풀로 붙이는 것이다. 자유롭고 창조적으로 임하라. 그리고 다른 종류의 콜라주들을 떠올려 보아라. 이 활동의 요점은 가족구성원들이 적극적으로 긍정적인 품성적 특성을 보여 주는 자신의 모습과 가족의 모습을 시각화하도록 돕는 것이다. 자녀는 콜라주 활동을 즐길 것이 틀림없다. 뿐만 아니라 콜라주가 완성되어 벽에 걸어 두면, 가족의 가치관에 대한 영구적인 이미지를 창조해 줄 것이다.

5

과제활동

- '독립심을 자극하기'를 연습하고 252쪽에 있는 활동지를 완성해라.
- '장점을 구축해 주기'를 연습하고 254쪽에 있는 활동지를 완성해라.
- '자녀를 신뢰하기'를 연습하고 256쪽에 있는 활동지를 완성해라.
- 자녀를 있는 그대로의 모습대로 소중히 여긴다는 것을 보여 주는 방법을 찾아보아라. 그리고 257쪽에 있는 활동지를 완성해라.
- 자녀 한 사람 한 사람에게 격려의 편지를 써라. 그리고 261쪽에 있는 활동지를 완성해라.
- 용기(품성)에 관한 대화를 주제로 하여 가족모임을 가져라. 그리고 259쪽에 있는 활동지를 완성해라.
- 보살핌을 제공하는 자로서의 '당신 자신을 보살피기'를 기억해라. 그리고 226쪽에 있는 표에 적어 넣어라.

Chapter 6

적극적인 가정, Now!

과거 공산주의의 지배하에 있던 소련연방에서는 국민에게 자유를 거의 허용하지 않았다. 국민들이 자기 나라를 떠나 다른 나라에서 살 수 있는 자유조차도 허용되지 않았다. 이 시기에 소련의 수상이 작은 보트를 타고 혼자서 낚시한 사건은 유럽에서 인기 있는 이야깃거리로 퍼져 나갔다. 소련 수상은 커다란 물고기를 잡아 끌어당기려고 애쓰다가 균형을 잃고 물속으로 빠져 버렸다. 바로 그 옆에서 한 젊은 여인이 보트를 타고 있었는데, 그녀가 영웅적으로 그를 구출하지 않았더라면 수상은 틀림없이 익사했을 것이다. 수상은 구출된 후 감사하면서 자기의 신분을 밝히고 그의 생명을 구해 준 데에 대한 보답으로 자기의 능력 안에서 어떤 일이건 그녀에게 보상하겠다고 말하였다. 그러자 그 용기 있는 젊은 여인이 말하였다. "그렇다면 국경을 하루 동안만 개방하고, 나라를 떠나고 싶어 하는 사람은 누구든지 떠날 수 있게 해 주셔요." 수상이 웃으면서 대답하였다.

"아하, 당신은 나와 단둘이 있기를 바라는 거군요."

구 소련연방제국은 현재 시민들에게 나라를 떠날 권리를 포함해서 많은 권리를 허락하는 자유국가들로 형성되어 있다. 사실 여러 국가들이 하나씩 하나씩 민주주의를 정부형태로 채택해 감에 따라 역사를 통해서 자유의 매력은 강력한 힘이 되어 왔다. '적극적인 부모역할, Now!' 에서는 우리의 자녀들이 미국, 러시아, 캐나다, 일본, 한국, 스웨덴을 비롯하여 어느 나라에서 살든지 간에, 민주주의의 원칙을 채택하는 나라에서 성공적으로 살 수 있도록 준비시켜 주는 것에 대한 중요성을 강조해 왔다. 우리 프로그램의 목적은 자녀가 민주주의 국가에서 살아남고 번성할 수 있게 하는 자질을 가르치도록 부모가 도와주게 하는 것이다. 민주주의의 원칙을 가르치는 것을 시작하는 데 가정보다 좋은 장소가 어디 있겠는가?

그런데 무엇이 민주주의의 원칙인가? 당신이 민주주의의 절차에 대한 우리의 견해에 동의하는지의 여부를 다음의 표를 보면서 살펴보기 바란다.

민주주의의 원리						
	민주주의 사회 안에서			『적극적인 부모역할을 하는 가정』 안에서		
	그렇다	아니다	설명	그렇다	아니다	설명
평등의 가치는 높게 평가된다.	✓		"모든 인간은 평등하게 창조되었다." 토머스 제퍼슨(Thomas Jefferson)이 쓴 독립 선언문	✓		평등이 곧 '동등'의 의미가 아니라는 사실을 기억하라.
시민들에게는 무엇이든지 원하는 대로 할 수 있는 자유가 있다.		✓	자유에는 제한이 있으며, 제정된 법을 위반할 때는 그에 따른 결과가 지도자들을 포함한 모든 사람에게 뒤따른다(그 점이 또한 평등이다).		✓	'확장하는 한계' 안에서 자유가 있다. 심지어 부모에게도 어떤 제약이 있으며 그들이 누린 자유에 수반된 결과를 책임져야 한다.
모든 시민들이 매사에 투표권을 행사한다.		✓	선출된 지도자들이 대부분의 의사결정을 한다.		✓	부모가 지도자다. 부모가 대부분의 의사결정을 해야만 한다.
모든 시민들은 발언권을 가지며 그들의 지도자의 결정에 영향력을 행사할 수 있다.	✓		선출된 대부분의 지도자들은 유권자의 의견에 매우 주의를 기울인다.	✓		적극적인 부모는 자녀의 의견에 귀 기울이며, 자녀가 가족의 의사결정에 영향력을 행사하도록 허용한다.
모든 사람들은 그들의 지도자를 선출하기 위하여 투표할 수 있다.		✓	어른들만 투표한다. 시민권자만이 투표할 수 있다.		✓	엄마의 뱃속에는 투표소가 없다. 자녀들은 그들의 부모를 선택할 수 없다.

언론의 자유

민주주의는 언제나 원하는 대로 얻어 낼 수 있다는 의미가 아니다.
민주주의란 항상 하고 싶은 말을 할 수 있다는 것을 의미한다.

'적극적인 부모역할, Now!' 에서 강조하고 있는 주제 중의 하나는 어린이의 삶에 영향을 미치는 의사결정에 어린이도 발언권을 갖도록 허용해야 한다는 것이다. 바로 언론의 자유가 민주주의 사회의 기본적인 자유인 것처럼, 협동적인 가정에서는 각각의 구성원들에게 그와 동일한 자유를 허용해야 한다. 물론 민주주의란 언제나 원하는 것을 얻어 낼 수 있다는 것을 의미하는 것이 아니라, 하고 싶은 말을 할 수 있다는 것을 의미한다. 자녀들이 예의 바른 토론을 통해서 우리의 의사결정에 그들이 영향력을 미치는 것을 허용하면 부모로서의 권위를 더 잘 유지할 수 있다.

자녀들은 그들의 발언과 의견이 중요시되고 있다고 느끼면 협동심과 책임감이 생긴다.

자신의 발언과 의견이 중요시되고 있다고 자녀가 느끼면 협동심과 책임감이 생긴다. 그리고 자녀가 화내는 일과 반항하는 것이 줄어든다. 이 장에서는 당신과 자녀에게 의사소통의 기회를 제공하는 가족 토론의 종류에 대하여 다루고자 한다.

가족모임의 중요성

청소년의 가출과 이혼이 점점 증가하고 있는 현대 사회에서 가족을 잘 연결시켜 주는 만병통치약이 있다면 참으로 좋겠다. 그러나 불행하게도 현실은 그렇지 못하다. 약간 과장된 표현이기는 하나, 다음과 같은 슬로건이 그래도 가장 적합한 처방책이 될 것 같다.

가족들이 대화할 때는 어느 누구도 자리를 뜨지 않는다.

가족이 함께 모여 대화하는 것은 민주사회에서 번영을 누리는 중요한 요소가 된다. 그러므로 나는 자녀가 가족 토론에 참가할 만한 나이(보통 약 7세 정도부터)가 되자마자 가족모임을 가지라고 제안하고자 한다. 가족모임에는 다섯 가지 유형이 있다.

비형식적인 모임 이것은 가까운 미래에 가족에게 영향을 미칠 어떤 일에 대하여 의사결정을 하기 위하여 비형식적으로 빨리 진행되는 모임이다. 제1장에서는 가족화목활동과 오락시간에 대한 결정을 내리기 위한 목적으로 이러한 형태의 가족모임을 가질 것을 제안하였다. 제2장에서는 취침시간의 일과를 함께 정하기 위한 간단한 가족모임에 대해 설명하였다.

문제예방적 토론 제3장에서는 어떤 문제가 일어나기 전에 그 문제를 예견하고 예방하는 방법으로써 이러한 행태의 대화법을 소개하였다.

문제해결적 토론 제4장에서는 문제가 일어난 것을 해결하기 위하여 구조화된 방법으로서 이러한 토론을 소개하였다.

품성에 관한 대화 제5장에서는 긍정적인 성격 특성과 가치관을 자녀에게 심어주기 위한 것으로 소개하였다.

가족회의 모임 이것은 조금 더 형식적인 모임으로서 이 장에서 다룰 것이다.

비공식적인 가족모임으로 시작하든, 문제해결적인 토론으로 시작하든, 아니면 곧바로 가족회의 모임으로 시작하든 간에 일단 대화를 시작하려고 노력하는 것이 중요하다.

이 장에서는 가족모임에 대한 정보를 제공하려고 한다. 그리고 가정에서 이러한 대화가 잘 이루어지는 데 도움이 되는 요령을 알려 주고자 한다.

가족모임을 유지하기 위한 네 가지 근거

제4장에서 문제해결적인 모형을 제시하면서, 우리는 문제가 부모에게 있든 자녀에게 있든 간에 상관없이, 문제해결적인 토론이나 가족회의 모임을 통하여 해결될 수 있다는 것을 알았다. 한 가족이 협동적으로 임하여 문제를 해결하는 것을 자녀에게 가르치는 것은 자녀가 다른 사람들과 협동하여 일하도록 지도해 주는 것이다. 그리고 실제로 가족의 문제에 대해서도 더 좋은 해결책을 찾을 수 있게 된다.

우리 중의 어떤 사람도 우리 모두가 함께한 만큼 현명할 수는 없다.

1. **협동심** 정규적인 가족모임은 가족구성원 각자에게 모두가 한 배에 탄 공동체의 운명자라는 것을 가르쳐 준다. 그리고 그 배의 항로를 함께 분담하여 책임지고 있으며, 어떻게, 어디로 조종해야 할지를 결정하는 가장 좋은 방법은 '합의' 에 이를 때까지 각자의 감정과 의견을 나누는 것이라는 점을 가르쳐 준다.

2. **책임감** 가족모임에 정규적으로 참가하면 가족을 대표해서 자기가 할 수 있는 최선의 방법을 선택하는 요령을 배울 수 있다. 결국 모든 사람은 자기가 선택한 결과에 대한 책임을 담당해야 한다.

3. **용기** 가족모임은 각자의 용기를 시험해 보는 실험장이다. 각 구성원은 누군가가 자신의 의사에 동조하지 않더라도 자신이 생각하고 느끼는 것을 말하는 것이 얼마나 중요한가를 배우게 된다. 또한 가족모임은 격려를 주고받는 기회도 된다.

4. **자기존중감** 자녀는 자신의 견해가 소중하게 받아들여지고 자기가 가족모임에서 환영받고 있다는 것을 직접 확인하면서 자신을 긍정적으로 생각한다. 이러한 자기존중감은 자녀의 생활에서 다른 영역으로 파급될 수 있다.

가족모임을 시작하는 방법

가족모임의 유형이 어떠하든지 간에 부모가 가족모임에 대한 의사를 표현한 다음에 가족모임을 시작하도록 하라. 가족모임을 시작할 때 고려해야 할 몇 가지를 소개하면 다음과 같다.

모임에 참가하고자 하는 가족들과 함께 시작하라 어떤 상황에서는 가족구성원 중 한두 사람은 가족모임에서 안건을 토론할 준비가 되어 있지 않거나, 모임을 갖자는 취지를 좋지 않게 생각할 수도 있다. 그렇다고 해서 가족모임에 대한 생각을 포기해서는 안 된다. 대부분의 가족이 모임을 갖자는 데 동의하면 가족모임을 가지도록 하라. 처음에 가족모임에 별로 뜻이 없었던 식구들도 나중에는 그 모임에 참석하는 것이 그들에게 유리하다고 생각하고 다음에는 모임에 참석하기로 결정할 수도 있다.

누가 가족모임에 참석해야 하는가? 가족모임은 부모, 자녀, 조부모, 삼촌, 고모, 이모 등과 같이, 함께 사는 사람이면 누구나 참석해야 한다. 다시 말하면, 전 가족의 일상생활에 영향을 끼치는 사람들이라면 누구나 참석해야 한다.

한부모 가정 별거나 이혼 상태에 있는 가족들은 부모 중 한 분이 참석하지 않을지라도 가족모임을 개최해야 한다. 그런 경우에 따로 사는 배우자와 자녀 간의 문제에 속하는 내용은 가족모임에서 논의하지 않는 것이 중요하다. 그러한 문제는 자녀와 따로 사는 배우자에게 해당하는 문제이므로, 가족모임과는 별도의 대화를 통하여 다루어져야 한다.

별거나 이혼 상태에 있는 가족들은 부모 중 한 분이 참석하지 않을지라도 가족 모임을 개최해야 한다.

시간과 장소 참석할 사람이 모두 동의하고 편리하다고 여기는 시간과 장소를 선택하라. 가족모임을 하기에는 일요일 오후가 적당하다. 일요일 저녁은 다음 주가 시작되는 시간이므로 가족들이 모이기가 더 쉽고 지난주를 되돌아보고 다음 주를 계획할 수 있다. 모임은 모든 참가자들에게 편안한 장소, 즉 모든 사람들이 앉을 수 있는 충분한 공간이 있는 곳에서 열려야 한다.

의사소통의 요령	
해야 할 사항	하지 말아야 할 사항
• 정중하게 말해라.	• 어떤 가족원의 의견을 묵살하기
• 모든 사람의 의견을 들어 보라.	• 이야기를 중단하기
• 당신이 생각하고 느끼는 것을 함께 나누어라.	• 대화를 독차지하기
• 다른 사람들을 격려해라.	• 자신의 견해만을 고집하기
	• 다른 사람을 비난하기
	• 어떤 식구에게 욕설하기

자녀가 유능한 문제해결자가 되는 방법을 가르쳐 주는 것은 민주사회에서 생활하는 아이들에게 매우 큰 강점을 제공해 줄 것이다.

일단 가족대화에 대한 기본 규칙을 세운 다음에는 긍정적인 구조 안에서 모든 가족원을 다루기가 더 쉬어진다. 만약 어떤 자녀가 규칙을 위반할 때는 "우리가 서로를 비난하지 않는다고 동의하지 않았니?" 라고 단호하나 조용하게 일러 주도록 하라.

지도자의 역할

가족모임을 위한 지도자의 역할에는 다음과 같은 두 가지가 있다.

1. 사회자 가족의 토의가 정상 궤도로 진행되도록 하고 모든 가족원의 의견이 제시되도록 하라.
2. 서기 가족모임 동안에 발표된 의견을 기록하고 모임 후에는 회의록을 정리하여 기록해 둔다. 다음 모임 때 그 회의록을 읽어 주어라.

사회자와 서기의 이런 두 가지 업무는 첫 번째 모임에서 부모가 담당한다. 그런 다음에는 다른 가족들이 차례대로 돌아가면서 맡는다. 즉, 한 사람이 매번 사회자와 서기 역할을 하지 않도록 한다.

유능한 사회자가 되는 방법: 가족구성원들을 위한 지침

다음과 같은 의사 일정을 따르라.

1. 칭찬하기 지난주 동안에 가족구성원이 한 말이나 행동에 대해서 감사하는 사람이 있는지 질문하라. 이 시간은 가족구성원의 착한 행위에 대해서 서로 칭찬해 주고 격려해 주는 시간이다.
2. 회의록 지난주에 서기를 담당했던 사람에게 지난주에 기록한 회의록을 큰소리로 읽으라고 말하라. 회의록은 지난 모임 때 있었던 일들을 상기시켜 준다.
3. 구 안건/신 안건 지난 모임 때 끝마치지 못했던 어떤 문제에 대해서 이야기할

기회를 제공해라. 이렇게 지난번에 완결되지 못한 사안을 구 안건이라고 부른다. 각자 자신이 말하고 싶은 것들을 이야기해 보게 해라. 단, 누군가가 발언하고 있을 때 다른 사람은 말을 해서는 안 된다는 것을 상기시켜라.

그런 다음에 회의록에 기록된 문제에 대해서 가족들이 이야기하게 하라. 문제해결을 위한 좋은 방법을 배우려면 제4장의 가족모임: '적극적으로 문제를 해결하기' 를 읽도록 한다.

4. 용돈 이 시간은 엄마나 아빠가 자녀에게 용돈을 주기에 좋은 시간이다.

5. 한턱 내기 또는 가족활동 "이제 회의를 마치겠습니다." 라고 말하고 모임을 끝낸다. 만약 모임이 지나치게 길어지면 가족이 피곤해 할 것이다. 따라서 정해진 시간을 지키는 것이 좋다. 5~7세의 어린아이들에겐 10~15분, 더 나이든 아이들에겐 30~45분이 이상적이다. 대개 가족들은 모임 후에 즐거운 게임이나 맛있는 간식을 원하므로, 긍정적인 말로 가족모임을 끝맺음하는 것이 좋다.

유능한 서기가 되는 방법: 가족구성원들을 위한 지침

유능한 서기가 되기 위해서 아래와 같은 세 가지 일만 하면 된다.

1. 사람들이 말한 것을 주의 깊게 들어라.
2. 논의된 각각의 문제에 대하여 결정된 결과를 기록해라.
3. 모임 후에는 결정된 내용을 요약하여라. 이런 요약본을 '회의록' 이라고 한다. 다음 모임 때 가족에게 큰소리로 회의록을 읽어 주어라.

회의록의 예는 다음과 같다.

3월 14일 가족모임 회의록

사회자: 재인, 서기: 인아.
우리 가족은 다음과 같이 결정하였다.

1. 이번 여름 방학 때 산정호수로 여행가기로 한다.
2. 재인이가 인아의 책을 잃어버렸으므로 인아에게 그 책값으로 5,000원을 주어야 한다.
3. 가족이 4월에 등산반원과 함께 주말 등산을 갈 것인지에 대해서는 다음 모임 때 결정한다.

가족회의 모임

간단히 말해서, 가족회의는 가족구성원 모두에게 영향을 끼치는 문제를 다루고 그에 따른 계획을 짜기 위해서 일주일에 한 번씩 모이는 시간이다.

앞에서 살펴본 유형의 가족모임은 구체적이고 제한된 시간 안에 가족이 함께 할 수 있는 유용한 방법이다. 이러한 가족모임은 가족회의 모임으로 통합될 수도 있다. 가족회의는 문제를 해결하고 가정사를 결정하기 위하여 가족구성원 모두가 이상적인 공개토론을 할 수 있는 장을 제공한다.

간단히 말해서, 가족회의는 가족구성원 모두에게 영향을 끼치는 문제를 다루고 그에 따른 계획을 짜기 위해서 일주일에 한 번씩 모이는 시간이다. 가족회의는 20분~1시간 정도로 진행하고, 안건처리의 순서로 진행하는 것이 좋다. 가족회의는 회사에서의 업무 회의와 같은 성질의 것이다.

첫 번째로 열리는 가족회의 모임은 짧아야 한다. 이 모임에서는 한 가지 의제만 다루는 것이 좋다. 가족회의가 끝난 즉시 함께 외출을 하거나 오락 시간을 가지도록 하라. 다음번의 모임은 약간 길어지고 다루어야 할 의제가 많아져도 좋다.

전반적인 진행순서

대부분의 가정에 적합한 가족회의의 진행 순서는 다음과 같다. 이것을 '유능한 사회자가 되는 방법' 에서 더욱 상세하게 살펴보았다. 가정의 상황에 알맞게 조절할 수도 있다.

1. 칭찬하기
2. 회의록에 기록하기
3. 구 안건/신 안건
4. 용돈 주기
5. 한턱 내기 또는 가족활동

새로운 안건의 의사결정

'의사결정' 이라고 쓴 종이를 냉장고나 다른 편리한 장소에 붙여두도록 한다.

'의사일정' 이라고 쓴 종이를 냉장고나 다른 편리한 장소에 붙여 두도록 하라.

가족모임이 시작되기 전에 '의사일정' 의 표지판에 다루어야 할 안건을 적어 두면 새로운 안건 처리가 수월하게 진행된다. '의사일정' 은 냉장고 위나 편리한 곳에 붙여 두라. 가족구성원 누구라도 다음 모임에서 다루고 싶은 문제가 생기면 의사일정의 표지판에 그 내용을 적어 놓으면 된다.

새로운 안건의 의사일정

1 나는 왜 주연이 집에 가서 자고 오면 안 되는가? (선이)

2 선이는 허락도 없이 내 방에 불쑥 들어온다. (용태)

3 허드렛일을 도와주기 바란다. (엄마)

제안된 안건은 다음번 가족모임에서 차례대로 다룬다. 가족회의 이전에 거론되지 못한 안건은 다음 모임으로 연기된다. 종종 가족모임이 있기 전에 관련된 사람들이 안건을 쉽사리 처리하는 수가 있는데, 그런 안건은 항목에서 제외될 수 있다. 안건을 써서 붙여 두는 것의 유익한 점은 부모들이 아이들 간의 싸움에서 벗어나 있을 수 있는 길을 열어 주기 때문이다. 자녀들이 부모가 끼어들어 자신들의 문제를 해결해 주기를 바랄 때 부모는 그 문제를 이번 주의 의사일정에 안건으로 올려놓자고 제안할 수 있다.

승철: 배용이가 내 허락도 없이 내 장난감을 가지고 가요. 그렇게 하지 말라고 엄마가 말 좀 해 주세요.
엄마: 너 몹시 화가 난 모양이구나. 그 문제를 이번 주 가족모임의 의사일정에 적어 놓으려무나.

가족회의 모임 동안에 이러한 유형의 문제를 다루는 기본 규칙은 문제해결적인 대화에서와 동일하다. 문제를 해결하기 위해서는 제4장 가족모임: '적극적으로 문제를 해결하기' 에 소개된 다섯 단계를 그대로 사용할 수 있다. 의사일정의 표지판에 긴급한 문제가 상정되지 않을 때는, 가족모임 시간을 가족 대화를 위한 시간으로 대체해도 좋다.

마약과 성과 폭력

다음 내용은 십대를 위한 적극적인 부모역할 훈련에 나오는 비디오에 소개된 실화(實話)다.

청소년들은 파티장에서 모두 술을 마셨다. 맥주통에서는 무제한으로 맥주가 쏟아졌고, 그때 불청객을 가득 태운 자동차가 도착하였다. 안마당에서 십대들은 술에

> 취해 서성거렸다. 자동차에서 내린 십대들은 다른 고등학교에서 왔고, 그들 또한 술에 취해 있었다. 그들은 친구의 여자친구가 다른 학교 학생의 데이트 상대로 그 파티에 참가한 사실을 알고 화가 나서 침입한 것이다. 15~20명 정도 되는 십대들이 합세하여 성난 말이 오갔고 드디어 싸움으로 이어졌다. 갑자기 한 아이가 칼을 꺼내어 다른 소년의 배를 찔렀다. 그들이 희생자를 병원으로 급송하면서 모든 것이 끝났다. 병원에서 그 아이는 죽었다.

당신은 많은 부모들이 외지로 출타하면서 십대 자녀들이 빈집에서 아무런 감독도 받지 않고 지내도록 실제로 묵인하고 있다고 생각할 것이다. 그것은 사실이다. 그러나 위의 사례에서는 상황이 달랐다. 아이의 부모는 집에 있었다. 2층에서 TV를 시청하면서…… 그 후 부모에게 왜 아이들을 감독하면서 아래층에 내려와 있지 않았느냐고 질문하자, 그들은 "우리는 아이들에게 개입하고 싶지 않았기 때문이에요."라고 대답하였다.

예방적인 요소를 개발하기

적극적인 부모역할 훈련에서는 부모가 자녀의 생활에 개입할 책임이 있다고 믿는다. 앞에서 강조했듯이, 부모가 자녀를 성공 회로 안으로 들어오도록 돕기 위해 생각하기-느끼기-행동하기 회로에서 네 개의 창(窓)으로 표현된 기회를 가지고 있다. 부모가 자녀의 생활에 개입하는 방법에 대하여 좀 더 살펴보기로 한다. 먼저 부모들이 아이들의 삶에 긍정적인 영향을 줄 수 있는 또 다른 중요한 방법들을 살펴보자.

미국의 약물남용 예방센터에서는 여섯 개의 분야 내지 생활영역에서 수많은 예방적인 요소들을 찾아내었다. 아이들의 삶 속에서 이러한 예방적인 요소들이 많이 존재하면 존재할수록 아이들은 술, 담배, 기타 약물에 덜 의존하게 된다는 결과가 나타났다.

다음에 제시된 표는 영역별로 이러한 방어적인 요소들을 상세하게 보여 주고 있다. 또한 부모가 자녀들에게 이러한 요소들을 개발시키는 데 도움을 줄 수 있는 방법들도 제시하고 있다. 부모가 확실하게 영향을 줄 수 있는 영역은 가정의 영역이다. 그러나 다음 표에서 나타난 것처럼 다른 영역에서도 부모가 자녀에게 예방적인 요소들을 개발시킬 수 있는 방법들이 많이 있다. 표를 유심히 읽고, 스스로에게 다음의 내용을 질문해 보기 바란다.

"이러한 활동들 중에서 내가 자녀들에게 예방적인 요소들을 개발시키려고 몇 가지나 시도해 본 적이 있는가?"
"이러한 활동들 중에서 내가 시작할 수 있는 것은 몇 가지나 되는가?"
"내 자녀들에게 이러한 요소들을 더욱 효과적으로 개발시켜 주기 위해서 배워야 할 기술은 어떤 것들인가?"(이 책의 참고문헌을 참조할 것)

예방적인 요소	부모가 개발시켜 주는 방법
개인적인 영역	
• 개인의 긍정적 특성: 사교성과 사회적 반응성, 협동심, 정서적 안정감, 자기긍정성, 문제해결능력, 약한 자기 방어와 변명 • 사회기관과의 연계성과 가치관: 가족에 대한 집착, 학교에 대한 헌신, 종교기관에 소속되기, 사회적 가치관에 대한 신념 • 사회적 정석적 유능성: 좋은 의사소통능력, 반응성, 공감, 배려, 유머 감각, 친사회적 행동, 문제해결능력, 자율성, 미래에 대한 목적의식	• 자녀에게 좋은 인성적 자질을 길러 주어라 (용기, 품성, 자기존중감, 존경심, 제1장과 제5장). • 자녀와 긍정적인 유대관계를 가져라(가족화목활동, 제1~6장). • 기대하는 것을 분명하게 말하고 적극적으로 경청하라(적극적인 의사소통, 제2장). • 자녀의 나이 수준에 알맞은 선택권을 주어라 (선택의 방법, 제1장). • 자녀가 소유하는 문제를 해결하도록 도와주고, 가족의 문제해결에 자녀를 참여시켜라 (적극적인 문제해결 제4장, 문제해결 제2장). • 자녀의 장점을 구축해 주어라. 그리고 아이의 능력을 신뢰하라(제5장). • 자녀가 분노를 관리하도록 도와주어라(제4장).

가족의 영역

- 식구들과의 긍정적 유대관계
- 부모역할:
  따뜻함은 많이, 심한 질책을 피할 것, 기본적 신뢰감, 부모의 기대가 높되 분명하고 일관성이 있을 것-가족의 의사결정과 집안일의 책임에 자녀를 참여시키는 일을 포함하여-
- 정서적으로 지지를 보내는 부모/가정 분위기: 자녀의 흥미 분야에 부모가 관심 보이기, 위계질서가 분명한 부모-자녀관계, 자녀의 숙제 및 학교 행사에 부모가 관여하기
- 자녀에게 규칙적으로 사랑을 표현하라. 그것을 일과의 행사로 수립하라(취침 전 습관과 널 사랑해, 제2장).
- 긍정적인 훈육방법을 사용하라(정중한 요청, 나-전달법, 논리적 결과와 단호한 지시, 제3장).
- 가족단위를 강조하라(가족화목활동, 제1~6장).
- 가족의사결정과 가사분담에 자녀를 참여시켜라(가족회의, 제1~6장, 문제를 예방하기, 제3장).
- 모든 분야에서 자녀를 격려하라. 그리고 아이의 장점을 구축하라(제5장).
- 있는 그대로의 자녀를 소중히 여기라(제5장).
- 기대하는 것을 분명하게 말하라(적극적인 의사소통, 제2장).

또래의 영역

- 학교활동 및 여가, 봉사, 종교와 기타 단체활동에 가담한 또래들과 어울리기
- 긍정적인 또래관계를 격려하라.
- 긍정적인 또래관계를 맺을 수 있는 기회에 참여시켜라(좋지 못한 영향력을 걸러내 주고 바람직한 기회를 만들어 주는 부모, 제6장).

학교의 영역

- 학교와 교실에서의 보살핌과 지지와 일체감
- 학교 선생님에게서 높은 기대 받기
- 올바른 행동에 대한 분명한 기준과 규칙
- 학교의 행사와 의사결정에 청소년들의 참여, 관여, 책임감 부과하기
- 학교 활동에 관여하라.
- 자녀의 학교에서 일어나는 일에 대하여 정보를 구하라.
- 자녀의 담임과 연락하고 자모회에 참석하라.
- 자녀에게 학교와 공부가 제일 중요함을 알려주어라.
- 자녀에게 정규적으로 책을 읽어 주어라.
- 자녀의 숙제와 공부에 격려를 보내라(제5장).
- 자녀의 장점은 구축하고 아이의 능력에 대한 신뢰를 보여 주어라(제5장).

지역사회의 영역

- 배려와 지지
- 청소년에 대한 높은 기대
- 지역사회 활동에 청소년이 참여할 수 있는 기회
- 긍정적인 지역사회 활동에 자녀가 참여할 수 있는 기회를 찾아 주어라.
- 자녀의 생활에 도움을 줄 수 있는 성인 멘터를 연결해 주어라(좋지 못한 영향력을 걸러내 주고 바람직한 기회를 만들어 주는 부모, 제6장).

사회적 영역

- 대중매체 사용능력
- 불건전한 매체의 접근 방지
- 중과세
- 불건전한 약물에 대한 중과세 및 미성년자 구매의 규제
- 음주운전에 대한 엄격한 법규
- 자녀가 대중매체를 시청하는 것을 감시하라(TV, 인터넷 잡지, 서적 등).
- 자녀에게 긍정적인 대중매체의 시청을 허용하고, 부정적인 매체의 시청을 제한하라.
- 특히 대중매체에 등장하는 알코올, 담배와 기타 약물에 대한 문제를 자녀와 토론하라. 자녀의 견해를 적극적으로 경청해 주고 당신의 견해를 납득시켜라(적극적인 의사소통, 제2장).
- 자녀가 알코올, 담배, 기타 약물에 노출되는 것을 제한하라(좋지 못한 영향력을 여과하고 긍정적 사건을 만들어 주는 부모, 생각하기-느끼기-행동하기 회로에 영향 주는 부모, 제6장).

부모가 개입하기: 좋지 못한 영향력을 걸러 주는 부모

이 프로그램의 목적은 가정에서 자녀에게 인격적인 자질을 길러 줌으로써 장차 그들이 감당하기 힘든 사건이 발생할 때 자녀가 현명한 결정을 내릴 수 있도록 도와주는 것이다.

우리는 문제 다루기에 대하여 논의하였다. 문제를 다루는 기술은 자녀가 성공회로 안으로 들어와서 어려운 난관을 헤쳐 나갈 수 있도록 현명하게 사고하고 감정을 올바로 느끼고 행동하도록 해 준다. 또한 아이들을 과잉보호해서는 안 된다는 점을 강조하였고, 자녀가 독립적인 성인으로 되어 가는 과정 속에서 그들의 행동에 뒤따르는 자연적인 결과를 통하여 교훈을 터득하도록 허용하는 것이 중요하다고 설명하였다.

위험한 사건이 자녀에게 영향력을 미치지 않도록 예방해 주기 위해서 적극적인 부모는 자녀 곁에 있는 것 자체로서 여과기의 기능을 담당하는 것이다.

그러나 부모가 반드시 개입해야 할 때가 있기 마련이다. 이에 대한 기술적인 용어는 '금지' 다. 그러나 그것은 '약물 단속반이 불법적인 약물의 국내 반입을 금지하는 것' 과 같이 약물거래에 해당하는 사건이 아니다. 불법적인 약물이 사회체제 안으로 침투되기 전에 정부가 걸러 내는 것처럼, 위험한 사건이 자녀에게 영향

력을 미치지 않도록 예방해 주기 위해서 적극적인 부모는 자녀 곁에 있는 것 자체로서 여과기의 기능을 담당하는 것이다.

그림에 나타난 것처럼 부모는 가끔 어떤 사건과 자녀의 중간에 끼어 있게 된다.

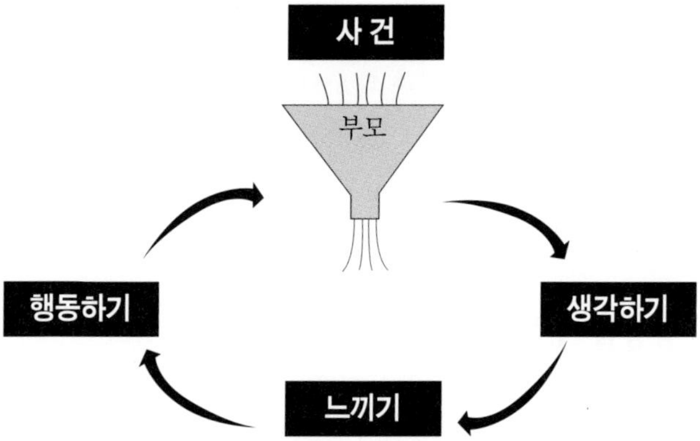

이때 부모는 여과기의 기능을 담당함으로써 자녀의 생각하기-느끼기-행동하기 회로에 영향력을 끼치는 것이다. 앞에서 들었던 예와 같이, 어린 십대들이 성인의 감독을 받지 않고 자기들끼리 벌이는 파티와 같은 극도로 위험한 사건이 여기에 해당한다. 당신은 아마도 예전부터 어린 자녀들을 위해서 이러한 위험요소를 많이 걸러 주고 조율해 왔을 것이다.

지나치게 위험한 사건들의 예

극도로 위험한 사건들의 유형에는 다음과 같은 신체적인 위험이 있다.

- 너무 높은 곳에 올라가기
- 감독관 없이 수영하기
- 안전벨트 없이 차에 타거나 안전하지 못한 차량에 승차하기

- 공공장소에 보호자 없이 혼자 남겨지기-유괴될 염려가 있음
- 깡패나 폭력적인 사람의 주변에 남겨져 있기
- 번잡한 거리나 안전하지 못한 장소에서 놀기
- 독약이나 위험한 가구 주변에 있기

다른 위험한 유형은 자녀의 신념과 태도와 가치관과 인성의 발달에 부정적인 영향을 끼칠 우려가 있는 사건들이다. 특히 담배, 알콜, 기타 약물의 사용과 무분별한 성행위와 폭력을 조장할 수도 있는 상황들을 경계해야 한다.

부정적인 영향을 주는 것들

매체의 무제한적인 사용 여기에는 인터넷, TV, 영화, 음악, 도서, 잡지, 게임이 포함된다. 다음과 같은 조언을 참고하기 바란다.

TV와 컴퓨터를 집 안의 개방된 장소에 놓아두어라. 그러면 자녀가 무엇을 시청하고 있는지 쉽게 체크할 수 있다.

- 시청(視聽) 규제를 알아보고 사용하라. (자녀의 나이 수준을 능가하는) 성인용 채널을 시청하는 것을 자녀에게 허용하지 말라. 자녀에게 어떤 프로의 시청을 허락하려면 당신이 사전에 그 프로를 먼저 시청한 연후에 허락하라.
- 매체가 전달하는 내용의 핵심이 무엇인지를 확인하기 위해서 자녀가 시청하는 것을 들어보라. 지나치게 관능적이거나 폭력적이거나 부모의 가치관에 반대되는 내용은 시청하지 못하도록 과감하게 제한하라. 그렇게 시청을 금지하는 이유를 자녀에게 이야기해 주고 자녀의 말도 적극적으로 경청하라. 그러나 마지막 결정은 부모가 하여라.
- TV와 컴퓨터를 집 안의 개방된 장소에 두어라. 그러면 자녀가 무엇을 시청하고 있는지 쉽게 점검할 수 있다.
- 자녀와 함께 TV쇼를 보고 다른 매체들도 같이 이용하면서 자녀와 더불어 중요한 주제에 대해서 의견을 나누어라.

- 인터넷 제공자가 공급하고 있는 부모 통제권(parental control)의 사용법을 익히고 자녀가 무엇을 보고 있는지 모니터링하는 방법을 배워라.
- 자녀의 친구 부모들과 이야기를 나누고 그 부모들도 매체 시청에 주의를 기울이라고 격려해 주어라. 아이들은 감시가 느슨한 가정에 자기들끼리 모여 자기 마음대로 매체를 시청하려고 하기 때문에 부모들끼리 연락하며 서로 지지할 필요가 있다.

법규를 어기고 그릇된 행동을 부추기는 또래와 친구들 이것은 까다로운 문제다. 자녀에게 어떤 친구는 사귀지 말고 어떤 친구는 사귀어야 한다고 지시하면 자녀는 반항하거나 눈속임을 할 가능성이 높기 때문이다. 단지 친구들의 외적인 모습만 보고 판단하는 것은 피하라. 그러나 자녀가 친구와 함께 문제를 일으키면 서로가 다 손해라는 점을 자녀에게 알려 주어야 한다. 그런 경우는 논리적인 결과를 부과하여 당분간 자녀와 친구를 떼어 놓도록 하여라. 두 아이가 계속 친하게 지내기를 원하는 경우는 상당한 시간이 경과한 다음에 다시 만나는 것을 허용하라.

당신과 매우 다른 가치관을 가지고 사는 성인들과 교사 자녀가 다른 사람들의 사상에 접하는 것이 정신적으로 유익하고 건강한 일임에는 틀림없다. 그러나 자녀가 가정의 가치관과 크게 다른 가치관을 가진 성인들과 함께 있는 것은 적당히 제한하는 것이 좋다. 당신의 가치관을 지지해 주는 학교와 종교단체와 장소를 선택하라. 자녀가 당신의 가치관과 아주 다른 영향권 안에 노출되어 있는데 당신이 어떤 제약을 할 수 없을 때는 자녀에게 당신의 견해를 피력하라. 예컨대,

> "네 고모가 담배를 피우고 있는 걸 엄마는 알고 있지. 고모는 여러 면에서 훌륭하신 분이야. 그런데 여러 가지 이유로 담배가 해롭다는 것을 우리가 이야기했듯이, 담배를 피우는 것은 고모 자신에게 매우 끔찍한 것이란다."

개입하기: 바람직한 기회를 만들어 주는 부모

이 세상에서 자녀가 원하는 대로 다 해 줄 수 있는 부모는 없다.

자녀에게 해를 주고 부정적인 영향력을 미치는 사건들을 부모가 여과해 낼 수 있다면, 그와 똑같은 원리로 부모는 자녀에게 인격을 형성하여 성공 회로로 인도해 주는 긍정적인 기회나 사건을 만들어 줄 수 있다. 아쉽게도 이 세상에서 자녀가 원하는 대로 다 해 줄 수 있는 부모는 없다. 그러니까 자녀는 우리가 줄 수 있는 것은 우리에게서 받고, 또 부족한 것은 다른 성인과 친구들에게서 보충받아야 한다. 부모는 자녀의 발달에 긍정적인 영향력을 끼칠 수 있는 방법을 창의적으로 개발하여야 한다. 그러므로 자녀에게 바람직한 기회를 만들어 주어라.

긍정적인 성인의 영향 당신의 자녀가 가능한 한 성인 조언자들과 긍정적인 접촉을 하도록 하라.

- 교회의 청년 단체들
- 운동코치
- 교사들
- 성인 친구들
- 친척들, 특히 조부모와 어린 자녀가 없는 분들
- 멘토링(mentoring) 프로그램

대중매체 도서, 영화, 음악, TV, 인터넷에는 많은 긍정적인 모델과 교훈이 들어 있다. 자녀가 이러한 긍정적인 자료를 이용하도록 도와주어라. 그러면 자녀에게 긍정적인 가치관들을 많이 심어 줄 수 있을 것이다.

여름 캠프 캠프 카운슬러와 직원들은 아동의 발달에 엄청난 영향을 줄 수 있다.

솔직히 말해서 나는 캠프 지도자의 아들로 자란 덕분에 캠프 경험을 아주 좋아한다. 나는 항상 카운슬러들에게서 배운 교훈을 소중하게 간직하였다. 그리고 수백 명의 어른들이, 그중에는 유명한 국가의 지도자도 있는데, 자신의 삶에 긍정적인 영향을 준 나의 아버지에게 감사한다는 것을 알게 되었다.

사랑이 담긴 종교교육 지지적이고 사랑이 담긴 방법으로 자녀에게 종교교육이 이루어지면 신앙은 물론이거니와 인격 함양에도 긍정적인 영향을 많이 줄 것이다.

좋은 교육환경 우리 사회에서 모든 학교의 여건이 동일하지 않다는 사실을 직시하자. 자녀는 잠자는 시간을 빼고는 학교에서 가장 많은 시간을 보낼 것이다. 그러므로 재정적인 여건이 허락하는 한도 안에서, 이사를 해야 하는 한이 있더라도, 자녀를 위하여 가장 좋은 학교를 선택하라. 좋은 교사와 좋은 시설이 있다고 해서 교육여건이 좋은 것은 아니다. 자녀가 같이 노는 아이들과 그 가정의 질이 자녀에게 미치는 영향이 그만큼 중요하다.

가족화목활동: 가정이라는 단위를 강조하기

'적극적인 부모역할, Now!' 에서는 가정이 문명(文明)의 근간이고, 가정이야말로 자녀에게는 이 세상에서 가장 중요한 것이라고 강조한다. 우리는 결코 홀로 생존할 수 없지만 소규모의 협력체를 형성하면 번성한다는 것을 역사는 계속하여 증명해 왔다. 가정은 소속의 근원이 되고, 학습의 근원지이며, 자녀와 사회에 공헌하는 근본이 되어 왔다. 그리고 넓게 보자면 문명의 척도는 가정의 힘에 달려 있다고 할 수 있다.

그래서 전통적인 가정이든, 양부모로 이루어진 혼합가정이든, 한부모(single parent) 가정이든 기타 어떤 형태의 가정이든 간에, 부모는 자녀가 가정의 일원임을 알게 하는 방법을 찾는 것이 중요하다. 가족활동을 자주 계획해라. 자주 '우리 가족' 이라는 말을 사용해라. 가족의 고유한 전통과 의식을 개발해라. 그리고 자녀에게 가족사 중에서 집안을 특별하게 만든 이야기를 들려주고, 또 들려주어 추억거리를 만들어 주어라.

그리고 가정을 통해서 자녀는 인류라는 큰 가족에 속해 있다는 사실을 일러주도록 유념하라. '인류' 라는 '가족' 에 대한 자녀의 공헌이 '모든 사람들의 미래' 를 결정짓는 데 도움을 줄 수 있다. 따라서 '부모' 라는 직업은 이 세상에서 가장 중요한 직업이 될 것이다.

6

과제활동

- 자녀의 나이를 고려하면서 알코올, 담배 및 기타 약물에 대해서 자녀와 함께 이야기하는 시간을 가져라. 그리고 262쪽의 활동지를 완성해라.
- 아이들과 가족사와 추억거리를 함께 나눌 수 있는 계획을 짜 보아라. 그리고 263쪽에 있는 활동지에 적어 넣어라.
- 보살핌을 제공하는 자로서의 당신 자신을 돌보도록 하라. 그리고 226쪽에 있는 표를 완성해라.

자녀는 당신이 시작한 일을 이어 나갈 사람입니다. 자녀는 당신이 앉았다가 떠난 자리에 앉게 될 것입니다. 그리고 당신이 중요하게 생각한 일들을 이어받아 노력해 나갈 것입니다. 당신이 즐겨 여러 가지 정책을 채택하더라도, 그것을 수행하는 것은 자녀에게 달려 있습니다. 자녀는 당신의 도시와 국가의 통치자가 될 것입니다. 당신의 교회와 학교와 기업체를 떠맡게 될 것입니다. 당신이 저술한 모든 책도 그들이 평가하며, 칭찬하고, 지탄도 할 것입니다.

인류의 운명은 그들에게 달려 있습니다.

–에이브러햄 링컨–

내 인생의 직업

가끔씩 나는 무슨 말을 해야 할지 모른다네.
좀 더 좋게, 좀 더 무난하게 되도록
가끔씩 나는 무슨 일을 해야 할지 모른다네.
어떤 입장을 취해야 할지…
그리고 자녀를 어떻게 도와주어야 할지를…
힘들 때나 기쁠 때나
가족으로서 함께 나누는 시간은
길지가 않네.
우리가 함께한 시간
한 가족으로서 함께
적극적인 부모역할
그것은 내 인생에서 가장 중요하네.
적극적 부모역할
그것은 내 인생의 과업을 도와주었지.
그래서 나는 부모역할에 모든 기대를 건다네.
나는 특별한 계획의 한 부분을 담당한다네.
내 가슴속에 기쁨이 샘솟네.

내 자녀를 위하여 우리가 시작하면서
적극적인 부모역할을
내 인생에서 가장 중요한 직업
적극적인 부모역할
그것은 내 인생의 과업을 도와주었지.
아주 옛날엔
어떤 도전이 기다리고 있는지 알지 못했네.
그러나 지금 느끼는 기쁨은 진실하네.
아주 다른 느낌으로
눈을 크게 뜨고 내 아이를 사랑한다네.
날마다 배워 가네.
적극적인 부모역할의 길을
적극적인 부모역할
그것은 내 인생에서 가장 중요한 직업이네.
적극적인 부모역할
그것은 내 인생의 과업을 도와주었네.

–마이클 팝킨–

부모코칭 프로그램

적극적인 부모역할, Now! 활동기록지

- 이 책에서 배운 기술을 더욱 확실하게 다지기 위하여 이 활동지를 사용하십시오.
- 각 장의 뒷부분에 나와 있는 과제활동을 눈여겨보고 일정과 지시사항을 참고하십시오.

적극적인 부모역할의 목적

첫 번째 비디오를 보고 나서 내가 기억해 두고 싶은 한 가지

____

____

____

이 프로그램에서 내가 배우고 싶은 한 가지 내용

____

____

____

제6장을 마치고 나서

이 프로그램을 통하여 당신이 배운 것 중에 세 가지를 적어 보시오.

1. ______________________________________
2. ______________________________________
3. ______________________________________

이 프로그램에 참가한 덕분에 당신은 부모로서 성장한 점이 있다고 느끼십니까? 어떤 면에서 어떻게?

____

____

____

배운 내용이 당신에게 어떻게 도움을 주었습니까?

당신 자녀에게는?

당신 가족에게는?

보살핌을 제공하는 자로서의 당신 자신을 보살피기

보살핌을 제공하는 자로서의 당신 자신을 보살피기 위하여 매주 당신이 한 일을 기록하십시오. 그리고 각각의 영역에 해당하는 것에 체크하십시오. 매 주마다 다섯 가지 영역의 활동을 다 할 필요는 없지만 6~8주 동안 각 영역에 해당하는 활동을 한 번쯤은 시도해 보도록 노력하십시오.

주간		건강관리	사교생활	마음관리	주변정리	애정생활
1						
2						
3						
4						
5						
6						

선택권 주기 활동

이번 주에 자녀에게 줄 수 있는 선택권

자녀 이름:

선택권:

그 효과는?:

자녀 이름:

선택권:

그 효과는?:

자녀 이름:

선택권:

그 효과는?:

자녀 이름:

선택권:

그 효과는?:

가족화목활동

재미있는 시간 가지기

당신이 어렸을 때 부모와 함께 재미있는 시간을 가졌던 일을 회상하십시오. 잠시 눈을 감고 즐거웠던 경험을 떠올려 보세요.

당신과 부모가 함께 했던 재미있는 활동은 무엇이었습니까?

그때 당신은 부모에게 어떤 감정을 느꼈습니까?

가족과 함께 어떤 재미있는 활동을 할 것인지를 결정하기 위해서 일주일 안에 가족 모임을 가지십시오. 그리고 결정한 내용을 기록하십시오.

진보 상황

자녀를 각각 한 명씩 데리고 재미있는 시간을 가진 후 다음에 기록하십시오.

자녀 이름 ______________

무슨 일을 했습니까? ______________________________________

그 효과는? ____

자녀 이름 ______________

무슨 일을 했습니까? ______________________________________

그 효과는? ____

자녀 이름 ______________

무슨 일을 했습니까? ______________________________________

그 효과는? ____

의사소통의 걸림돌 활동

우리 모두는 경우에 따라서 의사소통의 걸림돌을 사용하기 마련입니다. 어떤 부모는 이렇게 말했습니다. "나는 의사소통의 걸림돌을 사용하는 선수예요. 세 개나 네 개의 걸림돌을 한꺼번에 사용하거든요." 우리가 의사소통을 가로막는 역할을 하기 전에 우리 자신을 되돌아보려면, 대화 기술의 차원에서 자신의 약점이 어떤 것인가를 알아보는 것이 유익합니다.

당신이 가장 많이 사용하는 의사소통의 걸림돌을 생각해 보세요. 그리고 그때의 상황과 당신이 의도한 것을 적어 보십시오.

상황	의사소통의 걸림돌	당신의 의도
예: 아들이 학교 연극에서 역할을 맡지 못하였다.	관심 돌리기	아들의 기분을 전환시켜 주고 싶고, 나도 편안한 기분을 느끼고 싶어서

적극적인 경청 활동

감정단어: ( ) 대안과 결과: [ ]
감정과 내용을 연관시키기: 밑줄 긋기 추후지도: 여백에 '추후지도' 라고 적기

나민: 재수 없어.
엄마: 뭐가 재수 없단 말이냐?
나민: 담임선생님이요. 나는 얌전하게 공부만 하고 있었는데 대성이하고 민준이가 쪽지를 주고받았어요. 내가 그 애들 사이에 앉아 있었기 때문에 그 애들이 자꾸 나에게 쪽지를 건네주라고 했거든요. 그런데 선생님은 등을 돌리고 내가 대성이에게 쪽지를 건네주는 것을 보신 거예요. 그 쪽지는 내가 쓴 게 아니고 민준이가 쓴 건데. 선생님은 그 쪽지를 내가 써서 준거라고 생각하고 나한테 숙제를 더 많이 내 주셨어요. 지금 당장 할 일이 너무 많아서 어떻게 해야 할지 모르겠어요. 정말 불공평해요.
엄마: 너 정말 화난 것 같구나!
나민: 예, 엄마 같으면 안 그러겠어요? 그건 내 쪽지가 아니잖아요.
엄마: 그런데도 너만 지목을 당했구나. 네가 왜 그렇게 화났는지 이제 알 것 같구나.
나민: 더 기분 나쁜 것은 대성이하고 민준이가 한마디도 안 해 주었어요. 걔네들은 그냥 앉아서 낄낄거리고 있었어요.
엄마: 그래서 더 분통이 터졌겠구나.
나민: 그래요. 자기네들이 먼저 시작해 놓고서 책임은 몽땅 나보고 지라고 하다니!
엄마: 그리고 하필이면 담임선생님이 본 것은 네가 쪽지를 건네줄 때뿐이고 말이야. 그때 너는 당황했겠구나! 선생님이 전체 학생들 앞에서 너를 꾸짖었을 테니 말이야.
나민: 네. 하지만 다른 애들이 상황을 다 알고 있어서 그런지 그다지 나쁘지 않아요. 그런데 지금 이 숙제를 전부 해야 된단 말이에요. 아휴, 정말 불공평해요. 나 숙제하지 않을 거예요.
엄마: 네가 숙제를 하지 않는 것도 한 가지 방법이 되겠지. 네가 숙제를 안 한다면 어떻게 될까?
나민: 선생님이 성적을 나쁘게 주시겠죠.

엄마: 어머나, 그러면 정말 속상하겠는데! 특히나 여태까지 네가 그렇게 열심히 했는데 말이야. 그 밖에 네가 할 수 있는 일이 또 뭐가 있을까?

나민: 실제로 일어난 사실대로 말해 버릴까요?

엄마: 응, 그렇게 할 수도 있지. 그러고 나면 무슨 일이 일어날까?

나민: 글쎄요. 다른 아이들이 나를 꼬아 바쳤다고 비아냥거릴 것 같아요. 담임선생님은 어찌 되었건 간에 수업 중에 내가 쪽지를 건네는 일에 상관 말라고 말씀하실 거예요. 그러니까 내가 그 애들한테 모른 척했어야 한다고요.

엄마: 그것에 대해서는 어떻게 생각하니?

나민: 제가 미련했던 것 같아요. 선생님께서는 쪽지 건네주는 것을 허락하지 않는다는 것을 저도 알고 있었어요. 엄마, 그렇지만 그 애들이 나를 시원시원하지 못한 애라고 생각하는 것이 싫었거든요.

엄마: 그래 알았다. 너는 담임선생님의 규칙을 따라서 쪽지를 건네주지 않으면 애들이 너를 좋아하지 않을까 봐 두려웠던 모양이구나. 그래서 그 애들이 너를 좋아하기를 바랐기 때문에 네가 규칙을 어기는 짓을 했구나.

나민: 예, 아주 바보 같았지요?

엄마: 글쎄, 이렇게 생각해 보자. 네가 계속해서 그런 일을 저지른다면 바보 같지. 하지만 그것은 실수였고 그 실수에서 무엇인가를 배울 수 있는 것이란다.

엄마: 나민아, 진작부터 물어보고 싶었는데 그때 쪽지를 건네준 문제는 어떻게 되었니? 숙제는 다해 가지고 갔니?

나민: 네. 나쁜 점수를 맞는 것이 좋을 것도 없다고 생각했어요.

엄마: 민준이하고 대성이는 어떻게 되었니? 걔네들은 지금도 수업 중에 너를 끌어들여 쪽지를 건네니?

나민: 천만에요. 나는 그 애들이 취한 행동이 마음에 안 들었다고 말했어요. 그리고 다음부터는 그 애들의 말을 무시하겠다고 말했어요.

엄마: 정말 잘했구나. 네가 할 말을 확실하게 다 해서 정말 맘에 든다. 다른 사람들이 너를 이용하지 못하도록 하는 것은 참 잘한 일이야.

감정에 반응하기 비디오 연습

장면	아동의 장점	부모의 반응
제니와 엄마		
매산이와 엄마		
배용이와 엄마		
아영이와 아빠		
안정이와 엄마		
나민과 엄마		
오승과 아빠		

적극적인 의사소통에 대한 평가서

이번 주에 자녀 중 한 명과 적극적인 의사소통의 기술을 연습해 본 다음에 아래의 평가서에 적어 넣어 보십시오. 그리하여 이 프로그램에서 배운 내용을 다시 확인하세요.

자녀와 이야기를 나눈 문제나 상황은 어떤 것입니까?

____

____

자녀에게 어떻게 다가갔습니까?

____

____

당신이 사용한 적극적인 의사소통의 다섯 단계를 예를 들어 적어 보십시오.

- 1단계: 적극적으로 경청한다. ____________________
- 2단계: 감정에 귀를 기울인다. ____________________
- 3단계: 감정과 내용을 연결시킨다. ____________________
- 4단계: 대안을 찾아보고 그 결과를 평가한다. ____________________
- 5단계: 추후지도를 한다. ____________________

자녀는 당신에게 어떻게 반응했습니까?

____

당신이 이 과정에서 다루어 나간 것 중에서 맘에 드는 것은 어떤 것입니까?

____

다음번에 다른 방법을 사용하고 싶다면 어떤 식으로 하겠습니까?

____

누가 문제를 소유하는가 비디오 연습

장면	누가 문제를 소유하는가?	이유는?
배용이와 엄마 (싸우기)		
나민이와 엄마 (아침에 일어나기)		
안정이와 엄마 (방해하기)		
당신 가정에서 일어난 문제		

가족화목활동

취침 전 일과와 '사랑해'

가족모임: 취침 전의 일과를 정하라.

아동 각자에게 알맞은 취침 전의 잠자리 일과를 정하기 위해서 가족모임을 가지십시오. 그리고 다음 내용을 다루어 보십시오.

각 아이에게 전등불은 몇 시에 꺼 줄까요? ______________________

잠자기 전에 해야 하는 일과는 무엇입니까?(예: 목욕하기, 잠옷 갈아입히기, 이 닦기, 동화책 읽어 주기 등) ______________________

만약에 잠자기 전 일과가 제대로 이루어지지 않으면 어떤 일이 일어날까요?

____

가정에서 사랑을 표현하기

당신에게 어떤 어른이 사랑을 표현해 주었던 때를 회상해 보세요. 그분들은 부모, 조부모, 친척 또는 선생님이었겠지요. 당신에 대한 사랑은 말이나 등을 토닥거려 주는 행위로 표현되었을 것입니다.

그 경험에 대해서 적어 보세요.

____

____

당신이 느꼈던 감정은? ______________________

잊어버리지 말고 자녀에게 '사랑한다' 는 말을 반드시 해 주기 위해서 아래의 표에 적어 보세요.

자녀	당신의 표현	자녀의 반응

정중한 요청, '나' - 전달법과 단호하게 지시하기

1. 자녀가 방금 당신에게 무례하게 말했다고 가정하고, 당신이 아이에게 정중하게 요청하여 지도하는 예를 하나 적으시오.

____

____

2. 자녀가 당신에게 계속해서 무례하게 말한다고 가정하고, 당신이 아이에게 사용할 수 있는 '나' - 전달법을 구성해 보십시오.

   네가 ____________________ 해서(또는 ~이) 나에게 문제가 된다.

   그래서 나는 ________________ 하게 느낀다.

   왜냐하면 ________________________________ 때문이야.

   나는 네가 ____________________ 하면 좋겠구나(~해 주겠니?).

3. '나' - 전달법이 효과적이지 않았다고 가정하고 자녀를 위해서 단호한 지시를 내려 보세요.

가정의 예

가정에서 당신이 문제를 소유한 사례를 적어 보십시오. ____________

이번 주에 그 문제를 해결하기 위해서 당신이 사용할 수 있는 '나' - 전달법을 적어 보시오.

네가 ____________________ 해서(또는 ~이) 나에게 문제가 된다.

그래서 나는 ______________________________ 하게 느낀다.

왜냐하면 ________________________________ 때문이야.

나는 네가 ______________________________ 하면 좋겠구나(해 주겠니?).

평 가

당신이 사용한 '나'-전달법에 아이는 어떻게 반응했습니까?

____

당신이 '나'-전달법을 사용한 방식 중에서 맘에 든 점은 무엇입니까?

____

다음번에는 어떻게 다르게 하겠습니까?

____

논리적인 결과 비디오 연습

장면	규칙의 위반사항	가능한 논리적 결과
1. 매산이가 아침에 늦잠을 자고 있다.		
2. 배용이가 싸운다.		
3. 애리가 음악을 너무 크게 틀고 있다.		
4. 안정이가 콩 음식을 먹지 않는다.		

논리적 결과를 적용하기

논리적 결과를 적용해서 해결하고 싶은 문제를 생각해 보시오.

당신이 아이에게 논리적 결과를 적용하여 선택권을 제시하는 방법을 한 가지 적어 보시오.

____

____

자녀와 만나서 문제를 상의하시오. 그리고 논리적 결과나 아이와 함께 생각해 낸 다른 형태의 논리적 결과를 사용하시오.

____

____

평 가

당신이 자녀와 함께 논의한 데 대하여 자녀는 어떻게 반응했습니까?

____

____

논리적 결과에 대한 자녀의 반응은 어땠나요? (당신이 자녀에게 제시한 논리적 결과를 말 그대로 실행하는지 자녀가 시험해 보았나요?)

____

____

만약 논리적 결과를 부과하는 것이 효과적이지 않았다면, 당신은 그것을 좀 더 고수해야 한다고 생각합니까? 아니면 다른 것으로 바꿔야 한다고 생각합니까?

만약 논리적 결과가 효과적이지 않았다면, 혹시 논리적 결과를 부과하는 요령 중에서 어떤 것을 어기지는 않았습니까? (104쪽을 참고하시오)

당신이 논리적 결과를 다루는 방식 중에 맘에 든 것은 무엇입니까?

다음번에는 어떻게 다르게 사용하겠습니까?

가족모임: 문제예방을 위한 대화

대화를 하기 전에

어떤 주제를 가지고 토론하겠습니까?

당신이 생각하는 것과 당신의 감정을 나누고 싶은 걱정거리나 위험요소는 무엇인가요?

대화를 나눈 후에

가족이 결정한 지침은 무엇입니까?

당신이 포함시킨 논리적 결과나 인센티브가 있다면 어떤 것입니까?

모임 중에 잘 진행된 일은 무엇입니까?

다음에는 어떻게 다르게 하고 싶습니까?

지켜야 할 지침들을 어떻게 실천하겠습니까?

가족화목활동

긍정적인 '나'-전달법

긍정적인 '나'-전달법을 구상해 보고, 이번 주에 자녀에게 사용하시오.

나는 너에게 ______________________________ ~라고 말해 주고 싶구나.
엄마(아빠)는 ______________________________ ~한 기분이 들거든.
왜냐하면 ______________________________ 하기 때문이야.
우리가 ______________________________ ~하면 어떻겠니?

그 다음에

긍정적인 '나'-전달법이 언급된 과정에서 당신이 맘에 들었던 점은 무엇입니까?

____

____

____

____

다음에는 어떻게 다르게 하겠습니까?

____

____

____

____

____

네 가지 행동목적 활동

최근에 당신이 자녀와 경험했던 갈등의 예를 가지고 생각하기-느끼기-행동하기의 난에 적어 넣으시오. 〈사건 1〉에 자녀의 행동을 기술하고, 이어서 당신의 사고, 감정, 행동을 적으시오. 당신의 행동에 대해서 아이는 어떻게 반응했습니까?

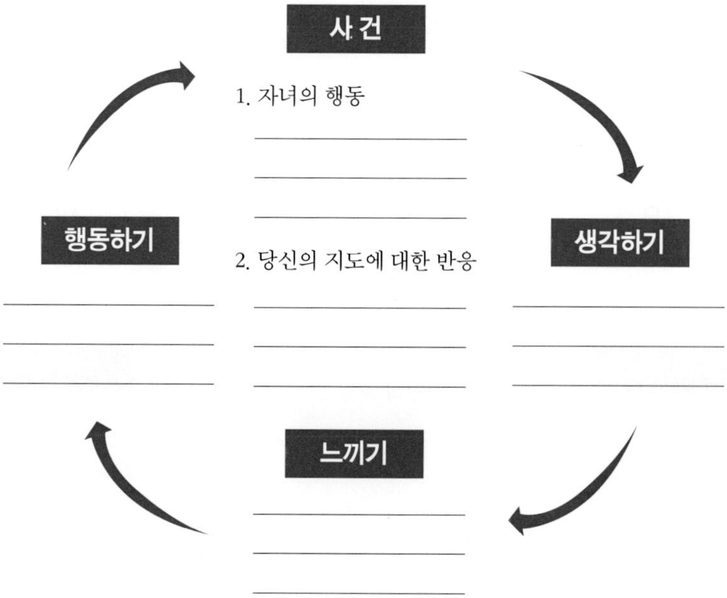

자녀의 행동목적: ______________________________

자녀의 부정적인 접근방식: ______________________________

자녀가 생각하는 보상(있는 경우): ______________________________

가족화목활동

문제분석활동

최근에 자녀와 경험했던 갈등의 예를 가지고, 부모-자녀 간의 회로 표를 완성하시오. 그리고 아래 질문에 답하시오.

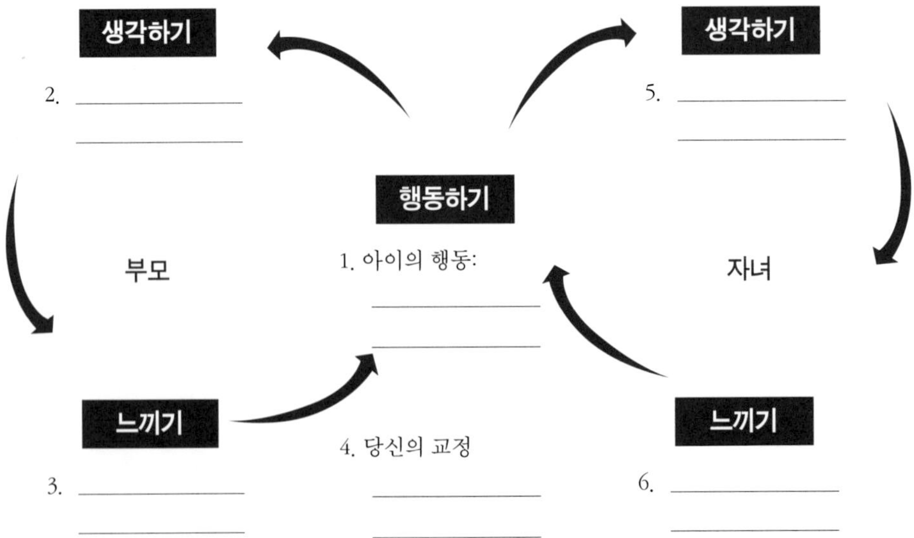

자녀의 행동목적은 무엇이었습니까? (128쪽 표 참고)

행동목적을 이루기 위한 자녀의 부정적인 접근방식은 무엇이었습니까?

자녀의 부정적 접근방식에 보상을 주어 부추겼습니까? 그랬다면 어떻게 부추겼습니까?

자녀의 행동을 긍정적인 접근방식으로 교정하기 위해서 느슨한 대결(FLAC) 방법을 사용했다면, 각각의 단계를 어떻게 사용했습니까?

느낌

한계

대안

결과

가족모임: 적극적으로 문제를 해결하기

당신이 적극적으로 문제해결하는 과정을 통해서 다루고 싶은 자녀의 문제를 선택하시오. 논리적인 결과를 연습할 때 적용한 문제를 가지고 다시 한 번 다루어 보거나, 새로운 문제를 선택해서 팀으로 풀어 보아도 됩니다.

모임을 가진 후에

각 단계는 어떻게 진행되었습니까?

1. 문제를 정의한다.

2. 생각과 감정을 나누고, 자녀의 생각과 감정을 알아차린다.

3. 가능한 해결책과 지침들에 대하여 브레인스토밍한다.

4. 해결책을 선택한다. 필요한 경우는 논리적 결과를 부과한다.

5. 실행한다.

자녀와 토론하고 나서 얻게 된 긍정적인 결과는 무엇이었습니까?

적극적으로 문제를 해결하는 과정을 향상시키기 위해서 다음에는 어떻게 다르게 하겠습니까?

가족화목활동

기술을 가르치기

자녀의 이름을 적고 각각의 아이에게 어떤 기술을 가르치기로 했는지 적으시오.

자녀의 이름	가르칠 기술
1. ______	______
2. ______	______
3. ______	______

기술을 가르친 후에, 다음의 7단계를 점검표로 사용하시오.

	자녀 1	2	3
1. 자녀에게 동기를 심어 주었습니까?	☐	☐	☐
2. 당신이 바쁘지 않은 적절한 시간을 택했습니까?	☐	☐	☐
3. 기술을 작은 단계로 나누어 서서히 가르쳤습니까?	☐	☐	☐
4. 그 기술을 배우는 것을 시범으로 보여 주었습니까?	☐	☐	☐
5. 자녀가 시도해 보도록 했습니까?	☐	☐	☐
6. 격려해 주었습니까?	☐	☐	☐
7. 그 후에 자녀와 함께 작업하거나 놀아 주었습니까?	☐	☐	☐

각각의 아이들이 잘한 점은 무엇이었습니까?

1. ______
2. ______
3. ______

다음에는 이런 경험을 향상시키기 위해서 어떻게 하고 싶습니까?

만일 자녀가 당신에게 무엇인가를 가르쳐 주기로 했다면, 어떻게 되었습니까?

독립심을 자극하기

자녀 스스로 할 수 있는 일을 당신이 대신해 주고 있는 것은 어떤 것입니까? 예를 들면, 침대(이부자리) 정리하기, 옷을 걸기, 자기 방 청소하기 등이 있는데, 그런 내용을 적어 보십시오.

1. ______
2. ______
3. ______
4. ______
5. ______
6. ______
7. ______
8. ______

위의 것 중에서 한 가지를 선택하여 이번 주간에 자녀가 하도록 시켜 보십시오. 각각의 아이에게 그런 일거리를 넘겨 주면서 자녀가 진보를 보이면 격려 기술을 사용하여 격려해 주십시오.

그 뒤에

그 일이 어떻게 진척되었습니까? 당신의 맘에 든 점은 무엇입니까?

다음번에 더 잘하기 위해서 당신이 할 수 있는 일은 무엇입니까?

장점을 구축해 주기: 아가 BANK 방법

자녀가 어떤 기술이나 가치관을 학습하면서 진보를 보이면, 아가 BANK 방법의 네 단계를 사용하여 격려하십시오. 자녀에게 세워 놓은 목표는 무엇입니까?

아가 단계로 나누어라.

자녀가 그 목적을 수행해 가는 과정에서 당신이 보여 주어야 할 다섯 가지 아가 단계를 적어 보십시오.

- 1단계: ______
- 2단계: ______
- 3단계: ______
- 4단계: ______
- 5단계: ______

인정해 주어라.

자녀가 아주 잘하고 있는 것이나 장점을 세 단계로 나누어 적어 보세요. 그리하여 아이가 세운 목적을 잘 성취하도록 도와주십시오.

- 1단계: ______
- 2단계: ______
- 3단계: ______

이어서 자녀와 대화하는 가운데 자녀의 진보 상황과 장점을 인정해 주십시오. 그 일은 잘되었습니까?

자녀가 당신과 함께 어떤 목적을 세우는 데 동의했습니까? 자녀가 동의하지 않았다면 다음번에는 어떻게 다르게 접근하겠습니까?

자녀가 세운 목적을 향해서 밀고 나가겠노라고 동의한 경우는 다음의 두 단계를 진행하십시오.

조금씩 힘을 돋우어 주어라. 자녀가 다음 단계로 나아가도록 당신은 어떻게 격려해 주었습니까? 그 일이 잘되었습니까? 그리고 다음번에는 좀 더 잘하도록 당신이 어떻게 하시겠습니까?

계속 격려하라. 자녀가 세운 목표를 향해서 앞으로 나아(특히 옛 상태로 돌아가서 퇴보할 경우에) 가면서 보여 준 진보 상황과 지구력에 대하여 계속 격려하십시오. 자녀에게 격려가 되는 말이나 행위는 어떤 것이었습니까?

자녀를 신뢰하기

이 책의 181～184쪽에 소개된 네 가지 방법 중에서 한두 가지를 사용하여 자녀에게 신뢰감을 보여 주십시오. 그러고 나서 당신이 사용한 방법에 대하여 적어 보십시오.

1. 자녀에게 어떤 책임을 부과했습니까? ____________________
   자녀는 그것을 어떻게 해냈습니까? ____________________
   그 상황이 무난하게 진척되도록 하려면 어떻게 해야 합니까? __________

2. 자녀의 의견을 물어보았습니까? ____________________
   자녀의 반응은 어떤 것이었습니까? ____________________

3. 자녀의 일을 대신 떠맡고 싶은 유혹에 넘어가지 않을 때는 언제였습니까?
   ____
   자녀가 스스로 그 일을 고수하도록 당신은 어떻게 격려했습니까?
   ____
   자녀의 반응은 어떤 것이었습니까?
   ____

4. 당신이 자녀에게 성공할 것이라거나 긍정적인 행동을 할 것이라고 믿는다고 말해 준 때는 언제입니까? ____________________
   자녀의 반응은 어떤 것이었습니까? ____________________
   자녀가 그 일을 계속 밀고 가기 위해서 당신이 취한 행동을 무엇입니까?
   ____

자녀를 소중하게 여기기

이 책의 186~188쪽에 나오는 방법을 사용하여 자녀를 있는 그대로의 모습대로 소중하게 여기는 방법을 찾아보시오. 그리고 당신이 선택한 방법을 적어 보시오.

1. 당신이 자녀의 가치와 성취를 별개의 개념으로 생각한 다음에 그것을 어떤 말로 표현해 주었습니까?

   ____

   자녀는 어떻게 반응했습니까?

   ____

   다음번에는 어떤 식으로 다르게(또는 같은 방식으로) 대하겠습니까?

   ____

2. 당신은 자녀의 가치와 그릇된 행동을 별개의 개념으로 생각한 다음에 그것을 어떤 말로 표현해 주었습니까?

   ____

   자녀는 어떻게 반응했습니까?

   ____

   다음번에는 어떤 식으로 다르게(또는 같은 방식으로) 대하겠습니까?

   ____

3. 자녀의 독특함을 어떤 방식으로 감사했습니까?

자녀는 어떻게 반응했습니까?

다음번에는 어떤 식으로 다르게 또는 같은 방식으로 대하겠습니까?

4. 당신은 무슨 말과 행위로써 당신 자녀를 -무조건적으로- 소중히 여긴다는 점을 알려 주었습니까?

자녀는 어떻게 반응했습니까?

다음번에는 어떤 식으로 다르게 또는 같은 방식으로 대하겠습니까?

가족모임: 품성에 관한 대화

용기

이번 주에는 당신 가족과 함께 '용기' 에 관한 이야기를 나누십시오. 그리고 다음 질문에 대답하시오.

이야기를 하기 전에

당신은 '용기' (주제)에 대하여 어떻게 소개하겠습니까?

당신이 이야기에서 강조하고 싶은 요점은 무엇입니까?

가족의 토론을 자극해 주기 위한 열린 질문을 몇 가지 적어 보십시오.

당신은 용기 있는 사람의 품성 내지 인격적 특징을 부각시키기 위해서 콜라주를 만들 계획입니까? 그렇다면 어떤 종류의 콜라주를 어떤 자료를 이용하여 만들겠습니까?

이야기를 한 다음에

용기(품성)에 관한 이야기가 진행된 과정에서 당신의 맘에 든 것은 무엇입니까?

자녀와 그 주제를 함께 논의하면서 어떻게 공감적으로 경청했습니까?

다음번에는 좀 더 잘하기 위해서 어떻게 다르게 하겠습니까?

가족화목활동

격려의 편지

어렸을 때 당신의 부모가 당신을 격려해 준 말이나 행동을 회상해 보십시오. 잠시 그 기억을 떠올려 보고 그때 느꼈던 훈훈한 감정에 젖어 보십시오.

당신의 부모가 무슨 말이나 행동을 해 주었습니까?

____

당신은 어떤 감정을 느꼈습니까?

____

당신 부모나 또는 다른 사람이 당신에게 힘이 되어 준 글(쪽지)이나 편지를 보내 주었는지 생각해 보십시오.

당신에게 격려가 된 내용은 무엇이었습니까?

____

다음 빈칸에 자녀에게 각각 격려의 편지 초안을 작성하십시오. 그러고 나서 깨끗한 편지지에 다시 옮겨 적고 자녀에게 우송하십시오.

____

____

____

____

가족모임: 품성에 관한 대화

알코올, 담배, 기타 약물

담배, 알코올, 기타 약물에 대하여 가족과 함께 이번 주에 이야기를 나누십시오. 그리고 다음 질문에 답하시오.

이야기를 하기 전에

당신은 그 주제에 대하여 어떻게 소개하겠습니까?

____

당신이 이야기에서 강조하고 싶은 요점은 무엇입니까?

____

가족의 토론을 자극해 주기 위한 열린 질문을 몇 가지 적어 보세요.

____

당신이 좀 더 설득력 있게 말하기 위해서 이용할 수 있는 신문기사, 비디오 등의 외부 자료는 어떤 것입니까?

____

이야기를 한 다음에

주제에 관한 이야기가 진행된 과정에서 당신의 맘에 든 것은 무엇입니까?

____

자녀와 그 주제를 함께 논의하면서 어떻게 공감적으로 경청했습니까?

____

다음번에는 좀 더 잘하기 위해서 어떻게 다르게 하겠습니까?

____

가족모임: 품성에 관한 대화

우리 가족

시간을 내서 자녀에게 당신 가족의 역사에 대하여 이야기를 들려주도록 하십시오. 이 나라 또는 이 고장에 가족이 이주해서 살게 된 이야기나 특출한 가족구성원에 관한 일화나 가문을 빛내 준 선인의 업적에 대해서 이야기해 주십시오. 그러고 나서 다음 질문에 대답하십시오.

당신이 들려준 특별한 이야기는 무엇입니까?

____

자녀의 반응은 어떠하였습니까?

____

그런 경험과 관련된 내용을 사진, 비디오 또는 다른 매체를 이용하여 기록해 두었습니까?

____

다음번에는 그런 경험을 더 잘 수행하기 위해서 어떻게 하겠습니까?

____

약물, 성, 폭력의 문제를 예방하는 부모역할 10가지

미국의 약물남용예방국에서는 약물 사용을 예방하기 위해서 부모가 할 수 있는 10가지 역할을 아래와 같이 제안하였다.

1. 자녀의 역할 모델자로서의 부모
2. 교육자와 정보의 근원으로서의 부모
   긍정적인 역할 모델이 되어라. 아이들은 시범을 통하여 가장 잘 배운다.
3. 정책 입안자와 규칙 제정자로서의 부모
   규칙을 만들고 시행하라. 예를 들어, "우리 가정에서는 어느 누구도 불법적인 약물을 사용해서는 안 된다. 그리고 미성년자는 술이나 담배의 사용을 금한다.
4. 격려자로서의 부모
   취미 활동, 학교 활동과 스포츠에 가담하도록 자녀를 격려하라. 가족활동을 계획하여 참여하라.
5. 또래의 압력에 대한 교육자와 상담자로서의 부모
   또래의 유혹을 쉽게 거절하기가 그리 쉽지는 않다. 자녀가 바보스럽다는 느낌을 갖지 않고서 또래의 압력에 저항하는 방법을 자녀에게 가르쳐주어라.
6. 감독자와 관리자로서의 부모
   자녀의 귀가 시간을 정하고 시행하라. 자녀의 소재를 파악하라.
7. 다른 부모와 함께 협동자로서의 부모
   다른 부모들과 함께하여 자녀지도에 대한 지지와 새로운 아이디어를 얻어라. 수가 많을수록 힘이 된다.
8. 인식자와 직면자로서의 부모
   필요할 경우는 자녀가 약물을 사용하는지의 여부와 기타 문제가 있는지를 알아차리고 그것을 자녀에게 맞닥뜨리도록 하라.
9. 자녀 건강의 관리자로서의 부모
   만일 당신의 자녀가 유해한 행동을 하고 있다고 느껴진다면 미루지 말고 즉시 의료적인 도움을 구하라. 당신의 직감을 믿어라!
10. 자신의 감정 관리자로서의 부모
    자녀를 지도하면서 분노를 폭발하지도 포기하지도 말아라. 당신이 잘못을 범한 죄인이 아니다.

저자 소개

• **마이클 팝킨 박사**(Dr. Michael Popkin)

Active Parenting 출판사(APP) 사장으로서 세계 최초로 비디오로 된 부모교육 프로그램 적극적 부모역할 훈련의 두 가지인 'Active Parenting Today' 와 'Active Parenting of Teens' 를 제작하였다. 그 외에도 Families in Action, 1, 2, 3, 4, Parents, Parents on Board, Free the Horses 등의 비디오와 프로그램이 있고, 『Doc Pop' s 52 Weeks of Active Parenting』과 『Taming the Spirited Child』 등의 저서가 있다.

그가 제작한 'She Said Yes: The Unlikely Martyrdom of Cassie Bernall' 은 다큐멘터리상을 수상하였다. 이 외에도 그는 CA의 아동학대예방센터상, 미연방 어린이 인권위원회의 적극적 부모상, Atlanta 상공회의소의 중소기업인상, 미국 학교 카운슬러협회 공로상을 수상하였다. 그는 CNN과 'Oprah Winfrey Show' 를 비롯한 TV와 라디오 프로그램에 200여 차례 출연하였고, 세계적인 부모교육의 전문가로 널리 알려져 있다.

역자 소개

- **홍경자** 전남대학교 명예교수(철학박사)
  홍경자 심리상담센터 원장(Active Parenting 한국본부장)
  한국상담학회 및 한국상담심리학회 이사
  한국심리학회 공인 상담심리전문가
  한국상담학회 공인 수련감독전문상담사
  대표 저서: 상담의 과정(학지사), 청소년의 인성교육(학지사),
  자기주장과 멋진대화(학지사) 등
  e-mail: apkoreahong@hotmail.com

- **노안영** 전남대학교 심리학과 교수(철학박사)
  AP Trainer
  한국상담학회 및 한국상담심리학회 이사
  한국애들러상담연구회장
  한국심리학회 공인 상담전문가
  한국상담학회 공인 수련감독전문상담사
  대표 저서: 상담심리학의 이론과 실제(학지사), 성격심리학(학지사) 등

- **차영희** 광주여자대학교 유아교육과 교수(교육학박사)
  AP Trainer
  한국심리학회 공인 상담심리전문가
  한국상담학회 공인 수련감독전문상담사
  한국놀이치료학회 이사
  대표 저서: 유 · 아동을 위한 상담의 기초(창지사) 등

- **최태산** 동신대학교 상담심리학과 교수(교육학박사)
  AP Trainer
  참성장심리상담센터 원장
  한국심리학회 공인 상담심리전문가
  한국상담학회 공인 수련감독전문상담사
  대표 저서: 만남과 성장(학지사)

부모코칭 프로그램 : 적극적인 부모역할, Now!

-부모용 지침서-

Active Parenting Now: Parent's Guide

2007년 2월 20일 1판 1쇄 발행
2024년 7월 25일 1판 27쇄 발행

지은이 • Michael H. Popkin
옮긴이 • 홍경자 · 노안영 · 차영희 · 최태산
펴낸이 • 김 진 환
펴낸곳 • (주) 학지사
04031 서울특별시 마포구 양화로 15길 20 마인드월드빌딩 5층
대표전화 • 02) 330-5114 팩스 • 02) 324-2345
등록번호 • 제313-2006-000265호

홈페이지 • http://www.hakjisa.co.kr
인스타그램 • https://www.instagram.com/hakjisabook

ISBN 978-89-5891-426-6 94180
ISBN 978-89-5891-425-9 (set)

정가 15,000원

역자와의 협약으로 인지는 생략합니다.
파본은 구입처에서 교환하여 드립니다.

홍경자 심리상담센터

적극적 부모역할 훈련이 한국 사회에 1995~1996년부터 소개된 이래로 우리의 부모, 교사, 청소년들에게 꿈과 희망을 심어 줄 수 있게 된 것을 기쁘게 생각합니다.

부모-자녀 간에, 교사-학생 간에, 직장의 상사-직원 간에 오순도순한 관계를 맺으며 타고난 잠재능력을 개발하여 유능하고 행복한 지도자가 되고자 하는 분들은 언제라도 저희와 함께 동참하실 수 있습니다. 보다 아름답고 화목한 가정, 학교, 사회 인류를 위해 마음과 지성을 가꾸는 길이 여기에 준비되어 있습니다.

홍경자 심리상담센터에서는

(1) 부모코칭 프로그램 '적극적인 부모역할'(AP)의 보급과 AP 지도자 양성과정 실시

21세기의 부모, 교사로서 일상생활에 필요한 문제해결능력과 갈등관리, 리더십을 배양함.

- 프로그램 1: 적극적인 부모역할, Now(만 5~12세 아동의 지도법)
- 프로그램 2: 십대를 위한 적극적 부모역할 훈련(중 · 고 · 대학생 자녀의 지도법)
- 프로그램 3: 이혼 · 별거 가정의 부모역할 훈련

(2) 상담 기술 훈련의 실제-인턴과정

- 상담 슈퍼비전과 공개사례 발표회 지도
- 집단상담-자존감 향상, 의사소통 기술 훈련 등
- 개인분석-자신의 성장을 위한 개인분석

(3) 아동 · 청소년 상담

- 놀이치료
- 학습상담
- 각종 심리검사(진로, 적성, 성격검사 등)

137-070 서울특별시 서초구 서초동 1446-11, 현대슈퍼빌상가 204호
Tel. (02)521-3250~1/ Fax. (02)521-3251
홈페이지: www.gocounseling.co.kr
E-mail: apkoreahong@hotmail.com